WIDMUNG

Dieses
Buch habe ich
einer Seele gewidmet,
ohne deren Liebe es nicht eine
einzige Zeile dieses Werkes gäbe. Sie
inspirierte mich von einer Höhe aus, die man
allgemein als Himmel bezeichnet, denn dort oben wohnt
sie seit vielen Jahren. Das Reich, in dem sie lebt, wird von den
Strahlen einer Göttlichen Sonne durchflutet und belebt. Sie ist in diesem
paradiesischen Reich zu einer wunderschönen Engelin geworden, und
verfügt über eine innere Reife, wie sie auf Erden niemals möglich
sein wird. Die Liebe, die wir füreinander haben, währt ewig, und
sie wird nie aufhören zu wachsen. Sie ist durchdrungen von
Göttlicher Kraft, und daher von einem Herzensadel, der
nie seinen Glanz verlieren wird, was auch immer
kommen mag. Ich bin stolz darauf, den
Namen dieser wunderbaren Engelin
hier nennen zu dürfen. Er ist
für immer ein Teil von
mir und lautet:

CHRISTA - MARIA

Walter Johann Cornelius

MARIA - MAGDALENA

Patriarchalische Religionssysteme in ihrem erbarmungslosen geistigen Kampf gegen den Christus und sein Evangelium, Metaphysik, historische Forschung, Religionsphilosophie, und das abenteuerliche Leben der Maria - Magdalena, bilden den Inhalt dieses Buches. In diesem Werk bemüht sich der Autor, den hohen geistigen und charakterlichen Wert der einstigen treuen Wegbegleiterin Christi wieder an das Licht des Tages zu holen, den die Führer maskuliner Religionen, leider mit großem Erfolg, über viele Jahrhunderte hin in das Reich der Nacht verbannt hatten.
                                                                                                    Der Autor

IMPRESSUM:

Autor:
WALTER JOHANN CORNELIUS
Alle Rechte liegen beim Autor
Titel:
MARIA - MAGDALENA
eine der größten Frauen
In der Geschichte der Menschheit
Einbandgestaltung vom Autor
Zweite verbesserte Ausgabe
Leserbriefe bitte an den Verlag
Herstellung und Vertrieb:
BOOKS ON DEMAND
Gutenbergring 53
22848 Norderstedt
Telefon:
040 - 53 43 35 11
Telefax:
040 - 53 43 35 84
Internet:
http://www.bod.de
Herstellungsjahr:
2001
ISBN:
3-8311-1289-4

INHALTSVERZEICHNIS

TEIL 1

**EINLEITUNG - ERKLÄRENDE HINWEISE
GEISTIGE UNSCHÄRFERELATION VERHINDERTE DIE
ERKENNTNIS DER GÖTTLICHEN DOPPELALLMACHT
VON URVATER UND URMUTTER**
Seite 7

TEIL 2

**BEISPIELE, ERKENNTNISSE UND SCHICKSALE,
ZUM BESSEREN VERSTÄNDNIS DER MARIA-MAGDALENA
UND DES INNEREN CHRISTENTUMS**

Kapitel		Seite
01.	Der Turmbau zu Babel	17
02.	Schamgefühl und Gewissen	19
03.	Das eigene Herz	22
04.	Freiheit	23
05.	Bekenntnisse zu Gunsten der Weiblichkeit	28
06.	Vom Schmerz zur höheren Erkenntnis	34

TEIL 3

**VORGESCHICHTE ZU MARIA - MAGDALENA
AUS FORSCHUNG UND MYTHOLOGIE,
METAPHYSIK UND RELIGIONSPHILOSOPHIE**

Kapitel		Seite
01.	Kirche kontra «Legenda Aurea»	38
02.	Jesus und Maria-Magdalena verband Geistesliebe	40
03.	Petrus aus der Sicht der «Pistis Sophia»	43
04.	Aus dem «Evangelium der Maria»	44
05.	Der Verrat des Augustinus	49

TEIL 3 (Fortsetzung)

VORGESCHICHTE AUS FORSCHUNG UND MYTHOLOGIE, METAPHYSIK UND RELIGIONSPHILOSOPHIE

Kapitel		Seite
06.	Sexualdogma und geistige Dunkelheit	50
07.	Maria - Magdalena aus der Sicht der «Pistis Sophia»	53
08.	Die rechte Interpretation von Christusworten	55
09.	Der Sexualkraft erster und höchster Zweck	59
10.	Eine Parallele zwischen Christus und Tammuz	60
11.	Die Schlange: Symbol für Mystik, Macht und Heil	62
12.	Das Schicksal der Lilith	68
13.	Sexualität und Keuschheit aus Göttlicher Sicht	70
14.	Sexualität: Heute heilig - morgen teuflisch	75
15.	Druck erzeugt immer Gegendruck	77
16.	Herkunft der Maria-Magdalena	79
17.	War Maria-Magdalena in Frankreich?	81

TEIL 4

MARIA - MAGDALENA
EINE DER GRÖSSTEN FRAUEN
IN DER GESCHICHTE DER MENSCHHEIT

Kapitel		Seite
01.	Maria - Magdalena und Johannes der Täufer	82
02.	Auf der Suche nach dem Messias	97
03.	Das Wirtshaus in Galiläa	101
04.	Am Marktplatz von Kapernaum	103
05.	Im Hause des Anwalts Simon	105
06.	Bei Nacht im Hause eines Jüngers	112
07.	Zum Hausverkauf nach Jerusalem	114
08.	Der naive Geschäftspartner	116
09.	Der 1. Besuch im Hause des Ratsherrn	119

TEIL 4 (Fortsetzung)

Kapitel		Seite
10.	Maria - Magdalena durchschaut Judas	122
11.	Die Tempelreinigung - Hannas und Kaiphas	124
12.	Heilung eines Gelähmten und der Anna - Maria	129
13.	Der 2. Besuch im Hause des Ratsherrn	137
14.	Die letzte Nacht im Hause des Lazarus	144
15.	Die Liste der 24 Abendmahlauserwählten	145
16.	Das Abendmahl	148
17.	Vom geistigen Prinzip der Dualpartner	152
18.	Die 9 Seligpreisungen	155
19.	Maria - Magdalena und Pontius Pilatus	157
20.	Pontius Pilatus und Klaudia Prokula	163
21.	Das größte Justizverbrechen aller Zeiten	167
22.	Das Drama der Kreuzigung	170
23.	Die Gewissensqual des Judas Ischarioth	172
24.	Der heroische Sieg über das Leiden am Kreuz	173
25.	Maria - Magdalena und der Hauptmann Kornelius	179
26.	Der Kampf um den Leib Christi	184
27.	Beisetzung und Bewachung des Leibes	186
28.	Maria - Magdalena erlebt die Auferstehung	188
29.	Einige Jünger zweifeln an der Auferstehung	190
30.	Christi Erscheinung und Himmelfahrt	191
31.	Die weiblichen Jünger kommen ins rechte Licht	192
32.	Die Erläuterung des Mustergebets	193
33.	Die Pseudopsychologie der Gnade	209
34.	Über die Verantwortung gegenüber den Tieren	218
35.	Bethsabe liest das Mustergebet vor	220
36.	Zwei große Frauen über Reinkarnation	222
37.	Zu Gast bei Johannes - Versorgung der Pferde	223
38.	Als Jesus einer Katze das Leben rettete	224
39.	Johannes würdigt Maria von Nazareth	225
40.	Der Heilige Gral und die Druiden	226
41.	Salomons geheimes Wissen vom Gral	233
42.	Der Messias und der Gral	239

TEIL 4 (Fortsetzung)

Kapitel		Seite
43.	Die 9 geistigen Elemente	246
44.	Der Ratsherr über Saul von Tarsus	256
45.	Die Konfrontation zwischen Jesus und Saul	258
46.	Maria - Magdalena gründet Heime	259
47.	Maria - Magdalena auf der Suche nach Saul	260
48.	Die Konfrontation mit Saul	263
49.	Das Lichtereignis vor Damaskus	267
50.	Paulus rettet Maria - Magdalena	270
51.	Paulus erteilt Mardok eine Lektion	274
52.	Das Sexualproblem wird diskutiert	276
53.	Die List des Paulus und die Wut des Kaiphas	282
54.	Paulus kennt die Geheimlehre des Geistes	286
55.	Die Flucht aus Damaskus	289
56.	Der Abschied des Paulus	292
57.	Petrus ehrt Maria - Magdalena und Bethsabe	293
58.	Die Mutter Jesu verlässt ihre irdische Hülle	295
59.	Heimgang der Maria - Magdalena	297
60.	Das Laudatio des Johannes	299

TEIL 1

EINLEITUNG – ERKLÄRENDE HINWEISE

GEISTIGE UNSCHÄRFERELATION VERHINDERTE DIE ERKENNTNIS DER GÖTTLICHEN DOPPELALLMACHT VON URVATER UND URMUTTER

Beim Lesen dieses Buches wird vielfach zu erkennen sein, dass der Christus, die eingeweihten Apostel und Jünger, und natürlich auch die wichtigste Person dieses Buches, die feuergeistige Maria-Magdalena, keineswegs nur an einen männlichen Gott glaubten, sondern an ein allmächtiges Götterdual – männlich und weiblich. Sie glaubten nicht, sie wussten, dass ohne diese höchste, absolut reine, feingeistigste und einzig vollkommene Doppelpersonifikation der unendlichen All-Liebe, kein Leben existieren könnte, wie sie auch wussten, dass weder Urvater noch Urmutter existenzfähig wären, wenn sie einander nicht hätten. Hätte man von Anfang an nicht nur der Vatergottheit, sondern auch der Muttergottheit die Ihr gebührende Anbetung zu Teil werden lassen, wäre es nie zur männlichen Dominanz mit gleichzeitiger Unterwerfung der Frau gekommen. Es wäre auch nicht zu den unzähligen Katastrophen gekommen, die in der Schnelligkeit ihres Aufeinanderfolgens der Menschheit nicht eine einzige ausreichend lange Verschnaufpause gönnten. Doch wer nicht hören will, muss fühlen, und was irgend der Mensch sät, das wird er auch ernten!

Man braucht sich nur einmal vorzustellen, von welchem Gottesbild die Menschheit beseelt wäre, wenn es dem femininen Teil der Menschen vor tausenden von Jahren gelungen wäre, sich über die Zeiten hin so zu behaupten, wie es dem maskulinen Teil gelungen ist. Was für ein Gottesbild hätte man denn, wenn anstelle des Patriarchats das Matriarchat seit Urzeiten die Geschicke der Welt bestimmen würde? Man würde keineswegs von einem höchsten Gott als Quintessenz allen Seins ausgehen, sondern von einer höchsten Göttin! Allerdings wäre dies genauso falsch wie die uralte Annahme der Menschheit, dass es nur einen männlichen Gott gibt.

Der Glaube, dass es nur eine männliche Gottheit gibt, ist genauso wenig auf inneres Wissen zurückzuführen, wie der Glaube an eine alleinige weibliche Gottheit, falls es diesen auf der Welt gäbe. Der Glaube an die alleinige Existenz der männlichen Gottheit ist in erster Linie auf die Eitelkeit und die Dominiersucht des Mannes zurückzuführen, und nicht auf inneres Wissen und Begreifen. Eitelkeit und Dominiersucht lägen auch dem Glauben an eine allein existierende Göttin zu Grunde, wenn anstelle des Patriarchats das Matriarchat herrschen würde.

Doch um der Gerechtigkeit willen, um das so lebenswichtige Gleichgewicht in allen Dingen wieder herzustellen, um den Respekt des Mannes vor der Frau – und umgekehrt – wieder neu zu beleben, und um die Tier- und Pflanzenwelt wieder so zu achten und zu ehren, wie es von Anfang an der Wille des Himmels war, muss sich der Glaube an Gott und sein gleichwertiges Dual durchsetzen, denn die Wiederherstellung des Gleichgewichts in allen Dingen beginnt exakt an diesem Punkt.

Der Glaube an Gott und Göttin keimte zwar in der Geschichte der Menschheit hin und wieder auf, ging aber stets aufgrund des fortwährend dominierenden Patriarchats und der Macht des Materialismus, welche zusammen den Antichristen ausmachen, sang- und klanglos unter. Aber eines Tages, und das ist gewiss, wird es diesen Glauben wieder geben. Es wird lange dauern bis es so weit ist, unter Umständen sehr lange, aber was aufgeschoben ist, muss noch lange nicht aufgehoben sein.

Warum glaubt kaum einer von den Menschen daran, dass es neben dem höchsten Gott auch eine höchste Göttin gibt? Nun, der Hauptgrund hierfür liegt darin, dass sie nicht über die geistige Sehschärfe verfügen, durch welche sie erkennen könnten, dass das Weibliche im männlichen Gott nicht nur als Spurenelement vertreten ist, sondern sehr wohl über ein eigenes Persönlichkeitsgepräge verfügt, welches, wie der männliche Gottesteil, von einem Selbstbewusstsein durchgeistet ist, das so unvorstellbar gewaltig und vollkommen ist, dass es gleichzeitig auch ein absolutes All-Bewusstsein ist.

Traditionsgebundenes Denken, pausenlose Gehirnwäsche über die Jahrtausende durch das unseriöse „Psychologenteam" des Patriarchats, der Eitelkeit, des Materialismus, und des kleingeistigen Größenwahns, haben die Erkenntnis verhindert, dass es neben dem höchsten männlichen Gott auch die ihm gleichwertige höchste Göttin gibt. Daraus ergab sich eine geistige Blindheit, durch welche es unmöglich war, dass Gott und Göttin als „nebeneinanderstehend" begriffen werden konnten.

Abgesehen davon braucht keiner von denen, die aus Gründen der Überbewertung alles Männlichen nur den männlichen Gottesteil akzeptieren wollen, Angst zu haben, ihr Patriarchengott wäre durch die Existenz eines ebenbürtigen Duals zwangsläufig kleiner und weniger mächtig. Er ist dies keinesfalls, im Gegenteil: Gerade im Zusammenwirken beider Teile sind selbige in der Lage, nicht nur unendlich groß und mächtig zu sein, sondern auch unendlich groß in ihrer Liebe zu allem, was lebt.

Auf welche Weise z.B. das Gesetz der Unschärferelation, welches der Physiker, Werner Heisenberg, definiert hatte, auf mikrophysikalischem Weg zeigt, wieso nur an Gott geglaubt wird, und nicht auch noch an sein Dual der ihm gleichwertigen Göttin, versuche ich nun in verschiedenen Schritten zu erklären:

Bei der Unschärferelation geht es um die Beschreibung der natürlichen Grenze der Genauigkeit. Wo der Mensch mit der ihm verliehenen Fähigkeit des klaren Erkennens am Ende ist, ist die besagte Grenze erreicht. Die Menschen sollten sich einmal mit der Tatsache vertraut machen, dass das Gesetz der Unschärferelation auch auf höchsten geistigen Ebenen seine Gültigkeit hat. Bevor ich jedoch darauf zurück komme, muss ich für alle jene, die es noch nicht wissen, kurz erklären, um was es bei der Unschärferelation bei Heisenberg geht:

Die kleinste Elementareinheit der Energie ist der Wirkungsquant. Seine Größe beträgt $6,5 \times 10^{-27}$ erg, (Maßeinheit für Energie). Die Sprungstrecke eines Wirkungsquants, (der sogenannte Quantensprung), ist mit 10^{-13} cm unvorstellbar klein. Die Wirkung eines solchen Sprungs entsteht stets beim Start und bei der Landung des springenden Quants. Dies ist in einem unvorstellbar kleinen Augenblick geschehen. Was aber geschieht auf der winzigen Strecke von 10^{-13} cm zwischen Start und Ziel des Quants? Dass da etwas geschieht ist klar, was das aber ist, entzieht sich dem quantenphysikalischen Denken, da man auf dieser Ebene das Prinzip der Kausalität noch nicht verlassen hat.

Was da geschieht ist der Anfang eines Prozesses, welcher von metaphysischer Natur ist. Hier bestätigt sich das Gesetz der Unschärferelation. Genaugenommen kann man hier noch nicht einmal von Unschärfe reden, denn erfasst werden kann an diesem Punkt überhaupt nichts mehr. Wahrscheinlichkeitskalkulationen, Hochrechnungen und statistische Erhebungen, die sich aus den bereits beobachteten und berechneten mikrophysikalischen Abläufen ergeben haben, müssen dann in der Regel dafür herhalten, solche Lücken schließen.

Der Wirkungsquant ist zwar auf der einen Seite ein unvorstellbar winziges Partikelchen, auf der anderen Seite aber auch eine wellenförmige Bewegung. Damit kann er auf zwei verschiedene Weisen dargestellt werden: In Hinsicht auf seine Bewegung und in Bezug auf seine Konturen. Man könnte dies so veranschaulichen:

Wenn man ein sich schnell drehendes Rad beschreibt, kann man es lediglich in seiner Eigenschaft der Rotation darstellen. Dies kann nur unter zwangsläufiger Weglassung der Eigenschaft geschehen, welche Aufschluss über die klare Struktur und die scharf umrissenen Konturen des Rades geben, da dies nur während dessen Ruhezustand möglich ist. Will man seine klaren Konturen festhalten, so fallen die Details weg, die sich während seiner Rotation ergeben. Versucht man beide Eigenschaften gleichzeitig darzustellen, also die Eigenschaft der Rotation und jene der Ruhe, muss in beiden Fällen zu Ungunsten der Genauigkeit gearbeitet werden. Dabei muss sich das Rad entsprechend langsam drehen. Das Gesetz der Unschärferelation lässt keine andere Möglichkeit zu. Nun werde ich versuchen, dies anhand von zwei Beispielen zu veranschaulichen:

Erstes Beispiel: Sie schauen über das Geländer einer Eisenbahnbrücke, und blicken in Richtung eines über viele Kilometer gerade verlaufenden Gleises. Auf seiner ersten Strecke sind die zwei Schienen, aus denen er besteht, noch klar zu erkennen. Doch dann beginnen Ihnen Ihre Sinne etwas vorzutäuschen, das es in Wirklichkeit nicht gibt: Sie sehen, wie die Schienen immer näher zusammenrücken, um am Ende zu einer Schiene zusammenzuschmelzen, da Sie keinen Abstand mehr zwischen beiden zu erkennen vermögen. Natürlich wissen Sie, dass dem nicht wirklich so ist, da Sie die Lernprozesse der Logik und der der eigenen Lebenserfahrungen das Gegenteil gelehrt haben.....

Zweites Beispiel: Sie sehen eine runde Scheibe. Auf dieser befindet sich, genau in der Mitte, eine kleinere Scheibe. Die eine Scheibe ist von dunkler, die andere von heller Färbung. Solange sich die beiden Scheiben nicht drehen, können Sie beide von Größe und Farbe her ganz klar auseinanderhalten. Dass es sich um zwei verschieden große Scheiben mit unterschiedlichen Farben handelt, können Sie auch noch dann erkennen, nachdem diese schon ein beachtliches Rotationstempo drauf haben.

Angenommen, die Umdrehungsgeschwindigkeit der Scheiben könnte fortwährend erhöht werden, dann käme irgendwann der Augenblick, an dem Sie den Eindruck hätten, als hätten Sie es hier nur mit einer Scheibe zu tun, und zwar mit einer, die zweifarbig ist. Steigt die Rotationsgeschwindigkeit weiter an, dann verwischen sich für Ihre Augen auch die beiden Farben, so dass Sie sie nicht mehr auseinander halten können. Sie werden zu einer Mischfarbe.

Daraus ist zu folgern, dass, wenn das Rotationstempo noch weiter ansteigt, irgendwann der Augenblick kommt, in welchem Sie nichts mehr von den Scheiben und nichts mehr von den Farben sehen. Das ist der Moment, in welchem Scheiben und Farben durch die unvorstellbar hohe Umdrehungsgeschwindigkeit in einen Frequenzbereich transformiert worden sind, den die Sehstärke des menschlichen Auges nicht mehr auszumachen vermag. Wäre die menschliche Sehschärfe so stark wie die genannte Umdrehungsgeschwindigkeit hoch ist, dann wäre der

Mensch auch bei diesem Tempo in der Lage, das, was sich da dreht, als zwei verschieden große Scheiben zu erkennen, wie er auch die beiden unterschiedlichen Farben genau auseinanderhalten könnte.

So weit, so gut. Doch um nun das Verhalten des physikalischen Prinzips der Unschärferelation auf der metaphysischen Ebene des Geistes einigermaßen verständlich erklären zu können, muss ich die religiöse und geistige Entwicklung der Menschen, (natürlich sehr kurz gehalten), als Einleitung bringen.

Es gibt auf Erden nichts Edleres, als wenn alle Paare unter den Menschen, den Tieren und den Pflanzen, je eines männlich und eines weiblich, in wundervoller Harmonie zueinander stehen. Das ist die höchste und heiligste Form der Anbetung der Göttlichen Doppel-Allmacht. Wahrlich, wenn Gott-Vater und Göttin-Mutter, solche edlen Verhältnisse auf Erden sehen würden, dann würden Ihrer beider Herzen um Einiges höher schlagen - und die erste der insgesamt 15 Thesen der „Tabula Smaragdina" des griechischen Philosophen, Hermes Trismegistos, wäre erfüllt. Sie lautet: „Wie oben, so auch unten, und wie unten, so auch oben, auf dass sichtbar werden die Wunderwerke eines einzigen, unermesslichen Dinges!"

Doch durch den Missbrauch der göttlichen Gesetze ist im Verlauf langer Zeiten ein erhebliches Ungleichgewicht eingetreten, und dies nicht nur auf Erden, sondern ebenso im gesamten Kosmos. Das Ungleichgewicht fing damit an, indem der weibliche Geist damit begann, seine natürliche Würde aufzugeben, um es in der Folge daraus dem männlichen Geist leichter zu machen, sich den weiblichen zu unterwerfen. Während jener weit zurückliegenden Zeit veränderte sich gleichzeitig auch das religiöse Bewusstsein großer Teile der Menschheit, wobei man seine Anbetung und Verehrung immer mehr auf den männlichen Gottesteil konzentrierte, und im Gegenzug dazu, man kann sagen umgekehrt proportional, Anbetung und Verehrung der weiblichen Göttin, bis hin zu deren totalen Verleugnung, reduzierte.

Allerdings hatte man, wie ich bereits angeführt habe, dem männlichen Gott ein paar Animaeigenschaften, (weibliche Anteile), zuerkannt, denn wie hätte man sonst die Entwicklung von weiblichem Leben erklären können? Außerdem wusste man ja, dass aus Gott nichts kommen kann, was nicht wenigstens potentiell in ihm enthalten ist.

Freilich, den patriarchalischen Ultrafundamentalisten wäre es zu allen Zeiten lieber gewesen, ihr Gott wäre ultramännlich vom Scheitel bis zur Sohle, ohne das geringste weibliche Spurenelement - versteht sich - und hätte alle Weiblichkeit sozusagen aus etwas hervorgezaubert, was es niemals geben kann und niemals geben wird - aus dem absoluten Nichts! Aber das ging natürlich nicht, denn für so blöd hielten sie den Rest der Welt nun auch wieder nicht, dass dieser es ihnen abgekauft hätte, alles Männliche wäre aus Gott heraus entstanden, und alles Weibliche durch Gott - aus dem Nichts!

Aber irgendwie können einem diese Ultrafundamentalisten ja auch wirklich leid tun, denn leider konnten sie ihre sagenhaften Träume von der Abstammungslehre nicht verwirklichen, bei der Gott ihr eigener Stammbaum wäre, das Nichts der Stammbaum alles Weiblichen - und zwischen beiden Stammbäumen gähnende Leere.

Nun, das wäre immerhin eine Selbstanbetungwert die sich gewaschen hätte, da könnte man sich so „richtig gleich machen dem Höchsten", und zwar auf eine Weise, dass Satan vor Neid erblassen würde. Doch zum Glück - und dies füge ich mit einer Gefühlsmischung aus Ironie, Sarkasmus und Erleichterung hinzu - ist aus diesem Superwahnsinnsgefühl allerhöchster Selbstvergöttlichung nichts geworden. Von dieser Perspektive aus gesehen sind sie sogar auf dem „Boden geblieben", denn in ihrer „Bescheidenheit" begnügen sie sich völlig damit, nur ein glitzekleines bisschen mehr als haushoch der Weiblichkeit auf Erden überlegen zu sein.....

Hieraus ist für jeden, der kann und will, klar zu erkennen, wie blind und schwach die Sehstärke des Menschheitsgeistes in Bezug auf das Erkennen allerhöchster Dinge im Großen und Ganzen ist. Überheblichkeit und Eitelkeit auf der einen Seite, Egozentrik und sklavische Unterwerfungshaltung auf der anderen, haben hier das Gesetz der Unschärferelation ganz anders bestätigt als Heisenberg: Sie haben den zentralen Punkt dieses Gesetzes, die natürliche Grenze der Genauigkeit, auf metaphysischer Ebene geistig und ethisch erheblich vergewaltigt, indem sie die besagte Grenze durch ihr unnatürliches Verhalten gewaltig herabgesetzt haben. Auf geistiger Ebene ist damit aus der „natürlichen Grenze der Genauigkeit" eine erheblich „unnatürliche Grenze der Genauigkeit" geworden.

Erinnern Sie sich nun an das oben angeführte Beispiel mit den scheinbar ineinanderlaufenden Bahnschienen. Wie bereits gesagt, wäre das menschliche Auge auch aus großer Entfernung in der Lage, die beiden nebeneinander verlaufenden Schienen als solche wahrzunehmen, wenn es über die dafür notwendige Sehschärfe verfügen würde. Doch um zu einer solchen Sehstärke zu kommen, bedarf es weit mehr als eines Augenarztes und eines Optikers, denn hier muss die Gesamtheit des menschlichen Geistes beträchtlich angehoben werden. Die gesamte Biologie des Menschen würde sich darauf einstellen. Alle Formen menschlicher Wahrnehmung würden sich erheblich steigern, und damit auch die Sehschärfe des Auges, durch welches immer stärker die Sehkraft des Geistes zur Entfaltung käme.

Im Verlauf eines solchen Prozesses werden sich alle aus dem Lot geratenen Verhaltensweisen der Menschen in vielen kleinen Schritten in ihr natürliches Gleichgewicht wieder einpendeln. Dies wird zur Folge haben, dass sich alles Männliche und alles Weibliche in jeder Hinsicht harmonisch aufeinander einstellen wird. Im Zuge dieses Harmonisierungsprozesses werden sie sich gegenseitig so tief in ihre Herzen blicken, dass sie dabei auf Reichtümer ihres Geistes stoßen, deren Existenz sie vorher nie für möglich gehalten haben. Sie werden dann wissen, dass sie auf unbezahlbare Kräfte und Fähigkeiten aus dem Reich der Himmel gestoßen sind, die darauf drängen, zur Ehre von Gott-Vater und Göttin-Mutter optimal umgesetzt zu werden.

Dabei werden die Grenzen der geistigen Unschärferelation immer weiter gesteckt, bis schließlich die Zeit kommt, in welcher sie von der Existenz der «Gott-Vater und Göttin-Mutter-Doppelallmacht», wenn auch kein klares Bild, so aber doch wenigstens eine leise Ahnung, erhalten werden. Diese Beweisführung wird ausschließlich in ihrem Geiste stattfinden – und sie werden dabei durchaus in der Lage sein, an diesem so wichtigen Punkt die typischen Eigenheiten der Fantasie und des Wunschdenkens von tatsächlichen visionären Eingebungen des Himmels zu unterscheiden. Die Erde wird nicht bis in alle Ewigkeit auf solche Idealpaare warten müssen.

Es wird die Zeit kommen, in welcher es diese irdischen Abbilder der Göttlichen Doppelallmacht geben wird. Und es wäre in höchstem Grade absurd, anzunehmen, dass in jener Zeit der Glaube an einen alleinigen Patriarchengott nur den Hauch einer Chance hätte, denn die bis dahin entsprechend weit gesteckten Grenzen der „Geistigen Unschärferelation" werden dies zu verhindern wissen.

Gott-Vater und Göttin-Mutter befinden sich in einem unvorstellbar hohen Schwingungsfeld, in welchem die unendlich vielen non-plus-ultra-feinen Geistpartikelchen, aus denen sie bestehen, mit einer Geschwindigkeit rotieren, die für Menschendenken, wie auch für das Denken sämtlicher Geistwesen, die sich in den gewaltigen Dimensionen zwischen der Göttlichen Sphäre und den materiellen Ebenen befinden, für immer unfassbar bleiben wird.

Trotzdem wird der Mensch, wenn er auf dem Weg der geistigen Transzendenz- und Intelligenz weit genug entwickelt sein wird, wenigstens ahnungsweise erfassen, dass wir es mit einem höchsten Götterdual von absoluter Reinheit, Erhabenheit, Vollkommenheit und Liebe zu tun haben, und nicht mit dem alttestamentarischen, ewig rachsüchtigen, blutrünstigen und eifersüchtigen „Herrn der Heerscharen", der schneller beleidigt ist als so ein kleines eitles Erdenmenschlein, und der anscheinend nur aus männlichen Eigenschaften und krankhaftem Stolz besteht.

Das oben angeführte zweite Beispiel mit den zwei zusammengeschraubten Scheiben, die unterschiedlich groß und von unterschiedlicher Farbe sind, kann man hierzu ebenfalls sehr treffend zum Vergleich heranziehen: Wenn die beiden Scheiben entsprechend schnell rotieren, erkennt man sie nur noch als einen schnell sich drehenden Gegenstand, der in einer Mischfarbe erstrahlt. Angenommen, das Augenlicht würde sich plötzlich von diesem Moment an entsprechend stark verschärfen, dann würde es nicht lange dauern, bis man schließlich zwei rotierende Scheiben von unterschiedlicher Größe und Färbung wahrnehmen würde, die eine hinter der anderen.

Dieses Beispiel soll zeigen, woran es in Wirklichkeit liegt, dass fast zu allen Zeiten immer nur von einem männlichen Gott ausgegangen wurde: Die fast pausenlos vorhanden gewesene, geistige Sehschwäche, die sogar häufig in regelrechte geistige Blindheit überging, hat die Erkenntnis der Existenz von Gott und Göttin verhindert. Die geistige Sehschwäche verwischte die Tatsache, dass Gott und Göttin nebeneinander stehen, derart, dass aus den beiden Allmachtpersönlichkeiten eine einzige wurde.

Die Vorstellung von der Schöpferkraft, der fortan „nur" noch maskuline Eigenschaften zugeschrieben wurden, wurde so unvorstellbar verschwommen, leer, kraft- und saftlos, dass sich die Menschen in ihren Gehirnen göttliche Zerrbilder schufen, die mehr vergrößerten Ausgaben ihrer selbst entsprechen, als dass sie auch nur im Geringsten etwas mit der geistig - substanziellen Beschaffenheit der tatsächlichen Göttlichen Allmacht zu tun haben, die aus einem allmächtigen Götterdual besteht.

Daher muss nochmal betont werden, dass die Zeit kommen wird, in welcher die Seh- und Erkennungskraft des Menschheitsgeistes so stark angewachsen sein wird, dass Ur-Gott und Ur-Göttin als existierend begriffen werden, dass diese Eins sind in vollkommener Liebe, und nur in der Vollkommenheit ihres Zusammenwirkens wahrhaft allmächtig zu sein vermögen. Wer den Geist dazu hat, dies zu fassen, der möge es fassen.....

TEIL 2

BEISPIELE, BEKENNTNISSE UND SCHICKSALE, ZUM BESSEREN VERSTÄNDNIS DER MARIA-MAGDALENA UND DES INNEREN CHRISTENTUMS

Kapitel 1

DER TURMBAU ZU BABEL

Der Turmbau zu Babel ist keine Legende. Dieses gewaltige Monument wurde wirklich errichtet. Sein Bau fand unter der Regierung von König Nebukadnezar II. statt. Die babylonische Sprachverwirrung, von der die Bibel berichtet, gab es tatsächlich. Doch war dies darauf zurückzuführen, dass in diesem Zweistromland Menschen lebten, von denen viele aus anderen Ländern kamen. Aus diesem Grund gab es eine Menge Verständigungsschwierigkeiten. Doch alle diese Leute trugen dazu bei, dass Babylon zu einer bedeutenden Wirtschaftsmetropole wurde.

Dies nur zur Einleitung. Die in der Bibel beschriebene Version des nicht vollendeten Turmbaus und der Sprachverwirrung soll darauf hinweisen, dass alles von Menschen aus Gründen der Habgier Geschaffene früher oder später zusammenbrechen muss. Dies musste auch die Weltmacht Babylon durch die Meder und Perser erleben. Die Sprachverwirrung weist symbolisch darauf hin, dass sich die Menschen voneinander in dem Maß entfremden, in dem sie sich gegenseitig aus Gründen der Machtsucht zu übervorteilen suchen. Um die sich dadurch anbahnende seelische Eiszeit nicht bis zu ihrem absoluten Gipfel kommen zu lassen, wo der Sinn für alles Gute und Edle dann völlig eingefroren wäre, bedarf es der präventiv vorgehenden Liebe.

Je früher sie in Aktion tritt, um so weniger „Eis" gibt es aufzutauen. Je mehr von diesem Eis aufgetaut ist, um so mehr verstehen sich die Menschen auch wieder. Die unterschiedlichen Sprachen, die sie sprechen, bilden da kein Hindernis. Der Wert ihrer Seelen wächst dabei - und dieses Seelenwachstum ist ebenfalls mit dem Bau eines Turms vergleichbar. Nur ist es in diesem Fall nicht der Turm zu Babel, sondern der Turm der Göttlichen Liebe. Wenn also die Menschen sagen: „Kommt, lasst uns einen Turm bauen, der bis in den Himmel reicht" und meinen dabei den Turmbau der Göttlichen Liebe, dann werden Urvater und Urmutter nicht sagen: „Die Menschen sind überheblich geworden, wir werden daher niederfahren und ihre Sprache verwirren!" Sie werden stattdessen sagen: „Die Menschen sind im Begriff so zu werden, wie wir sie uns wünschen. Daher werden wir ihnen unsere Kraft senden um ihnen zu helfen, und wer will uns daran hindern?"

Christus selbst hat an seiner Liebe festgehalten bis zu seinem letzten Atemzug auf Golgatha. Er hat dadurch einen Turm der Liebe errichtet, dessen Spitze bis weit in die Göttlichen Sphären hineinreicht und trotzdem noch bis in alle Ewigkeit wächst. Die Menschen sind angehalten ihren Turm der Liebe nach den Maßstäben zu bauen, die der «Architekt» Christus bei seinem Turmbau der Liebe angelegt hatte.

Letztlich wird das Geistige im Menschen ohnehin nur über die Kraft der Liebe in der Lage sein, selbst in die verwirrendsten Situationen Klarheit zu bringen. Wenn es diese Reife erreicht hat, vermag es auf diametralem Weg die von der Egozentrik stark durchdrungenen Bereiche des Intellekts, und damit auch die Gefühlswelt mit ihren unklaren Bildern, zu verlassen, und mit der Kraft der reinen Empfindung in die Dimensionen geistiger Hochfrequenzen hineinzudringen.

Auf seinem Weg durch die Regionen und Landschaften der Geisteswelt wird das Geistige des Menschen auf eine Fülle von Leben treffen, Menschen, Tiere und Pflanzen, aber auch auf solche Lebewesen, die noch nie in den materiellen Bereichen waren, wie Engel und Naturwesen mit unterschiedlichen Aufgabengebieten, alles unvorstellbar pulsierend und farbenprächtig. Diese Lebewesen verfügen nicht nur über formvollendete feinstoffliche Ätherkörper, sondern auch über eine Charakterstärke und Liebesfähigkeit, wodurch sofort zu erkennen sein wird, dass hier die Liebe herrscht – ungetrübt – mit Krone und Zepter.

Den ewig wachsenden Turm der Liebe, den, der alle Grenzen sprengt, beschrieb einst die deutsche Dichterin, Annette von Droste - Hülshoff, (1797 – 1848), mit diesen Worten:

„Kennt ihr den Dom, der unsichtbar, mit tausend Säulen aufwärts strebt? Er steigt, wo eine gläubige Schar, in Demut ihre Arme hebt!"

Maria - Magdalena, die mit Fug und Recht als eine der größten Frauen in der Geschichte der Menschheit angesehen werden darf, hatte, zusammen mit vielen anderen charakterstarken Menschen, mit großem Erfolg einen solchen 1000-Säulen-Dom errichtet. Sie begann damit in der zweiten Hälfte ihres Lebens, indem sie sich entschloss, bis zum letzten Atemzug für das Evangelium Christi zu kämpfen. Sie stieg empor in geistige Höhen, und je höher sie stieg, um so höher wuchsen auch die 1000 Säulen dieses Göttlichen Doms - und ihr Herz wurde von Himmlischer Liebe erfüllt.

Kapitel 2

SCHAMGEFÜHL UND GEWISSEN

Der Geist der Verneinung ist mit den irdischen Händen nicht zu fassen und mit den irdischen Augen nicht zu erkennen. Wenn die Menschen aber für einen Augenblick in die Lage kämen sein Gesicht zu sehen, ohne dass der Geist der Verneinung darauf vorbereitet wäre, würden sie zwei besonders hervorstechende Charakterzüge in seinem Gesicht erkennen: Die Züge der Scham- und Gewissenlosigkeit.

Der Geist, der hinter diesen Gesichtszügen steckt, weiß sehr genau wie er vorgehen muss, wenn er die Menschen in ihr Verderben stürzen will. Er schlüpft in die Rolle eines Engels des Lichts und verabreicht den Menschen, natürlich in „homöopathischen Dosen", Injektionen gedanklicher Widernatürlichkeiten, womit er dem Bewusstsein der „so Therapierten" suggerieren will, dass sie bei nichts von allem dem, was sie denken und tun, moralische Bedenken zu haben brauchen. Das bedeutet uneingeschränkte Entfaltung des Morpiads des Selbstbetrugs.

Der Geist der Verneinung steht so perfekt in dem Zustand der Selbsttäuschung, dass er seine wahre Identität gar nicht mehr zu erkennen vermag. Würde er in einen Spiegel schauen, bekäme er keine dysmorphe und hämisch grinsende Fratze zu sehen, sondern ein sonnig lächelndes und engelhaftes Gesicht.

In einem ähnlichen Zustand der Selbsttäuschung befanden sich im Verlauf der Jahrtausende auch immer wieder die meisten Menschen, also diejenigen, die nicht die Kraft aufbringen wollten, den Geist der Verneinung mit samt seinen Einflüsterungen in seine Schranken zu verweisen. Unzählige Katastrophen waren die Folgen.

Von Anfang an wurde dem Menschen die Fähigkeit mitgegeben, zwischen Gut und Böse unterscheiden zu können. Richtig gewürdigt hat dies der Mensch aber meistens nicht. Er hat den hohen ethischen Werten des Schamgefühls und des Gewissens selten die Achtung gezollt, die gerade hier von besonderer Notwendigkeit gewesen wäre.

Dabei ist das Unterscheidungsvermögen zwischen Schamgefühl und Schamlosigkeit völlig abhängig vom Gewissen, denn je mehr ein Mensch auf dieses hört, um so klarer wird er erkennen, wann genau das erste winzige und zaghafte Schrittchen vom gesunden Schamgefühl in die Schamlosigkeit beginnt. Meistens wurden die besagten zaghaften Schrittchen verharmlost, und daher durchgeführt. Von da ab begann das Gewissen zu ahnen, dass es wohl bald seinen Hut nehmen muss, um der Gewissenlosigkeit Platz zu machen.....

Das Gewissen ist ein unvorstellbar wertvoller Wegweiser. Es ist in erster Linie dazu da, um im Menschen das Gefühl für hohe ethische Werte wachzuhalten - bzw. diese vor dem Aussterben zu bewahren. Das Gewissen ist der direkte Draht zu Urvater und Urmutter. Über diesen Draht empfängt der Mensch seine geistige Nahrung, über ihn vermag er sein Selbstbewusstsein zu vertiefen, wie auch auf dem Weg der transzendenten Intelligenz, und damit auf dem Weg der Weisheit, voranzuschreiten. Vor allem aber vermag er auf diesem Weg eine tiefe Liebe für alles Leben zu entwickeln, eine Liebe, die dann mit der Zeit in engelhafte, ja, sogar Göttliche Dimensionen, hineinzureichen vermag. Damit ist selbstverständlich auch eine Verletzung des dann vorherrschenden, edlen Schamgefühls, vollkommen ausgeschlossen. Wenn es der Mensch eines Tages geschafft hat auf dieser Höhe zu stehen, dann erst kann er sagen, dass es ihm nun endlich gelungen ist, in dem erbitterten Kampf auf dem «Schachbrett der geistigen Dimensionen» den «Geist der Verneinung» in das vernichtende «Schach-Matt» zu zwingen.

Um die Scham- und Gewissenlosigkeit, zusammen mit dem Geist der Verneinung, für alle Zeiten in ihre Schranken verweisen zu können, ist ein entsprechendes Maß an Selbstbeherrschung nötig. Der Dichter und Philosoph, Johann Gottlieb Fichte, (1762-1814), sagte hierzu: „Die Wurzel aller Sittlichkeit ist die Selbstbeherrschung!" Viele Jahrzehnte später fügte der Psychoanalytiker, Sigmund Freud, (1856 – 1939), hinzu: „Der Verlust der Scham ist der Beginn des Schwachsinns!"

So weit ist es bei Maria-Magdalena während der Jahre ihrer Prostitution natürlich nicht gekommen. Sie ließ nie zu, dass ihre Freier zu sexuellen Aktivitäten übergingen, die ihr Schamgefühl, ihr Gewissen, und ihr hohes ästhetisches Niveau, als widernatürlich empfunden hätten. Außerdem hatte sie einen starken Willen und verfügte selbst während ihrer Prostitutionsphase über ein Selbstwertgefühl, an dessen Stärke selten jemand heran kam.

Schon lange bevor sie zur Christin wurde, sehnte sich ihre Seele danach, frei zu werden wie ein Vogel. Die gesellschaftspolitischen Zwänge, denen sie während der ersten Hälfte ihres Lebens ständig ausgesetzt war, empfand sie immer mehr als unerträgliche Last. Sie wollte dem Himmel entgegen fliegen, aber die Schwingen ihrer Seele konnten sich nicht ausbreiten. Sie schienen wie gelähmt gewesen zu sein. Sie wusste auch, woran das lag. Da bat ihre Seele den Himmel um Hilfe aus dieser Not. Dieser half ihr, indem er ihrem Schicksal eine neue Richtung gab. Damit erfüllte sich an ihr, was Urvater und Urmutter einst über ihr Medium, den Propheten Jesaja, versichern ließen: «Noch ehe sie uns bitten, werden wir hören, während sie noch reden, werden wir ihnen antworten!»

Kapitel 3

DAS EIGENE HERZ

Sich selbst ins eigene Herz zu schließen, hat ein ganz besonderes Resultat zur Folge: Man erkennt, wie geräumig es ist und stellt dabei fest, dass es noch genügend Platz hat für die Mitmenschen und für die Tiere. Genau dort, an dieser Stelle, beginnt die Stabilisierung des ethischen Empfindens, des Charakters. Man wird in Bezug auf deren Werte anspruchsvoller, und man entdeckt den Himmel in sich.

Das Herz steht symbolisch für die gesamte Gefühls- und Empfindungswelt des Menschen. Man hasst aus vollem Herzen, man liebt aus vollem Herzen. Was irgend ein Mensch wirklich erlebt, erlebt er nicht mit dem nur rational funktionierenden Erdenverstand, sondern mit dem Herzen. Was der Verstand nicht mehr begreift, ist eine reine Herzensangelegenheit. Was einen Menschen tief innerlich bewegt, das drängt nach außen, es muss sich mitteilen. Hierzu sagt der Psalmist: „Aus der Fülle des Herzens redet der Mund!" Und der Volksmund sagt: „Wenn das Herz voll ist, läuft der Mund über!"

Was eine Seele im Verlauf ihres Lebens an Eindrücken erfährt und hinterlässt, prägt sie. So, wie sie lebt, denkt und empfindet, beeinflusst sie ihre Umwelt. Die Art, wie sie mit ihr kommuniziert, beinhaltet bereits Form und Charakteristik der für die betreffende Seele zu erwartenden Rückwirkung auf ihr Verhalten. Das sind dann die sichtbar gewordenen Früchte der Gedanken und Gefühle, die sie im Verborgenen hegte. Getrieben durch die Kräfte des Lichtes offenbart sich so die innere Wahrheit aller Herzen. Hinter kleinen Herzen stecken kleine Seelen. Wenn ein Herz so klein ist, dass es nicht mal Platz hat für die eigene Seele, wie sollen da andere Seelen Einlass finden? Aber hinter einem großen Herzen, da steckt eine große Seele. Je größer eine Seele wird, um so größer und inniger wird auch ihr Lebensgefühl, es wird Göttlich. Die Reinheit der Göttlichen Liebe entreißt die betreffende Seele mit einer für sie auf wunderschöne Weise erlebt werdenden Brachialgewalt den Fesseln aller niedrigen Instinkte. Eine solche Seele ist dann wirklich groß zu nennen. So groß wie sie ist, so groß, umfassend und alles durchdringend, ist dann auch die Kraft ihrer Liebe. Alle jene Menschen, auf welche dies zutrifft, von denen darf gesagt werden, dass sie über ein wirklich großes Herz verfügen. Es ist so geräumig, dass nicht nur die Seelen ganzer Völkerschaften in ihm Platz haben, sondern auch die Seelen aller Tiere und Pflanzen. Solche Herzen sind geadelt. Sie sind gemäß den geistigen Gesetzen in einen Adelsstand erhoben worden, der nur vom Himmel verliehen werden kann.

Zu einem vom Himmel geadelten Menschen war die frühere Kosmetikhändlerin, Maria-Magdalena, geworden, nachdem sie immer tiefer in die geistigen Kostbarkeiten des Evangeliums gedrungen war. Sie hatte am Ende ihres irdischen Lebens eine Liebe in sich entwickelt, die so hoch war, dass ihr Herz wirklich Platz für alles Leben hatte - und nicht nur für das der Menschen. Die entsprechenden Früchte waren nicht nur für jedermann sichtbar, sondern deren geistigen Auswirkungen blieben dem Menschheitsgeist auch erhalten. Seit nahezu 20 Jahrhunderten wirken diese Kräfte nun auf alle jene fördernd ein, denen die Mitmenschen – und die Tiere – nicht gleichgültig sind. Damit haben sich die Worte Jesu erfüllt, die er einst in Bezug auf Maria-Magdalena allen Anwesenden zu Gehör brachte: „Wahrlich, ich sage euch – solange die Welt besteht, wird von dieser Frau gesprochen werden, was sie für mich und das Evangelium getan hat!"

Kapitel 4

FREIHEIT

Es ist die Macht der selbstlosen Liebe, die einen Menschen erkennen lässt, dass das eigentliche Wesen der persönlichen

Freiheit nur dann begreifbar wird, wenn dies in Verbindung mit der Entwicklung eines Bewusstseins für die persönlichen Grenzen geschieht.

In den bestehenden Regierungsformen dieser Welt wird zwar viel darüber geredet, wie wichtig gerade diese Staatsformen für das Freiheitsbewusstsein der jeweiligen Bürger seien, doch wer mit wachem Geist die inneren Strukturen dieser Regierungsformen durchleuchtet, wird bald feststellen, welcher Art die Ideeologien sind, die dahinterstecken. Sie bieten eine Fülle von materiellen Verlockungen, hinter denen nur eine Absicht steckt: Die geistige Verblendung der Menschen! Diese bewirkt zwangsläufig, und in vielen kleinen Schritten, die progressive Reduktion des Selbstwertgefühls und der Selbsterkenntnis.

Es wird mit Freiheit gelockt und das Resultat ist die Gefangenschaft im geistigen Dunkel der Habgier. Die Habgier aber ist eine Sucht, die sich immerfort auf materieller Ebene zu befriedigen sucht. Hierin liegt die „größte" Schwäche der Menschen. Das Verhalten, das sich aus der Habgier heraus ergibt, ist ein nicht zu übersehender Zeuge dieser schrecklichen Geisteskrankheit. Fast überall ist sie zu erkennen. Fast überall legt sie, unübersehbar, Zeugnis davon ab, wie sehr sie die Menschenseelen im Würgegriff hat, bereit, auch noch das letzte bisschen Charakter in ihnen zu zerstören.

Bei einer Gesellschaft, die vorwiegend auf materielles Denken ausgerichtet ist, ist es im Grunde gleichgültig, von welcher Regierungsform sie dominiert wird, denn eine solche Gesellschaftsordnung endet immer im Chaos, wenn sie sich nicht rechtzeitig auf die hohen Ideale eines sich von der praktizierten Nächstenliebe beherrschen lassenden, ethischen Empfindens, besinnt. Unter Freiheit wird in der Regel ein schlaraffenlandähnlicher Zustand verstanden, den man erlangen möchte. Erleben die damit verbundenen Hoffnungen keine Erfüllung, glaubt man in aller Regel an eine ungerechtfertigte Beschneidung der persönlichen Freiheit durch die Politik und die Gesellschaft.

An dieser Einstellung ist zu erkennen, dass hier das eigentliche Wesen der Freiheit nicht verstanden wird. Dass große freiheitliche Gefühle und Empfindungen auch im Zustand der materiellen Armut entstehen können, daran glaubt nur eine Minderheit. Selbst von denen könnten diesbezüglich noch einige abgestrichen werden, wenn man sich die Mühe machen würde, ihren Glauben auf Herz und Nieren zu prüfen, oder wenn sie durch äußere Umstände dazu gezwungen wären, ihren Glauben unter Beweis zu stellen.

Politiker, die sich damit brüsten einer freiheitlich-demokratischen Staatsform zu dienen, aber durch äußerst dehnbare, und daher zweifelhafte Paragraphen, einem Teil ihrer Wähler in verschiedenen Bereichen der Wirtschaft gestatten, durch Monopolherrschaft andere zu vernichten, während sie selbst in den Vorständen solcher Wirtschaftsimperien sitzen, sind in Wirklichkeit Betrüger und Handlanger des Dunkels. Im Rampenlicht der Weltöffentlichkeit treten sie auf als „Engel des Lichts", und führen auf diese Weise Abermillionen von Menschen in die Irre.

Die Absicht des Magiers auf der Bühne des Kabaretts besteht darin, die Menschen mit raffinierten Tricks zu begeistern, doch die Absicht dieser politischen Illusionisten ist diese, die Menschen mittels vieler Versprechungen, womit deren Herzen automatisch höher schlagen, in eine komplette geistige Versklavung hineinzusteuern.

Wo der Geist eines Menschen, oder gar der gesamte Nationalgeist, im Zustand der Verdunkelung ist, da wird die Eigenschaft der Freiheit immer falsch verstanden. Wenn sich die Menschen nicht freiwillig darum bemühen, das Naturell der Freiheit richtig zu verstehen und zu leben, werden sie durch Schmerzerlebnisse dazu gezwungen werden. Es ist eine Illusion, sich die Freiheit durch Geld, Betrug, Bestechung, Krieg und Vernichtung des Nächsten, erkaufen zu können. Die Erfahrung der äußeren Freiheit hängt immer von der inneren Freiheit ab. Das Ausmaß der äußeren Freiheit verhält sich immer proportional zum Grad ihres inneren Vorhandenseins.

Die Einstellung, dass zuerst die materielle Absicherung gegeben sein muss, damit das Gefühl der Freiheit erlebt werden kann, ist nicht nur von Grund auf falsch, sie zeigt auch ganz klar, dass hier der äußere Reichtum dem inneren vorgezogen wird.

Solange sich der internationale Grundgeist auf einem niedrigen Niveau befindet, werden Nationen, wie auch ganze Weltmächte, immer wieder zugrunde gehen. Wenn der Mensch nicht in einem gesunden Maß durch wirklich ehrenhafte und zur Nächstenliebe fähige Regierungen an die Leine gelegt wird, ist sein Untergang schon vorprogrammiert. Das Recht, den moralisch unfertigen Menschen an die Leine zu legen, haben allerdings nur solche Regierungen, deren Vertreter selbst die Nächstenliebe praktizieren, die moralisch einwandfrei sind, und die, wenn trotzdem mal etwas falsch läuft, nicht mit großem Geschrei zuerst die Schuld bei anderen suchen. Diese sind es, die ihr Amt sicherlich nicht missbrauchen werden. Und die Bürger, die selbst charakterlich stark sind, werden solche Regierungen mit Freuden wählen.

Gegenwärtig zeichnen sich die Gesellschaftsstrukturen dadurch aus, dass im wahrsten Sinne des Wortes geistig und moralisch unterentwickelte Menschen die Geschicke der Gesellschaft und der Wirtschaft bestimmen. Gemäß deren Vorstellung ist bereits derjenige erwachsen, der 18 Jahre alt ist, der wählen gehen, autofahren, und seine finanziellen Angelegenheiten selbst regeln darf.

Die weitaus wichtigere Komponente, die, durch welche das Erwachsensein erst wirklich gegeben ist, das gesunde moralische Bewusstsein, welches erst nach dem Wohl des Nächsten frägt und dann nach dem eigenen, diese Komponente spielt bei den psychologischen und soziologischen Beurteilungskriterien materialistisch gesinnter Gesetzgeber, wenn überhaupt, nur eine untergeordnete Rolle.

Meistens ist es doch so, dass die wahren Regierungsgeschicke von ganz speziellen Gruppen geleitet werden, deren Vertreter man nie zu Gesicht bekommt. Wie auch immer die Regierungsformen heißen, hinter deren Fassaden diese Unsichtbaren ihr böses Spiel spielen, es geht immer nur um Macht und Geld, koste es was es wolle. Daher muss hier mit Fug und Recht gesagt werden, dass wir es hier mit dem anti-christlichen Wesen der Plutokratie zu tun haben, der sogenannten Geldherrschaft, die es sich nicht erlauben kann, ihr wahres Gesicht zu zeigen, wenn sie von ihrem Thron nicht herabsteigen möchte.

Dies alles führt zu der bitteren Erkenntnis, dass das einst in alttestamentarischer Zeit gebaute, Goldene Kalb, von seiner geistigen Bedeutung her nicht zerstört, sondern über die Jahrtausende immer größer wurde. Der Schneeball ist zur Lawine geworden!

Fazit: Bemühe dich, deinen Nächsten zu lieben wie dich selbst, dein Herz wird dabei größer und deine Seele weiter. Die Gesetze der Himmel werden dir bei deinen Bemühungen beistehen. Wenn dann Katastrophen den Planeten Erde heimsuchen, wirst du verschont werden, oder zumindest nur einen winzigen Teil von dem abbekommen, was du hättest erleiden müssen, wenn du die Kehrtwendung zum Guten nicht rechtzeitig vollzogen hättest. Bedenke: Was irgend der Mensch sät, das wird er auch ernten! Und wenn du so weit gereift bist, dass du zum Herr oder zur Herrin über jede Art von Begierde geworden bist, dann wirst du auch nicht mehr im Widerstreit zur Zeit stehen, du wirst stattdessen erleben, wie sie sich dehnt. Dann wirst du wirklich frei sein, und dir wird, bis in die kleinsten geistigen Partikel hinein, bewusst werden, was Freiheit wirklich ist.

Was nützt es aber dem Menschen, wenn er das Prinzip der Freiheit richtig zu definieren versteht, jedoch nicht daran denkt, dieses Wissen auch entsprechend umzusetzen? Falls er die Attribute der Freiheit wirklich richtig versteht, wird er auch wissen, welchen Stellenwert die Frau gemäß den Göttlichen Gesetzen in dieser Schöpfung hat, und welche Rolle ihrem Wesen daher in der Gesamtheit des geistigen Seins zugeschrieben wurde.

Kapitel 5

BEKENNTNISSE ZU GUNSTEN DER WEIBLICHKEIT

Hier folgen nun einige verbürgte Worte von Größen aus der Männerwelt, woraus zu ersehen ist, dass sie die hohe Bedeutung des weiblichen Naturells richtig verstanden haben. Aus ihren Worten wird zu erkennen sein, auf welch respektvolle Weise sie den Geist der Frau zu würdigen wussten:

Der deutsche Schriftsteller, Ludwig Börne, (1772 –1837), schrieb: „Die Weiblichkeit ist die Achse der Erde und die Milchstraße am Himmel!"

Johann Wolfgang von Goethe, (1749 – 1832), lässt durch den «Chorus Mystikus» den 2. Teil seiner Fausttragödie mit diesen Worten ausklingen: „Alles Vergängliche ist nur ein Gleichnis, das Unzulängliche, hier wird's Ereignis, das Unbegreifliche, hier ist's getan – das ewig Weibliche zieht uns hinan!"

Der Historiker, Reinhold Schneider, (1903 – 1958), der auch das Leben der Landgräfin Elisabeth von Thüringen beschrieb, die zu den hilfsbereitesten Menschen aller Zeiten gehörte, sagte über sie folgendes aus: „Geschichtliche Größe wird oft damit begründet, dass Inhaber politischer Macht die eigene oder die Größe ihres Volkes mit den Leiden von Unzähligen erkaufen. Die Größe der Elisabeth von Thüringen, (1207 – 1231), bestand darin, dass sie sich den Leidenden und Entrechteten zuwandte, in deren Leben Licht und Freude brachte, den Mühseligen und Beladenen Hilfe, Hoffnung und Trost schenkte. Selbstverwirklichung – nicht auf Kosten, sondern im Dienst Anderer - darin hatte die Landgräfin über die Jahrhunderte hin beispielgebend gewirkt!"

Der Opernkomponist, Peter Cornelius, (1824 – 1874), schrieb in Bezug auf den Wert der Frau: „Die Frau ist, als Gefährtin des Mannes, ein selbständiges Wesen, zugleich auch Hüterin des Rein-Menschlichen, der Poesie und des Wunderbaren im Leben und in der Ehe".

Im Jahre 1860 schrieb Peter Cornelius ein wunderbares Gedicht. Es trägt den Titel: «Ein Vater-Unser für Marie Gärtner». Der Komponist verwendete hierfür das allgemein gebräuchliche Mustergebet, so wie es in den Bibeln, in Matthäus 6:9-13, steht. Der Inhalt dieses Gebets ist nicht in allen Punkten mit der von Jesus tatsächlich gegebenen Gebetsrichtschnur identisch. (Im Teil 4 meines Buches, Kapitel 32, wird der wahre Inhalt des Mustergebets von Johannes und Maria-Magdalena im Hause des Petrus dargeboten und erläutert). Doch wegen der Einmaligkeit und der inneren Schönheit des Gedichtes von Peter Cornelius, in dem in Wirklichkeit nicht nur Marie Gärtner gewürdigt wird, sondern das weibliche Wesen überhaupt, muss dieses wunderschöne Bekenntnis unbedingt an diese Stelle:

EIN VATER - UNSER FÜR MARIE GÄRTNER

O Vater unser, segne mich, dass keine Stund' entflieh',
wo ich nicht herzlich denk an Dich - und Marie.

Geheiligt soll Dein Name sein, schau in mein Herz und sieh',
ob Du darin geschrieben ein - und Marie.

Mein Vater, zu uns komm' Dein Reich, o Lust, die dann gedieh',
die Menschen würden Engeln gleich - wie Marie.

Dein Wille geschehe, Schmerz und Heil zum Himmel uns erzieh',
nur trüg ich doppelt leicht mein Teil - mit Marie.

Gib unser täglich Brot uns Du, wer sonst, der's uns verlieh,
und mir mein täglich Lied dazu - für Marie.

Vergib die Schuld, und niemand lebt, dem ich sie nicht verzieh,
selbst wenn sein Herz in Liebe strebt - nach Marie.

Nicht in Versuchung führe mich, o Herr, vor dem ich knie,
allgüt'ger Vater führe mich - zu Marie.

Erlös uns aus der Tiefe Pfuhl, gib, dass zu Dir ich zieh,
gib mir ein Plätzchen hinterm Stuhl - bei Marie.

Der Dichter, Friedrich Rückert, (1788 – 1866), erkannte den hohen Wert der edlen Weiblichkeit ebenfalls sehr klar und deutlich in den Tiefen seiner Seele. Dies geht aus folgendem Gedicht hervor:

An einen Engel auf Erden

Du bist die Ruh', Du bist der Frieden.
Du bist der Himmel, mir beschieden.
Dass Du mich liebst, macht mich mir wert.
Dein Blick hat mich vor mir verklärt.
Du hebst mich liebend über mich,
mein guter Geist – mein bess'res Ich.

Im 19. und im 20. Jahrhundert, (1875 – 1941), lebte eine Persönlichkeit, die sich Abd-ru-shin nannte. Dieser Name heißt übersetzt «Sohn des Lichts». Abd-ru-shin hieß mit bürgerlichem Namen Oskar Ernst Bernhard. Sein Hauptwerk, bestehend aus 3 Bänden, heißt: «Die Gralsbotschaft – im Lichte der Wahrheit». Zur Förderung eines edlen Menschentums, das nur durch ein gottgefälliges Verhältnis zwischen Mann und Frau möglich ist, schrieb Abd-ru-shin folgendes:

„Und du, Mann, sieh nun endlich in dem Weibe jene große Hilfe, die du brauchst und nie entbehren kannst, wenn du in den Gesetzen Gottes schwingen willst; und ehre in dem Weibe das, wozu es Gott bestimmte! Die Art deines Empfindens zu dem Weibe wird für dich das Tor zum Licht. Auch zeigt sich wirklich starke Männlichkeit nie anders als in zarter Rücksicht der echten Weiblichkeit gegenüber, was mit zunehmender Charakterstärke immer mehr zum Ausdruck kommt.....Es ist Selbstachtung, die jeden Mann zum wahren Mann erst macht! Selbstachtung, keine krankhafte Selbstbewunderung. Selbstachtung aber kann der Mann allein im Aufblick zu der Frauenwürde haben, die zu schützen ihm die Achtung vor sich selbst gibt und auch erhält. Das ist das große, bisher noch nicht ausgesprochene Geheimnis zwischen Mann und Frau, das beide zu großen, reinen Taten hier auf Erden anzuspornen fähig ist, das alles Denken reinigend durchglüht und damit über das gesamte Erdensein Heiligen Schimmer hoher Lichtsehnsucht verbreitet!»

Über das Loblied, das der weise König Salomon über die edle Frau schrieb, möchte ich an dieser Stelle nichts berichten, denn in Kapitel 51 von Teil 4 wird es zur Sprache kommen. Das Kapitel heißt: «Paulus erteilt Mardok eine Lektion». Dieser Mardok war ein Frauenhasser und ärgerte sich sehr darüber, dass der Apostel Paulus die Jüngerin Maria-Magdalena so sehr lobte.....

Wie Männer zu Frauen stehen und Frauen zu Männern, ist eine Sache des Charakters und des Selbstwertgefühls. Lassen beide Zustandsarten einiges zu wünschen übrig, dann geschieht dies auf Kosten des Respekts vor dem Nächsten – insbesonders vor dem des anderen Geschlechts.

Gelebte Gerechtigkeit gegen jeden Menschen ist eine der großen Säulen, auf denen das Haus des Evangeliums ruht. Zu der gelebten Gerechtigkeit gehört nicht nur der sich in Taten zeigende Respekt vor der Weiblichkeit, sondern auch das persönliche Einsetzen für Menschen des eigenen Geschlechts, sofern sie von einer kapitalistischen Gesellschaft wie billige Sklaven ausgenutzt werden.

Der Komponist, Richard Wagner, (1813 – 1883), hatte sich einmal für solche Menschen eingesetzt: Eines Tages streikte in Irland eine Gruppe von Arbeitern, weil ihre Ausbeutung zu sehr überhandgenommen hatte. Der adlige Schriftsteller, Arthur, Graf von Gobineau, reagierte auf die Arbeiter, die es gewagt hatten aufzumucken, höchst erbost. Sein Ärger über diese Leute brachte er Wagner gegenüber zur „Diskussion", worin er zum Ausdruck brachte, wie wenig er von diesem „Pack", von diesem „Pöbel von der Straße", hielt. Wagner wusste, dass Gobineau Katholik war. Daher antwortete er ihm schroff und ungehalten: „Auch ich, Herr Graf, würde unter solch unmenschlichen Bedingungen streiken! – Und anscheinend machen Sie, Herr Graf, dem Evangelium einen Vorwurf daraus, für die Armen eingetreten zu sein!" Daraufhin entfernte sich der adlige Schriftsteller, kreidebleich im Gesicht, und die Beziehung, Gobineau - Wagner, war damit beendet.....

Auch das Wohl der Tiere ist ein wichtiger Bestandteil des Evangeliums, denn diese Mitgeschöpfe sind Spiegelbilder unserer Seelen. Wer diese Spiegelbilder quält und missbraucht, schadet sich selbst, denn an ihm wird einst alles das vollzogen, was er den Tieren angetan hat. Wer aber rechtzeitig bereut, und solches nicht mehr tut, mit dem werden die Gesetze des Himmels sanfter ungehen.

Man hatte Richard Wagner oft als Antichristen angesehen. Das Recht dazu hatte man freilich nicht, denn die geistigen Gesetze, welche den Motor des Evangeliums bilden, sind nicht an konfessionelle Reglementierungen gebunden. So wirkt zum Beispiel der Göttliche Geist in jedem, der mitleidsfähig ist – und er wirkt um so mehr, wenn der Betreffende daraus auch noch die notwendigen Konsequenzen zieht, wie es Wagner nicht nur gegenüber armen Menschen tat, sondern auch gegenüber Tieren. Wie sich Wagner gegenüber Tieren verhielt, möchte ich anhand von zwei Beispielen zeigen:

Eines Tages schoss der noch junge Wagner in den Jagdgründen des Grafen Pachta, welche in der Nähe von Prag lagen, animiert von Jagdkollegen, auf einen Hasen. Ein Hund rannte los, fing das vor Angst schreiende Tier und brachte es zu den Jägern. Wagner hatte es an einem Hinterlauf getroffen. Als man ihm bedeutete, dass dies „sein" Hase sei, wurde er ganz blass. Später sagte er, dass ihm dieses schreckliche Erlebnis durch Mark und Bein gedrungen sei. Zu seinem Freund, Hans von Wolzogen, dem Redakteur der damaligen «Bayreuther Blätter», sagte er: „Die Gewissheit, dass ich der Schuldige am Leiden dieses Tieres war, hat mich wie ein Stich ins Herz getroffen. Da habe ich geschworen, niemals mehr ein Gewehr auf ein Tier anzulegen!" Wagner hatte Wort gehalten!

Jahre später wurde Wagner Zeuge einer grausamen Tierbehandlung. An der damaligen Bleicherwegbrücke in Zürich sah Wagner, wie ein Bauer sein altersschwaches Pferd brutal misshandelte, weil es, trotz aller Mühen, nicht imstande war, den vollbeladenen Pferdewagen die steile Brücke hochzuziehen. Wagner war entsetzt. Er sprang zwischen Pferd und Bauer, um das Tier von seinem Peiniger zu erlösen. Zum Glück gelang es ihm. Dem Mann bot er an, es doch einmal mit vereinten Kräften zu versuchen, den Wagen hochzubekommen. Der Bauer willigte ein. Nach einer Ruhepause für das Pferd zogen dann Wagner, der Bauer und das Pferd, den vollbeladenen Wagen gemeinsam an - und siehe da - zu dritt brachten sie ihn die Brücke hoch. Dann bot Wagner dem Bauer ausreichend Geld an, damit er sich damit ein junges und starkes Pferd kaufen konnte, das solche Arbeiten mühelos schafft. Dem alten Pferd müsse er allerdings das Gnadenbrot geben, er dürfe es auf keinen Fall schlachten, denn so bezahlt man keinen Freund, der einem sein Lebtag geholfen hat.

Dem damaligen Züricher Tierschutzverein kam dies zu Ohren, und tat seinerseits alles in seiner Macht Stehende, um diese wunderbare Seite Wagners bekannt werden zu lassen. Dies tat er allein schon deshalb, weil auch er schon nahe daran war den Zeitungen alles zu glauben, was diese an negativen Dingen über Wagner schrieben, die sich häufig darum bemühten, kein gutes Haar an dem Komponisten zu lassen.....

Benjamin Franklin, (1706 – 1790), war nicht nur amerikanischer Politiker, sondern auch Schriftsteller, Naturwissenschaftler und der Erfinder des Blitzableiters. Er verfügte über einen großen Gerechtigkeitssinn, und hatte Achtung vor charakterstarken Menschen. Am beruflichen und gesellschaftlichen Durchsetzungsvermögen allein maß er den Wert eines Menschen nicht. Auch Mitgefühl und Verständnis für alles Leben gehörten für ihn dazu. Sie bildeten für ihn das wichtigste Kriterium bei der Beurteilung einer Person.

In Bezug darauf sind von Benjamin Franklin folgende Worte in die Geschichte eingegangen: „Der Mensch, der wirklich und wahrhaftig groß zu nennen ist, zertritt keinen Wurm – er kriecht aber auch nicht vor Königen und Kaisern!" Damit hatte auch dieser amerikanische Politiker mit wenigen Worten gesagt, was unter echtem und gelebtem Christentum zu verstehen ist.

Kapitel 6

VOM SCHMERZ ZUR HÖHEREN ERKENNTNIS

Charakterlich schwache Menschen werden in aller Regel mit harten Schicksalsschlägen viel schwerer fertig als solche, die stark und innerlich gefestigt sind. Wogegen schwache Menschen schon bei einem leichten Wind ins Schwanken kommen, wirft starke Menschen nicht einmal ein gewaltiger Sturm um. Hierzu ein Beispiel aus dem 19. Jahrhundert:

Der Komponist, Ludwig van Beethoven, (1770 – 1827), war auf seinem Gebiet ein Jahrhundertgenie. Er war genial als Komponist und genial als Pianist. Als ihm ungefähr ab 1814 herum klar wurde, dass sein Gehörleiden bald zur völligen Taubheit führen würde, und dass es keine Aussicht mehr auf Heilung gäbe, stürzte er in eine tiefe Depression, denn für ein musikalisches Jahrhundert-Ereignis, wie er eines war, konnte es nichts geben, das schlimmer war als Taubheit. In diesem Zustand tat er etwas, was er sonst nie getan hätte: Er trat vor ein großes Kruzifix, das oben an einer Wand hing, blickte schmerzerfüllt in das Gesicht des gekreuzigten Christus, und schrie ihm diese Worte hinauf: „Warum hast Du mir dies antun müssen? Was habe ich Dir getan? Bin ich Dir etwa zu groß geworden?"

Manche mögen dazu neigen, Größenwahn und Überheblichkeit hinter diesen Worten zu vermuten. Damit liegen sie aber völlig falsch, denn sie wurden im Zustand der Verzweiflung herausgeschrien, und nicht wirklich ernst gemeint. Man darf also davon ausgehen, dass dem schmerzgepeinigten Beethoven diese Worte nicht angerechnet worden sind.....

Die Depression hielt den Komponisten nicht lange im geistig-seelischen Würgegriff, denn bald zeigte sich, über welch starken Charakter dieser Mann verfügte: Mitten in dieser Depression mobilisierte er alle seine Kräfte, und sagte schließlich: „Ich werde dem Schicksal in den Rachen greifen – niederzwingen wird es mich gewiss nicht!"

In den Zeiten danach begriff Beethoven, dass ihm der Himmel die Taubheit zu dem Zweck schickte, damit sein inneres geistiges Gehör stärker werden konnte. So schuf er im Zustand völliger Taubheit seine in D-moll geschriebene 9. Sinfonie, deren Finale und gleichzeitiger Höhepunkt die Vertonung von Schillers «Ode an die Freude» bildet. In jener Zeit komponierte er auch seine letzten 6 Quartette. Sie sind von unvergleichlicher Schönheit, und sind gleichsam ein Wegweiser in lichte Regionen.

Die Taubheit war für Beethoven der Schlüssel zu einem tieferen Verständnis der Gesetze und Schönheiten des Himmels, und er begriff stärker als je zuvor, dass weit über den Sternen eine unvorstellbar gewaltige Göttliche Instanz thronen muss. Dieses Wissen war auch der Grund, weshalb Beethoven folgende unsterblichen Worte sprach: „Höheres gibt es nicht, als sich der Gottheit so weit wie möglich zu nähern, um von dort aus die Strahlen der Gottheit unter das Menschengeschlecht zu verbreiten!" Damit hatte der Christusgeist wieder einen großen Sieg errungen, einen Sieg, der viele weitere Siege zur Folge haben sollte, weil innere Größe, Stärke und Charakterbildung, seine Ursache waren.....

Der russische Schriftsteller, Fijodor Dostojewskij, (1821 – 1881), wurde von seinem Schicksal oft hart herangenommen. Durch diese Läuterung ist er auf eine respektvolle Weise innerlich gereift. Wenn er sah, dass Menschen oder Tiere Schmerzen erleiden mussten, litt er mit. In manchen Fällen weinte er sogar. Bei leidenden Tieren hatte er manchmal mehr mitgelitten, als bei leidenden Menschen. Der Grund hierfür lag darin, weil das Tier – im Gegensatz zum Menschen – ein unschuldiges Wesen ist, und daher für seine Leiden selbst nicht verantwortlich ist.

Dostojewski's Mitleidensfähigkeit war enorm. In deren Tiefe begann er zu begreifen, welch gewaltige Himmelskräfte hinter der Eigenschaft der gelebten Nächstenliebe stecken. Er begann zu erfassen, dass diese höchste Form der Liebe so gewaltig in ihrer Größe und Erhabenheit ist, dass sie sich allem Leben schenken kann, vom Wurm bis hinauf zur Göttlichen Allmacht. Er begann auch zu begreifen, dass dies der einzige Weg ist, um alles was lebt zu höchster Vollendung und Veredelung bringen zu können.

Die Quintessenz seiner Religionsphilosophie hatte er daher mit einem Satz zum Ausdruck gebracht, dessen Inhalt in die Tat umzusetzen zwar möglich ist, was jedoch eine innere Stärke erfordert, die nicht alltäglich ist. Die Worte lauten: Eine andere Art jemanden zu „richten" gibt es nicht, als die, den anderen gerade wegen seiner Verbrechen ins Herz zu schließen, bis sich ihm in seiner inneren Gefangenschaft ein Fenster öffnet, durch welches das Licht des Himmels hereinfällt!"

Das Licht des Himmels ist einst auch in den größten Verneiner am Philosophenhimmel gefallen – und das war Friedrich Wilhelm Nietzsche, (1844 – 1900). Vielleicht ist diesem Mann eines Tages ein ganz spezieller Satz zu Ohren gekommen, den der Komponist, Robert Schumann, (1810 – 1856), einmal äußerte. Er lautet: „Wer den Tadel nicht zu schätzen weiß, ist des Lobes nicht wert!" Wie auch immer, jedenfalls hatte Nietzsche munter drauf los getadelt. Kaum jemand blieb ungeschoren. Einzelne Menschen, wie auch ganze Institutionen, wurden von ihm „unbarmherzig" durch den geistigen Fleischwolf gedreht. Seine Vorschlaghammerphilosophie war ein Zeichen dafür, wie wenig er mit sich selbst fertig wurde. Was in ihm an Übel war, projizierte er auf Kirche, Staat, Gesellschaft und Kultur. Natürlich war ihm klar, dass er die Missstände, die er anprangerte, auch in sich selbst hatte.

Bis hin zu seinem irdischen Tod fochten der christliche und der dionysische Geist ständig miteinander in seiner Seele. Richtig gewonnen hatte keiner von beiden. Doch immerhin sind dem christlichen Geist einige kleine Teilerfolge gelungen, denn durch die vielen inneren Kämpfe, die der Philosoph mit sich selbst auszufechten hatte, ist er leidensanfälliger und empfindungsfähiger geworden. Daraus ergab sich die Mitleidensfähigkeit. Eine ganz besondere Situation im Leben Nietzsches beweist dies:

Am Donnerstag dem 03. Januar 1889 wurde Nietzsche Zeuge einer brutalen Pferdemisshandlung. Es war auf der Piazza Carlo Alberto in Turin. Der Philosoph nahm sich nicht mal die Zeit, den Kutscher zur Rede zu stellen, der das Tier gequält hatte. Stattdessen stürzte er auf das geschundene Pferd zu, umklammerte weinend dessen Hals, streichelte und küsste sein Gesicht. Als dies der Kutscher sah, ließ er von dem Tier ab. Es ist möglich, dass ihn das, was er da gesehen hatte, zur Besinnung brachte und er fortan nie mehr ein Tier geschlagen hatte. Nachzuprüfen ist dies allerdings nicht. Nietzsche hingegen wurde auf sein Zimmer gebracht, wo dann der Wahnsinn vollends aus ihm ausgebrochen war. Von dieser Stunde an lieferten sich der dionysische und der christliche Geist den härtesten und längsten Kampf auf dem Schlachtfeld des Philosophenhirns. Ein paar Tage nach dem Ausbruch des totalen Wahnsinns, also am 10. Januar 1889, wurde Nietzsche in die psychiatrische Universitätsklinik Basel eingeliefert. Eine Woche später brachte man ihn in die Universitätsklinik Jena. Seine letzten Jahre verbrachte er in Weimar in der Villa Silberblick. Nietzsche war zwar erheblich paralysiert, doch der Auslöser seines Todes war eine Lungenentzündung, der er am 25. August 1900 erlag.

Die Tiefe des Wahnsinns war für Nietzsche eine Möglichkeit, den Christusgeist Stück für Stück zu erschließen, denn mit dem Wahnsinn wächst auch die seelische Schwachheit, welche die totale seelische Entblößung mit sich bringt. Erst wenn diese gegeben ist, werden auch alle Blockaden aufgelöst, welche die Stärkung der Persönlichkeit, und damit auch die tiefe Erkenntnis des Christus-Geistes, verhindert haben. Wo die Nacht am schwärzesten ist, da ist der Anfang des Lichtes. Ich bin sicher, dass der Geist des Philosophen Nietzsche inzwischen schon längst die Befreiung aus seiner Qual in diesem Lichte gefunden hat.....

Der deutsche Dichter, Adalbert Stifter, (1805 – 1868), wusste aus eigener Erfahrung, dass das Erleiden von körperlichen und seelischen Schmerzen auf ganz besonders durchgreifende Weise einen Menschen innerlich zu reinigen und charakterlich zu stabilisieren vermag. Diese Tatsache brachte er mit folgenden Worten zum Ausdruck: „Der Schmerz ist ein Heiliger Engel – durch ihn allein sind mehr Menschen größer geworden, als durch alle Freuden der Welt!" Ist nicht der Christus das leuchtendste Beispiel hierfür? Hat sich dieser Sohn des Lichtes nicht aus Liebe zu allem Leben mit Schwerverbrechern auf eine Stufe stellen lassen, und war er darüber hinaus nicht auch noch bereit, die furchtbaren Qualen der Kreuzigung auf sich zu nehmen, um auf diesem Weg der ganzen Menschheit zu zeigen, zu welch gewaltigen Leistungen ein Mensch mit entsprechender Willenskraft fähig sein kann, wenn das dafür nötige Gegengewicht an Liebeskraft sein ganzes Wesen mit hoher Intensität durchpulst?

Nur wer wirklich groß ist, vermag Großes zu leisten. Nur wer nicht feige vor dem Schmerz flieht, vermag diesen zu überwinden, und damit auch zu besiegen. Es gibt nichts größeres als jene Liebe, die frei von niedrigen Begierden ist. Diese Liebe ist Göttlich und sie besiegt in ihrer Erhabenheit, in ihrer Tiefe und Kraft, alle Eigenschaften, die aus der Egozentrik heraus geboren wurden, wie auch jeden Schmerz. Dass dies möglich ist, hat die größte Persönlichkeit, die je auf Erden lebte, allen Nationen dieser Welt bewiesen!.....

TEIL 3

VORGESCHICHTE ZU MARIA-MAGDALENA AUS FORSCHUNG UND MYTHOLOGIE, METAPHYSIK UND RELIGIONSPHILOSOPHIE

Der Sokratesschüler Platon, (427 – 347 v. Chr.), hielt sehr viel von der Gleichstellung der Frau, insbesonders dann, wenn sie über einen edlen Charakter verfügte. In seinem «Phaidros» waren sie für ihn „Gefäße des Göttlichen Geistes", und damit die so notwendige Brücke der Verständigung zwischen Gott und den Menschen. Eines der größten Gefäße des Göttlichen Geistes war Maria-Magdalena. In den nachfolgenden Kapiteln, ganz besonders aber in Teil 4 dieses Buches, wird die Größe dieser Frau ausführlich und zu Herzen gehend beschrieben:

Kapitel 1

KIRCHE KONTRA «LEGENDA AUREA»

In apokryphen und pseudepigraphen Büchern, (verborgene und unechte Bücher), wird Maria-Magdalena als eine Frau beschrieben, die eng mit Jesus verbunden war. Sie genießt hier einen weitaus höheren Stellenwert als bei der Kirche. Für die Machowirtschaft der Kirche wäre es tödlich gewesen, den Frauen ebenso zu begegnen wie es Jesus tat.

Im Verlauf vieler Bibelüberarbeitungen rückte die Frau immer weiter nach hinten, wogegen dem Manne im gleichen Verhältnis immer mehr Gewicht beigemessen wurde. Dies war eines der schlimmsten Vergehen an den Geistigen Gesetzen, und damit ein gewaltiges Verbrechen gegen die Göttliche Allmacht. Vor allem aber war dies eine sich über die Jahrhunderte ständig wiederholende Verhöhnung des Christus am Kreuz.....

So stand z.B. seinerzeit der Verfasser der «Legenda aurea» der Wahrheit um Christus und dessen Beziehung zu Maria-Magdalena noch bedeutend näher, als es die Kirche in den Jahrzehnten und Jahrhunderten danach war. Bei dem Autor der «Legenda aurea» handelte es sich um Jakobus de Voragine. Er war Dominikaner und Erzbischof von Genua, wurde um 1230 geboren, und starb 1298.

In der «Legenda aurea» wird Maria-Magdalena als „sonderliche" Freundin Jesu bezeichnet, als eine besonders begnadete Frau, die Jesus selbst zur „Schafferin auf dem Wege" machte. Ferner gibt die «Legenda aurea» zu erkennen, dass in Wirklichkeit Frauen mit der Qualität einer Maria-Magdalena auf die Kanzeln gehören, und weniger die Männer, denen sie leider ausschließlich vorbehalten sind. Außerdem berichtet dieses Werk der Inspiration, Maria-Magdalena sei die „Apostelin der Apostel" gewesen, da sie die Worte Gottes besser als alle anderen zu vermitteln verstand.

Doch durch die Männerwirtschaft der Kirche, die aufgrund ihrer Frauenfeindlichkeit und Verteufelung der Sexualität gar nicht bemerkte, wie abartig sie selbst in ihrem Denken und Handeln war, (und noch ist), wurde Maria-Magdalena mit allen Mitteln in die Rolle der ewigen Sünderin und Büßerin zurückgedrängt. So versuchte man allen Frauen in den folgenden Jahrhunderten durch das permanente Konfrontieren mit dem Bild der „Ewigen Sünderin und Büßerin aus Magdala" ihre eigene Minderwertigkeit ständig zu vergegenwärtigen. Die Kirche hatte gewaltige Erfolge damit, und so enorm diese waren, so grauenhaft waren auch ihre

Auswirkungen auf alle Menschen, Tiere und Pflanzen, die von da ab auf Erden lebten.....

Nicht alle führenden Personen der Kirche waren von Grund auf frauenfeindlich eingestellt. Dies hat schließlich der Autor der «Legenda aurea» bewiesen. Es ist anzunehmen, dass die englische «Magna Charta» von 1215 die Wünsche von so manchen Kirchenmännern, die Weiblichkeit wieder ins rechte Licht zu rücken, unterstützte, da sie den Frauen mehr Rechte und mehr selbständige Entscheidungsgewalt zubilligte, als sie zuvor hatten.

Kapitel 2

JESUS UND MARIA-MAGDALENA VERBAND GEISTESLIEBE

In den apokryphen Evangelien wird Maria-Magdalena im sogenannten „Dialog des Erlösers" als eine Frau bezeichnet, die das All kannte! Analog dazu werde ich in späteren Kapiteln beschreiben, auf welch zusätzliche Weise die Lieblingsjüngerin des Christus nach dessen leiblichem Tod ihr Wissen von den Geistigen Gesetzen vertiefen konnte. Nur so viel sei vorweg gesagt: Ihre Wissensvertiefung geschah nicht nur in Verbindung mit dem Messias, sondern später auch in der Gemeinschaft mit Joseph von Arimathea, dem Evangelisten Johannes, und einige Zeit später während ihres, wenn auch nur kurzfristigen, Zusammenwirkens mit dem Apostel Paulus.....

Im Philippus-Evangelium wird Maria-Magdalena als Gefährtin des Erlösers bezeichnet. Es heißt dort u.a., dass Christus sie mehr geliebt hatte als alle anderen, und dass er sie oft auf den Mund zu küssen pflegte. Ob dieser besonderen Zuneigungsbekundungen reagierte der männliche Teil seiner Gefolgschaft manchmal eifersüchtig. Diesbezüglich werde ich weiter unten noch eine genauere Erklärung folgen lassen.

Es ist anzunehmen, dass die Jünger in der Zeit ihres gemeinsamen Wirkens mit Christus begriffen hatten, dass auch in der Liebe zwischen dem Männlichen und dem Weiblichen eine Chance zur Gotterkenntnis verborgen liegt, und dass die Liebe zwischen

Christus und Maria-Magdalena eine hohe geistige Liebe war, wodurch für die Jünger kein Anlass zur Eifersucht bestand. Jesu Liebe zu dieser Jüngerin wird dadurch noch verständlicher, wenn man bedenkt, wie sehr diese Frau aus Magdala dem Geiste Christi in die Tiefe zu folgen vermochte.

Was also Jesus mit Maria-Magdalena verband, war eine tiefe Geistige Liebe. Jesus sah in ihr ein kleines Abbild seines urgeistigen Duals, welches seit Ewigkeiten in der obersten aller Himmels-Dimensionen lebt, dessen Name Christiana lautet. Auch die Geistige Liebe in den Himmlischen Dimensionen kann nur funktionieren, wenn sich die dort lebenden, männlichen und weiblichen Engel, in reiner Liebe einander zugetan sind. Damit erfüllt sich das oberste Geistige Grundgesetz, welches sagt: Das Männliche funktioniert nicht ohne das Weibliche - und das Weibliche nicht ohne das Männliche. Unabhängig davon, ob im Himmel oder auf Erden - in erster Linie ist es die Liebe zwischen dem Männlichen und dem Weiblichen, welche im Licht der Vater-Mutter-Gottheit zu bestehen, und dadurch das Weltall mit zu tragen vermag.

Was in den apokryphen Evangelien über die Beziehung zwischen Christus und Maria-Magdalena geschrieben steht, wurde für Historiker, die mehr intellektuell als geistig geprägt waren, oft zum Gegenstand wilder Spekulationen. Wenn sie es auch nicht beweisen konnten, so war für sie die Tatsache, dass Jesus seine Lieblingsjüngerin hin und wieder auf den Mund küsste, ein eindeutiger Hinweis darauf, dass er mit ihr ein sexuelles Verhältnis gehabt haben muss. Zumindest aber war dieses Küssen auf den Mund und die Eifersucht mancher Jünger für viele Historiker und Interpreten dieser Berichte, etwas, das „eindeutig zweideutig" war. Wie man sieht, begreifen auch solche Leute nur den Geist, dem sie gleichen.....

Wenn Jesus in den apokryphen Evangelien im „Dialog des Erlösers" durchblicken ließ, wie sehr er sich über das tiefreichende geistige Wissen der Maria-Magdalena freute, wenn sich ferner manche Jünger nicht genierten, die Jüngerin aus Magdala bei Problemen um Rat zu fragen, die eine feingeistigere Durchschauungsfähigkeit erforderten, als Männer in der Regel dazu in der

Lage sein können, dann ist dies ein Hinweis darauf, dass die Frauen der damaligen Zeit, (zumindest aber jene, die, wie Maria-Magdalena, einer höheren Gesellschaftsschicht angehörten), keine so niedrige Rolle gespielt haben, wie es oft angenommen wurde. Dies bestätigt auch die Tatsache, dass stets mehrere Frauen mit dabei waren, wenn Jesus mit seinen Jüngern durch Judäa zog, obwohl keine der Frauen mit irgend einem der Jünger verheiratet war. Sie konnten problemlos miteinander durch Städte und Dörfer wandern, denn es gab niemand der daran Anstoß nahm, (von den ewig unverbesserlichen religiösen Ultra-Fundamentalisten einmal abgesehen).

Inzwischen zweifelt man in der historischen Forschung immer mehr daran, dass Paulus an Thimotheus geschrieben haben soll, „dass es den Frauen nicht erlaubt sei zu lehren und des Mannes Herr zu sein!" Mit dieser Vermutung liegen die Historiker richtig, denn in einem späteren Kapitel werde ich, bezugnehmend auf die Zeit, in der Paulus mit Maria-Magdalena, Bethsabe und Ananias zu tun hatte, aufzeigen, wie sehr sich Paulus vom Beginn seiner ersten Begegnung mit Maria-Magdalena an, und dem wenige Tage danach stattfindenden Lichtereignis vor Damaskus, in vielen kleinen Schritten - und dies auch in Bezug auf sein Verhältnis zu den Frauen - gewandelt hatte.

Ich habe mich hierbei auf die Inspiration von oben verlassen, denn so, wie ich Paulus wiedergebe, ist meines Wissens nach nichts überliefert, oder es wurden vorzeitig alle frauenfreundlichen Äußerungen des Apostels von der Kirche gründlich getilgt, um ihr Machowesen nicht zu gefährden. Außerdem lebe ich nach dem Grundsatz: Auf die Ergebnisse der historischen Forschung, (insbesonders auf die Interpretationen derselben), kann man sich nur bedingt verlassen - auf die Inspirationen des Himmlischen Geistes dagegen unbedingt!.....

Kapitel 3

PETRUS AUS DER SICHT DER «PISTIS SOPHIA»

Ein Teil der apokryphen Evangelien, die «Pistis Sophia», welche eine gnostische Schrift über Glauben und Weisheit ist, stellt Petrus in einem Licht dar, das nur äußerst bedingt zutreffend war. In der «Pistis Sophia» heißt es sinngemäß, dass Petrus bei einer Diskussion zwischen Jesus und Maria-Magdalena nur als passiver Zuhörer beteiligt gewesen war. Er hätte dabei das Gefühl gehabt, Maria-Magdalena sei die Führende in der Diskussion, und würde wohl so nach und nach nicht nur ihn selbst, sondern auch alle anderen Apostel ins Abseits drängen.

Seinen diesbezüglichen Unmut hätte Petrus dann gegenüber Christus zur Sprache gebracht, worauf der Klagende dies zur Antwort erhielt: „Es darf jeder sprechen, der von Gott dazu bestimmt ist und vom Geiste getrieben wird - egal, ob Mann oder Frau!"

Gemäß der «Pistis Sophia» soll sich Maria-Magdalena ihrerseits über Petrus beklagt haben, weil sie befürchtet hätte, Petrus würde die Frauen hassen. Wenn die Jüngerin gegenüber Jesus ihre Bedenken äußerte, die sie in Hinsicht auf Petrus hatte, dann hatte sie sich nicht beklagt, sondern Jesus lediglich ihre Besorgnis um den Apostel mitgeteilt, denn beklagen tut sich meistens nur derjenige, der sich noch auf der Elementarstufe seiner geistigen und moralischen Entwicklung befindet. Außerdem muss dazu bemerkt werden, dass es keine Schrift gibt, die eine Situation genau so wieder geben kann, wie sie wirklich stattgefunden hat, denn übereifrige Autoren, Übersetzer und Historienschreiber, die ihren eigenen „egozentrischen Senf" dazu geben, gab es in der Literatur schon immer.

Dies gilt auch in Bezug auf das Problem, das Petrus mit der Jüngerin gehabt hatte, welches er hinterher Jesus gegenüber zur Sprache brachte. Man kann also getrost davon ausgehen, dass sich Petrus lediglich im Zustand einer vorübergehenden, (und leider auch manchmal wiederkehrenden), seelischen Schwäche befand, in der er sich zurückgesetzt gefühlt hatte. Wer davon ableiten möchte, Petrus hätte alle Frauen gehasst, betreibt das, was man in der Psychologie „Projektion" nennt. Außerdem ist die Stelle in der «Pistis Sophia» schlichtweg falsch, in der Maria-Magdalena zu Jesus gesagt haben soll, dass Petrus alle Frauen hassen würde. Wer immer dies schrieb, hatte nichts vom inneren Wesen Maria-Magdalenas begriffen – und ebenso wenig etwas von der Seele des Petrus.

Selbst wenn dies zutreffend gewesen wäre, hätte die Jüngerin trotzdem nicht derartig reagiert. Maria-Magdalena wäre niemals zur Lieblingsjüngerin Jesu geworden, wenn sie nicht in der Lage gewesen wäre, die Gefühlswelt der Menschen, vor allem die Gefühlsregungen der Jünger und Jüngerinnen, mit denen sie häufig Umgang hatte, richtig zu deuten. Auch wäre sie von Jesus niemals als Frau bezeichnet worden, „die das All kennt", denn das mindeste, was dieses Vermögen voraussetzt, besteht aus tiefreichender Menschenkenntnis, und dem daraus sich ergebenden tiefen Verständnis für die Schwächen der Menschen.

Maria-Magdalena wusste, dass Petrus in mancherlei Hinsicht die Seele eines Kindes hatte. Sie wusste, dass er aufbrausen konnte. Sie wusste aber auch, dass er nicht nur fremden Menschen in ihrer Not half, sondern auch ihr selbst, der Frau aus Magdala, sein letztes Hemd gegeben hätte, würde er sie irgendwann und irgendwo arm und frierend vorgefunden haben!

Kapitel 4

AUS DEM «EVANGELIUM DER MARIA»

Gemäß dem «Evangelium der Maria» heißt es, dass die Jünger nach der Kreuzigung entmutigt waren, und daher Maria-Magdalena baten, sie möge ihnen Einiges von dem erzählen, was ihr der Herr im Geheimen mitgeteilt hatte. Sie willfahrte und lehrte, bis Petrus wütend fragte: „Sprach er wirklich mit einer Frau (und) nicht öffentlich mit uns? Sollen wir uns umwenden und alle ihr zuhören? Hat er sie uns vorgezogen?"

Es mag sein, dass Petrus diese Worte so nicht aussprach, dass daher das, was er wirklich sagte, missverstanden, und daher ganz anders formuliert in das «Evangelium der Maria» aufgenommen wurde. Selbst wenn sich Petrus so ausgedrückt haben sollte, wie es in dem besagten Evangelium heißt, dann ging es ihm nicht darum, die Frau zu unterdrücken und als dumm hinzustellen, wie es bei den ultraorthodoxen Juden und anderen Fanatikern patriarchalischer Religionen häufig der Fall war, sondern darum, sich selbst etwas mehr ins Licht zu rücken.

Wie immer auch Petrus in diesem, (wie auch in anderen Zusammenhängen), seine Worte formulierte, ist nicht wesentlich, denn ein weiterer wichtiger Punkt war der Tonfall, in den er seine Worte kleidete. Es ist doch allgemein bekannt, dass „der Ton die Musik macht!" Leider haben es solche worttragenden Tonfälle nun mal so an sich, schriftlich nicht festgehalten werden zu können. Dessen ungeachtet kann man jedoch Einiges aus dem Tonfall heraushören, doch leider geschieht es immer wieder, dass nicht herausgehört wird, was vernommen werden soll, sondern das, was man hören möchte.

Im Übrigen ist anzunehmen, dass Petrus an der Stabilisierung seines Selbstbewusstseins ständig gearbeitet hat, denn sonst hätte er nicht zu den wenigen Auserwählten gehört, die einige Zeit nach der Kreuzigung durch den Evangelisten Johannes und den Ratsherrn, Joseph von Arimathea, in die Geheimnisse der höheren geistigen Gesetze eingeführt wurden, was in Tiberias, im Hause des besagten Johannes, in einer langen Nacht stattfand, und wo auch Maria-Magdalena zugegen war.....

Hätte Petrus zu diesem Zeitpunkt die dafür notwendige Mindestreife nicht gehabt, wäre er kein Glied in der Kette der besagten Auserwählten gewesen. Dies heißt ferner, dass es Petrus irgendwann davor gelernt haben muss, die geistige Größe der Maria-Magdalena gebührend zu würdigen. Dazu kam, dass Petrus, als er erfuhr, dass er ebenfalls zu dem kleinen Kreis der Auserwählten gezählt wurde, sicherlich nicht von Minderwertigkeitskomplexen geplagt wurde, sondern Selbstbestätigung erfuhr als Lohn für seine Arbeit an sich selbst, wie auch dafür, weil er es verstand, die Lehren des Christus mit Feuereifer zu verkünden.....

Außerdem ist aus den kanonisierten Evangelien bekannt, dass Petrus von Jesus als Fels bezeichnet worden ist, auf dem der Messias seine Gemeinde aufbauen werde. Manche Bibelinterpreten deuten diese Aussage dahingehend, indem sie sagen, Jesus hätte dadurch nur Petri Selbstbewusstsein stärken wollen, um ihn auf diesem Weg dazu zu bringen, mehr Respekt gegenüber der Weiblichkeit, insbesonders gegenüber Maria-Magdalena, zu bekunden.

Diese Erklärung ist zwar ebenfalls zutreffend, aber nicht ausreichend genug, denn es kommen noch zwei weitere Gründe hinzu, weshalb Jesus dem Apostel versicherte, ein Fels zu sein. Der eine lag darin, dass Petrus aufgrund seines intellektuellen Unverbildetseins zu hohen Eingebungen würde fähig sein, und der zweite war der, dass Petrus ein Mensch war, der ohne Rücksicht auf sein eigenes Leben einem Menschen treu sein konnte bis zum Tod - und dies trotz des Vorauswissens Jesu, dass Petrus, ihn, den Messias, nach dessen Verhaftung drei mal würde verleugnen werden.

Und was das Frauenproblem anbelangte, das Petrus hatte, da wusste der Messias genau, dass es bei Petrus wirklich nicht lange dauern würde, bis er es in den Griff bekäme. Außerdem war Petrus der Einzige unter den Aposteln, der verheiratet war, und so etwas wie ein Ajatollah Khomeini, wie wir ihn im 20. Jahrhundert hatten, war Petrus nicht einmal im Entferntesten, denn die Kluft zwischen beiden Charakteren ist viel zu groß!

Letztlich sind Minderwertigkeitskomplexe die eigentlichen Gründe, die Vertreter des männlichen Geschlechts dazu veranlassen, Frauen gegenüber eine Überlegenheit zur Schau zu stellen, die sie in Wirklichkeit nicht haben, bei der es sich um nichts anderes handelt, als um „potemkinsche Dörfer des männlichen Geistes", und damit um Scheinüberlegenheit.

In meinem späteren Kapitel, «Zu Gast bei Johannes», (Teil 4, Kapitel 37), wird mehr über das zu lesen sein, was dem kleinen Kreis der Auserwählten, dem, wie gesagt, auch Petrus angehörte, über die Geistigen Gesetze auseinandergelegt wurde.

Bei den Gnostikern, den Manichäern, wie auch einige Jahrhunderte später bei einer bestimmten Gruppe der Katharer, war Maria-Magdalena als Verkünderin hohen geistigen Wissens sehr geschätzt. Dazu kommt, dass es schon lange vor der Entstehung der «Legenda aurea» Hyppolytus von Rom war, der die aus Galiläa stammende Wegbegleiterin des Christus als die «Apostelin der Apostel» rühmte.

Petrus mag möglicherweise enttäuscht gewesen sein, als er sah, wie Maria-Magdalena den Jüngern von der Weisheit Christi erzählte. Dies geht jedenfalls aus dem «Evangelium der Maria» hervor. Im Anschluss daran heißt es: Betrübt über die Reaktion des Petrus antwortete Maria: „Petrus, mein Bruder, was denkst du nur? Denkst du, dass ich mir dies selbst im Herzen ausgedacht habe, oder dass ich über den Heiland lüge?"

In diesem Augenblick mischte sich ein Jünger namens Levi vermittelnd ein: „Petrus, du bist immer aufbrausend gewesen. Jetzt sehe ich dich gegen diese Frau streiten, wie gegen Feinde. Aber wenn der Heiland sie würdig gemacht hat, wer bist du, sie abzuweisen? Sicherlich kannte der Herr sie sehr genau. Deshalb hat er sie mehr geliebt als uns!"

Aus dem weiteren Bericht geht hervor, dass alle Anderen die Lehren Marias akzeptierten, und daraufhin ermutigt ausgingen, um zu predigen. Was Petrus aus diesen Worten in der Zeit danach gelernt hatte, (falls sie so gefallen waren, wie sie geschrieben stehen), welche Gedanken er danach insgeheim in seinem Herzen gehabt haben mag - welcher Historiker der Religionsgeschichte und welcher Interpret der Aussagen, die von und über Petrus gemacht worden sind, vermag dies auf rechte Weise zu rekonstruieren? Er müsste, um dies zu können, die Methoden der klassischen Beweisführung verlassen, und stattdessen in den Äther des Geistigen Kosmos hineintauchen, wo alles, was Petrus wirklich dachte und empfand, für alle Zeiten gespeichert ist, abrufbar für jeden, dessen Geist in solche Tiefen hineinzudringen vermag.

Petrus war zwar impulsiv, geradeheraus bei dem was ihn bewegte, aber er war keinesfalls verbohrt! Gerade die bei Petrus nicht vorhanden gewesene Eigenschaft des eisernen Verbohrtseins ist die beste Voraussetzung zur Durchführung einer notwendig gewordenen Umkehr im Denken und Handeln. Beweisen kann ich es nicht, aber ich weiß, dass Petrus die Apostelin aus Magdala, wenn auch vielleicht nicht gleich zu Beginn, schätzen und lieben gelernt hatte!

Dass Petrus nicht so krankhaft größenwahnsinnig war, dass bei ihm die Differenz zwischen der Größe des Mannes und der Macht Gottes wegen ihrer Winzigkeit kaum mehr zu erkennen war, und die Frau im Gegenzug dazu kaum einen Wert hatte, dies kann man ebenfalls im «Evangelium der Maria» nachlesen - und auch so auffassen - wenn man beim Lesen das eigene Denken und Wollen ein wenig hinten anstellt, und stattdessen das Petrusnaturell zulässt, das sich dann beim richtigen Lesen zwischen den Zeilen schon zu erkennen geben wird.

Bei einer anderen Gelegenheit sagte Petrus zu Maria-Magdalena: „Schwester, wir alle wissen, dass der Retter dich lieber hat als alle anderen Frauen. Sage du uns Worte des Retters, deren du dich erinnerst und die du kennst, wir aber nicht, weil wir sie auch nicht gehört haben".

Wer bei diesen Worten Ohren hat, um in die Seele des Petrus hineinhören zu können, der wird dieses vernehmen: „Ich, die Seele des Petrus, weiß, dass ich aufgrund meines männlichen Wesens das hohe Gespür nicht haben kann, über welches die Seele verfügt, die vorwiegend weiblich ist. In meinem tiefsten Innern sehne ich mich darnach, die weibliche Seele der Frau, insbesonders die der Maria-Magdalena, als Königin würdigen zu dürfen, weil ich tief in meinem Innern weis, dass nur jene Mannesseele zu einem wahren König über sich selbst werden, und zu hoher Gott-Erkenntnis kommen kann, welche in der Lage ist, in der gereiften Frauenseele die Königin zu erkennen, wie auch die Vermittlerin des Göttlichen Lichtes. Der Himmel allein weis, dass ich Maria-Magdalena nicht ablehne, sondern liebe!"

Kapitel 5

DER VERRAT DES AUGUSTINUS

Dass die Kirche noch nie viel vom echten Christentum gehalten hat ist schon daran zu erkennen, dass sie sehr früh damit begann Präventivmaßnahmen zur Unterwerfung der Frau durchzuführen. Etwa vom 3. Jahrhundert ab begann man in katholischen Kreisen die Frau als von Natur aus verdorben anzusehen. Sie war von da ab in erster Linie Sünderin. Maria-Magdalena dagegen war, wenn man einmal von Eva absieht, die Erzsünderin, sozusagen der Prototyp Nummer 2 aller weiblichen Sünde. Sie wurde von dieser Zeit an nicht mehr als das gesehen, was sie wirklich war: Eine gewaltige Helferin an der Seite Jesu und spätere Wegbereiterin zum Radikalwandel des Pharisäers Saulus von Tarsus.

Anmerkung: Über die Beziehung zwischen Maria-Magdalena und Paulus werde ich im 4. Teil einiges zu berichten haben.

An der fortschreitenden Diskriminierung der Frauen durch die Kirche war auch der Kirchenvater und Bischof von Karthago, Augustinus Aurelius, (354 – 430 n. Chr.), beteiligt. Für ihn war z.B. Maria-Magdalena „unübertrefflich" in Sachen „inbrünstiger" Liebe. An welche Art von Liebe diese personifizierte Machtgier dabei wohl dachte, versteht sich von selbst.....

Im Übrigen war Augustinus an den Manichäern zum Verräter geworden, denen er, bis zu seiner Konvertierung zur katholischen Kirche, angehörte. Er wurde nicht nur deshalb zum Verräter an den Manichäern, weil er nach 9-jähriger Zugehörigkeit immer noch nicht in den engeren Kreis der «Elekti» aufgenommen wurde, sondern weil er auch ihre Glaubensansichten verwarf. Es ist nicht schwer zu erraten, dass Augustinus versucht hätte, das ehrenhafte Christentum der Manichäer in mehreren kleinen Schritten zu vergiften, wenn es ihm gelungen wäre, bei dieser christlichen Gruppe zu Amt und Würden zu gelangen, denn wie sich später herausstellte, war er fast gegen alles, was die Manichäer lehrten.

Diese sprachen von einer Vater-Gottheit und von einer Mutter-Gottheit, ehrten die Tiere als ihre Mitgeschwister, predigten den Vegetarismus, und sahen in Christus einen Himmlischen König. Augustinus dagegen sah den Vegetarismus als satanisch an, sprach den Tieren keinerlei Rechte zu, vertrat die Unterwerfung der Frau, lehrte die „Gerechtigkeit des Krieges" und förderte die Verfolgung von allen religiösen Gruppen die nicht katholisch waren, wie auch die der Manichäer, was letztlich zu deren Ausrottung führte. Augustinus lebte nach dem Grundsatz: «extra ecclesiam nulla salus!» Das heißt übersetzt:„Außerhalb der Kirche gibt es kein Heil!»

Kapitel 6

SEXUALDOGMA UND GEISTIGE DUNKELHEIT

In den Augen der frauenfeindlichen Kirche hatte Maria-Magdalena natürlich die ewige Büßerin zu sein, da sie ja einmal mit Männern Verkehr gehabt hatte. In ihrer geistigen Abartigkeit wäre die Kirche am liebsten so weit gegangen, die Sexualität generell zu verteufeln, doch das ging natürlich nicht, da ja dann auch die Kirchenfürsten den teuflischen Geschlechtsakten ihrer Eltern zufolge geboren worden wären, womit sie selbst Teuflisches in sich gehabt hätten. Und welcher Teufel gibt schon gerne zu, dass er den Teufel in sich hat?.....

Also suchte man nach einem „goldenen" Mittelweg, der dann auch gefunden wurde. Der Ausweg aus diesem schwachsinnigen Gedankendilemma war der, dass man zwar von der Verteufelung der Sexualität an sich Abstand nahm, dafür aber die Lust verdammte, die jedes gesunde Paar bei der Ausübung der Sexualität naturgesetzmäßig haben muss.

Außerdem hat es die Kirche bis heute nicht geschafft, in der ausgeübten Sexualität, die nur in Verbindung mit Liebe und dem nötigen Quantum an Lust harmonisch verlaufen kann, eine Chance von ganz besonderer Art wahrzunehmen - und zu nutzen: Die Chance der Gott-Erkenntnis! Was ein harmonisch und in Liebe verlaufender Sexualakt das Paar erleben lässt, ist ein Zustand hoher Verschmelzung in Seligkeit. Damit erhält dieses Paar eine leise Ahnung von der Göttlichen Universalliebe, die schon vor Ewigkeiten damit begann, es allem aus ihr hervorgegangenem Leben im Verlauf vieler Lernphasen zu ermöglichen, die höchste und reinste Form verschmelzender Liebe zwischen füreinander vorgesehenen Dualpaaren zu erreichen. Damit vermögen diese erst so richtig in die Lage zu kommen, in die Reinheit ihrer Liebe auch alles andere Leben mit einzubeziehen.

Gemäß dem Sexualdogma der Kirche ist die Sexualität keine Sünde mehr wider Gott, wenn dabei ein Kind gezeugt wird, vorausgesetzt, das Paar ist verheiratet. Natürlich haftet verheirateten Paaren, sofern sie nicht katholisch sind, gemäß der Ansicht der katholischen Kirche noch ein wenig Schwefelgeruch an, ob sie dies nun zugibt oder nicht. Allerdings muss ihr hier ein Lob ausgesprochen werden, denn noch bis ins letzte Viertel des 20. Jahrhunderts empfand sie diesen Geruch als „widerlich penetrant", wogegen sie ihn jetzt, zu Beginn des 3. Jahrtausends, nur noch als „Schwefelgeruch-Spurenelement" wahrnimmt. Wenn man ferner berücksichtigt, dass sie diesen „gewaltigen" Schritt vom penetranten zum erträglichen Schwefelgeruch in der kurzen Zeit von lächerlichen 1900 Jahren geschafft hat, dann kann man nur noch „ehrfurchtsvoll" den Hut ziehen.....

Nach Ansicht der Kirche hatte Maria von Nazareth ohne das Empfinden von sexueller Lust empfangen, und daher den Knaben Jesus schmerzlos geboren. Auf diese Weise wurde allen Frauen von dieser Zeit an einsuggeriert dem Teufel näher zu stehen als Gott, wenn sie es wagten, bei der Empfängnis eines Kindes Lust zu empfinden, denn diese sei der eigentliche Grund, weshalb Frauen Geburtswehen haben.

In Bezug auf Sexualität sagte Papst Paul VI. Im Jahre 1972: „Man watet im Schmutz!" Bischof Graber von Regensburg sagte im Jahre 1980: „Sexualität führt zur Bestialität!"

Derartige Aussagen zeugen nicht nur von einer nahezu völligen Unkenntnis in Hinsicht auf die metaphysisch strukturierten Ursachen von Psychologie, Philosophie, und religiösem Bewusstsein, sondern Menschen, die so etwas von sich geben, sind vor allem auch bedauernswerte Geschöpfe. Der Geist des obersten aller Antichristen lebt von deren Energie. An solchen Menschen ist der Geist des Evangeliums „spurlos" vorübergegangen. Ihnen wünsche ich von Herzen, dass sie recht bald erkennen, wem sie in Wirklichkeit durch ihr Denken und Verhalten ständig huldigen, und dass sie dann auch so schnell wie möglich die entsprechenden Konsequenzen daraus ziehen.....

Wenn man so vernimmt, wie grauenhaft die Kirche zur Sexualität eingestellt ist, dann muss einem spätestens dann das große Grausen packen, wenn man erfährt, was Papst Johannes Paul II. 1985 von sich gab: „Du sollst dein Auge ausreisen, und deine Hand abhacken, wenn diese Glieder Anstoß geben...!" Man darf angesichts dieser so klaren Aussage gar nicht daran denken was es so alles gibt, das Anstoß erregen kann.....

Wie wandelbar die Kirche in Hinsicht auf das Zölibat sein konnte, geht aus der Tatsache hervor, dass etwa bis zum Jahr 1000 fast alle Kleriker verheiratet waren. Erst nach der gregorianischen Reformbewegung wurde das Zölibat verschärft. Dies hatte zur Folge, dass plötzlich tausende von Priesterfrauen mit samt ihren Kindern vor dem Nichts standen. Viele von ihnen wurden unter Papst Leo IX. zu rechtlosen Sklavinnen im Lateranpalast gemacht. 1000 Bände würden nicht ausreichen, um all die Verbrechen an Frauen aufzulisten, deren sich die Kirche im Laufe der Jahrhunderte schuldig gemacht hat.

„Wer von euch ohne Sünde ist, der werfe den ersten Stein!" Als Christus einst diese Worte sprach, errettete er eine neunfache Ehebrecherin vor dem grausamen Tod der Steinigung. Allerdings hatten diese markanten Christusworte selten die Chance, im Herzen der Kirche Einlass zu finden. Sie hat dieser Frau in Wirklichkeit bis heute nicht verziehen!

Währe Christus heute hier und würde der Kirche angesichts ihrer Frauendiskriminierung die selben Worte sagen, würde sie nicht etwa ihre Frauenmissachtung bereuen und Abstand nehmen von ihrem frevlerischen Denken, wie es jene Männer damals taten, die von der Steinigung der Frau absahen, nachdem ihr Gewissen durch die besagten gewaltigen Worte Christi aus dem Koma gerissen wurde, sondern die Kirche würde alles daran setzen, den Christus in ihrem Sinne unschädlich zu machen.

Vielleicht würde sie sich auch damit begnügen Jesus so zu begegnen, wie es der Kardinal in Dostojewskis Parabel, «Der Großinquisitor», tat, der zu Jesus sagte: „Weiche von uns, Sohn Gottes, denn wir wollen nichts mit dir zu schaffen haben!" (Dieser Satz, nahezu korrekt wiedergegeben und dem Sinne nach absolut identisch, ist die Quintessenz der genannten Parabel und der tiefgründigen Beschäftigung Dostojewskis mit dem wahren Geist der katholischen Kirche).

Kapitel 7

MARIA-MAGDALENA AUS DER SICHT DER «PISTIS SOPHIA»

Im Jahre 1785 kam die sogenannte «Pistis Sophia» in den Besitz des britischen Museums. «Pistis Sophia» heißt übersetzt: «Glaube und Weisheit». Diese uralte Schrift berichtet vom Fall der Sophia und von ihrem glanzvollen Wiederaufstieg. Die Geschichte beinhaltet das „genaue" Gegenstück zu der von der Kirche und lange vor ihr von jüdischen Priestern verfälschten Bibel. Die «Pistis Sophia» preist nämlich die gewaltigen Kräfte, die dem femininen Prinzip zugrundeliegen.

Die Hauptfigur in dieser vom Himmlischen Geist durchdrungenen Überlieferung ist Maria-Magdalena. Jesus durchwandert dabei den mehrdimensionalen Kosmos des Geistes. Am Ende seiner Reise begegnet er Maria-Magdalena. Diese stellt ihm wohl durchdachte Fragen bezüglich der Erlebnisse, die er auf den einzelnen Dimensionen gehabt hat. Jesus ist sehr erfreut über die Art, wie die Jüngerin frägt, denn daran erkennt er bereits, von welch großer Qualität der Geist dieser außergewöhnlichen Frau ist.

In der Folge daraus wird sie von Jesus weit über den größten Teil der Jünger hinausgehoben. Glücklich darüber, eine solch große und verständnisreiche Hilfe für seine Arbeit auf Erden gefunden zu haben, verspricht Jesus der Frau aus Galiläa die Gnosis, das geheime Wissen durch Erfahrung, indem er sagt:

„Maria, du Selige, welche ich in allen Mysterien derer von der Höhe vollenden werde, rede offen, du, deren Herz mehr als deine Brüder auf das Himmelreich gerichtet ist!"

An einer anderen Stelle der «Pistis Sophia» wird Maria als «Fülle aller Füllen» und als «Vollendung aller Vollendungen» gepriesen. Diese Formen der Verehrung, und die Leistungen der Frau aus Magdala, die dahinter gesteckt haben, waren die Gründe, warum Maria-Magdalena die einzige Frau war, nach der ein Evangelium benannt wurde. Bei diesem, von Himmlischer Inspiration zeugenden Buch, handelt es sich um das «Evangelium der Maria».

Dieses Evangelium wurde 1896 in Ägypten gekauft. Bei dem Käufer handelte es sich um einen deutschen Ägyptologen. Der inhaltliche Schwerpunkt dieser apokryph-gnostischen Schrift handelt um die Reise des Geistes durch ferne Welten im Kosmos, wobei die visionär hochbegabte Maria-Magdalena auch stets in den Einflussbereich der verschiedenen Planeten gerät. Andererseits berichtet das Evangelium aber auch von den Unstimmigkeiten, die sich zwischen Maria-Magdalena und den Jüngern hin und wieder ergaben, die ihr bei ihren Erklärungen nicht immer recht zu folgen vermochten.

Dem Evangelium lagen, als es in Ägypten gekauft wurde, drei Zusatzschriften bei. Eine davon beinhaltet das sogenannte «Apokryphon des Johannes». Das «Evangelium der Maria» fand sich bezeichnenderweise in drei Versionen bei den späteren Funden in Nag Hammadi wieder. Diese, wie auch die Tatsache, dass sich durch alle aufgefundenen Evangelien der gleiche Gedankenfaden zieht, sind ein Hinweis darauf, dass sie etwa zur gleichen Zeit geschrieben wurden.

Der Unterschied zwischen diesen und den von der Kirche anerkannten Evangelien ist natürlich am deutlichsten darin zu erkennen, dass die apokryph-gnostischen Schriften in Maria-Magdalena eine Lehrerin des Geistes sahen, während die von der Kirche anerkannten Evangelien in ihr nichts anderes sehen, als die ewige Sünderin und Büßerin, die sich dem dominierenden Patriarchat zu unterwerfen hat.

Die Wahrheit in Bezug auf alle Evangelienarten, also die, welche Anspruch darauf haben, als christusgerecht bezeichnet zu werden, und jene, welche als Pseudo-Evangelien bezeichnet werden müssen, liegt in der Umkehrung der offiziell gültigen Wertbeimessung. Das heißt, bei den Evangelien, die kirchengerecht sind, handelt es sich um Schriften, die an vielen Stellen pseudomäßig geschrieben sind, und bei denen, an deren Inhalten der Kirchengeist zugrundeginge wenn er sie für gültig erklären würde, um Schriften, die in sehr hohem Grade vom Göttlichen Geist inspiriert und daher in beachtlichem Maße christusgerecht sind.

Kapitel 8

DIE RECHTE INTERPRETATION VON CHRISTUSWORTEN

Die Verteufelung von wirklich christlichen Schriften, und die Christianisierung des Anti-Christen in Wort und Schrift, ging im Jahre 325 beim Konzil in Nizäa erst richtig los. Damals wurde die Verbrennung aller Schriften angeordnet, die der orthodoxen Männerreligion widersprachen. Jede Interpretation des Christusgeistes, bei welcher der betreffende Interpret den Nagel exakt auf den Kopf getroffen hatte, wurde fortan als Häresie gebrandmarkt.

Die Inhalte der offiziellen Lehrmeinungen waren, besonders in Bezug auf Religion, fast zu allen Zeiten vom Ungeist durchzogen. Die Regenten der Kirche und des Staates wollten die Menschen stets in „ihrem Bilde neu formen", ohne Rücksicht darauf, ob dies den Seelen der Menschen schaden könnte oder nicht. Was Paulus in einem apokryphen Briefwechsel mit Seneca, dem Erzieher und Berater Neros, schrieb, kann dies nur bestätigen: „Denn das eingeträufelte Wort will einen neuen Menschen schaffen..." Paulus wusste, über welch magischen Kräfte Worte verfügen können, und was über das gesprochene Wort alles bewirkt werden kann, im Guten wie im Schlechten!

Auf die Frage, welche die Jünger gemäß dem Philippusevangelium an Jesus richteten, warum er Maria-Magdalena mehr liebe als sie, antwortete der Messias:

„Weshalb liebe ich euch nicht so wie sie? Ein Blinder und einer, der sieht, sind nicht voneinander verschieden, wenn beide im Finstern sind. Wenn aber das Licht kommt, wird der Sehende das Licht sehen, und der blind ist, wird im Finstern bleiben!"

Warum Jesus diese Antwort gab, lag daran, dass es fast immer die Frauen waren, welche die Geistigen Gesetze der Himmel intuitiv besser begriffen als die Männer, deren Rolle ja nur darin hätte bestehen sollen, die ihnen von der Weiblichkeit vermittelten Himmelsbotschaften intellektuell zu verwalten. Die Frau hätte von Anfang an die „Kosmische Regenbogenbrücke" bilden sollen, über welche der Geist des Himmels seine Informationen ins Irdische transferiert.

Was den sogenannten «Heiligen Geist» anbelangt, wusste Jesus, dass er nicht komplett männlich vom Scheitel bis zur Sohle war, sondern von höchster androgyner Feingeistigkeit, also männlich und weiblich. Schließlich gilt auch hier, dass die männlichen und weiblichen Kräfte getrennt voneinander nichts zu bewirken vermögen, im harmonischen Zusammenwirken jedoch alles.....

Im Matthäus-Evangelium heißt es: „Es gibt zur Ehe Untüchtige, die vom Mutterleib her so geboren sind, es gibt zur Ehe Untüchtige, die von Menschenhand zur Ehe untüchtig gemacht worden sind, und es gibt zur Ehe Untüchtige, die sich selbst um des Himmelreichs willen untüchtig gemacht haben!"

Die Zölibatverfechter sehen darin einen „klaren" Beweis dafür, dass Jesus die Ehelosigkeit viel wertvoller einschätzte als das Verheiratetsein, um ihr „Sakrament" der Ehelosigkeit zu rechtfertigen.

Damit beweisen sie aber, dass sie den Christus auch hier nicht verstanden haben - oder nicht verstehen wollten. Christus sprach mit diesen Worten etwas ganz anderes an - und zwar das Problem der Frauen - denn unmittelbar davor sagte er, dass jeder, der sich von seiner Frau scheidet, Ehebruch begeht. Jesus hatte mit so etwas wie einem Zölibat nichts im Sinn, denn er wollte mit diesen Worten in Wirklichkeit die Frauen schützen, was ja auch für jedermann verständlich ist, wenn man bedenkt, welch schweres Los viele der damaligen Frauen zu tragen hatten, wenn sie den Scheidebrief überreicht bekamen. Den unverheiratet gebliebenen Frauen ging es oft noch schlechter. Gerade weil sie kein Mann wollte, wurden sie nicht selten als solche bezeichnet, die Schande über die Familie gebracht haben. Meistens mussten sie ihren Lebensunterhalt ganz alleine bestreiten. Die Gelegenheit ein solides Handwerk auszuüben wurde ihnen nicht gerade all zu häufig geboten, so dass Vielen von ihnen nichts anderes übrig blieb, als ein Leben der Prostitution zu führen, oder betteln zu gehen.

Ein weiterer Grund, weshalb sich Jesus gegen den Ehebruch aussprach, liegt in der karmischen Verbindung der Verheirateten. Die meisten Ehen, damals wie heute, wurden aus der Sicht der Geistigen Gesetze aus dem Grund geschlossen, um etwas aneinder abzutragen, oder zu erfüllen, wozu die betreffenden Partner während ihrer Verbindungen in vergangenen Vorleben aus irgendwelchen Gründen nicht mehr gekommen sind. Die Kräfte des Himmels sorgen immer dafür, dass zusammenkommt was zusammenkommen muss, damit voneinander gelernt werden kann, im Schmerz, wie in der Freude, und um einander das zu geben, was irgend wann versäumt wurde, und daher nun die Zeit dafür dringend geworden ist.

Gemäß dem «Evangelium der Ägypter» wiederholte Clemens von Alexandrien, (um 150 – 215 n. Chr.), folgende Worte Christi: „Ich bin gekommen, die Werke des Weibes zu zerstören!" Dass sich die Kirche an diesen Worten besonders euphorisch ergötzte, brauche ich wohl nicht besonders zu betonen, wie ich wohl auch nicht umfangreich beweisen muss, dass sie natürlich auch diese Aussage völlig missverstanden hat, bzw. missverstehen wollte!

Worauf Jesus mit diesen wahrhaft harten Worten, trotz seiner Hohen Liebe zum Weiblichen, hinwies, war sein klares Wissen davon, dass die Weiblichkeit nicht nur zu Höchstem berufen ist, sondern dass sie auch ganz gewaltige Schattenseiten aufzuweisen hat. Das gekonnt Verführerische nach beiden Seiten war schon immer in „erster Linie" das Privileg der Frauen. Hier kann der Mann „nicht" mithalten.

Wenn jede Faser der Seele einer Frau von Liebe erfüllt ist, dann liebt sie Göttlich! Und wenn jede Faser der Seele einer Frau von Hass erfüllt ist, dann hasst sie teuflisch! Fall und Wiederaufstieg der Menschen hängt also in erster Linie von deren weiblichen Hälfte ab. Natürlich darf der männliche Teil davon nicht ableiten, dass für alle Berg- und Talfahrten das Weibliche allein verantwortlich ist, denn nach dem Gesetz der relativen Gleichwertigkeit aller Dinge und allen Lebens, trug auch alles Männliche seinen Teil stets dazu bei, genau so, wie dies auch in Zukunft sein wird.

In dem «Evangelium von Thomas dem Zwilling» wird eine Aussage Jesu falsch wiedergegeben. Die Worte lauten: „Denn jede Frau, die sich männlich machen will, wird eingehen in das Himmelreich!" Natürlich ist aus diesen Worten trotzdem zu erkennen, was Jesus mit diesem, von ihm etwas anders ausgedrückten Satz, sagen wollte, nämlich, dass die Frau die ihr vom Himmel verliehenen Kräfte entsprechend umsetzen soll, umsetzen zur Ehre der Vater-Mutter-Gottheit, und zum Wohle aller, wenn sie die Göttliche Immatrikulation für den Himmel erlangen will. Mann und Frau bilden zusammen ein Ganzes. Jede der beiden Hälften muss also im Geist erstarken und auch entsprechend handeln, wenn sie zusammen die Seligkeit der Himmel erleben wollen.

Wenn es also, wie oben zitiert, heißt, dass die Frau männlich werden muss, dann muss „männlich" mit „aktiver, weiblicher Stärke", oder mit „mutiger Entschlossenheit" übersetzt werden. Damit wirkt die Frau nicht mit männlicher, sondern mit weiblicher Kraft. Zeigt sie Mut und Entschlossenheit, dann ist dies ebenfalls weiblich, und nicht männlich, denn die genannten Eigenschaften gibt es innerhalb beider Geschlechter. Aktiv für das Himmelreich tätig sein, und dies in Verbindung mit Mut, Entschlossenheit,

Willenskraft und Liebe, das war es zwar, was der Christus an der Frau am meisten schätzte, doch sollte sie es möglichst auf weibliche Weise tun.

Kapitel 9

DER SEXUALKRAFT ERSTER UND HÖCHSTER ZWECK

Wenn es gemäß dem Markus-Evangelium heißt, dass aus Maria-Magdalena sieben Geister ausgefahren waren, dann ist dies ein Hinweis darauf, dass die Frau aus Magdala mit sich selbst viele harte Kämpfe durchzufechten hatte, bis sie den Sieg über alle niedrigen Begierden und Leidenschaften errungen hatte. Mit der Hilfe des Göttlichen Geistes ist ihr dies auch gelungen. Maria-Magdalena erlebte dabei eine Neugeburt ihres Geistes und eine Stabilisierung ihres Charakters. In ihrem Denken drang sie dabei tiefer als je zuvor. Sie entwickelte prophetische Fähigkeiten und die Eigenschaft, visionär schauen zu können.

Das Austreiben der sieben Geister aus der Lieblingsjüngerin Jesu ist in Wirklichkeit nichts anderes, als was der Buddhismus bereits 500 Jahre vorher lehrte. Dieser sprach von vier ewigen Wahrheiten, bei denen es galt, sie in sich zu erschließen. Es handelte sich um das Wissen vom Leiden, seiner Entstehung, seiner Vernichtung, und um den Weg, den diese Vernichtung zu gehen gezwungen ist.

Dieses Wissen wiederum führte dann auf den sogenannten Pfad der acht Tugenden, die schließlich, nachdem sie gelernt worden waren, zur Vollendung führten. Die acht buddhistischen Tugenden heißen: Rechte Anschauung, rechtes Wollen, Reden, Tun, Leben, Streben, Gedenken und Sichversenken.

Aus den Ergebnissen der historischen Forschung in tibetanischen Quellen von Nikolaus Notowitsch kam etwas zu Tage, das die Aussage der apokryphen Evangelien im «Dialog des Erlösers», „dass Maria-Magdalena die Frau sei, welche das All Kennt", auf geradezu ideale Weise bestätigt, denn gemäß den besagten Quellen hatte Jesus zum Beispiel auch dies gesagt: „Ehret die

Frau, denn sie ist die Mutter des Weltalls, und die ganze Wahrheit der Göttlichen Schöpfung beruht auf ihr! Sie ist die Grundlage alles dessen, was es Gutes und Schönes gibt - wie sie aber auch der Keim ist des Lebens und des Todes....!"

Als der Messias dies gesagt hatte, spürte er in seinem Geiste nicht nur die Ausstrahlung des Ewigen Urvaters und der Ewigen Urmutter, sondern auch jene seines Himmlischen Geistduals, welches Christiana heißt.....

Wenn Maria-Magdalena die sieben Geister der niedrigen Begierden in sich bezwungen hatte, dann bedeutet dies, dass sie die Sexualkraft, die ihr zur Verfügung stand, richtig zu nutzen begann. Hier muss bemerkt werden, dass die Sexualkraft in Wirklichkeit nichts anderes ist als die dem individuellen Geist innewohnenden Potenz, welche sich in allen Bedürfnissen, Wünschen, Sehnsüchten und Abneigungen auswirkt, die dem Wesen eines Menschen zu eigen sind. Die Sexualkraft bezieht sich also nicht nur auf den körperlichen Geschlechtsverkehr zwischen zwei Menschen, sondern auf alles, was der Mensch denkt und tut. Überall hinterlässt sie ihre Handschrift.

Kapitel 10

EINE PARALLELE ZWISCHEN CHRISTUS UND TAMMUZ

Manche Historiker halten es für möglich, dass das innere Bild, welches Paulus von der Kreuzigung bis hin zur Auferstehung hatte, von den Ereignissen mit geprägt wurde, welche um den Hirtengott Tammuz handelten. Gemäß dem Mythos wurde Tammuz von wilden Tieren zerrissen. Von seiner Schwester wurde er beweint. Doch Tammuz war vom Tode auferstanden, und verkörperte dadurch den Typus der sterbenden und auferstehenden Götter.

Tammuz war ein Fruchtbarkeitsgott, dem zu Ehren auch regelmäßig das Fest der «Heiligen Hochzeit» gefeiert wurde, sogar mehrmals im Jahr. Dadurch wollte man sich bei den Göttern für die Fruchtbarkeit des Landes bedanken. Der Mythos drückt aus, dass die Fruchtbarkeit des Landes nur über die Verbindung des Himmelsgottes mit der Erd- und Fruchtbarkeitsgöttin möglich ist. Was bei Tammuz besonders bezeichnend ist, ist die Tatsache, dass die Umstände um seinen Tod denen des leiblichen Todes Christi ähneln. Tammuz lag drei Tage im Grab, bevor der Felsen von demselben weggerollt werden durfte. Überraschenderweise war auch Tammuz der Sohn einer Jungfrau, und wies sogar bei seiner Auferstehung eine Wunde an seiner Seite auf.

Bedingt durch seine religionsphilosophischen Studien wusste Paulus von den Ereignissen um Tammuz, wie auch um dessen Tod und Auferstehung. Er wusste sogar noch mehr: Er war davon überzeugt, dass es im Himmel nicht nur Gott, Christus und ein paar Engel gibt, sondern eine gewaltige Fülle von weiteren Geistwesen, zu denen er auch den Hirtengott Tammuz zählte, von dem er wusste, dass es seine Aufgabe war, in Hinsicht auf fruchtbringendes und opferbereites Denken erzieherisch auf den sumerischen Grundgeist einzuwirken. Dass dieses geheime Pauluswissen nicht in die Bibel aufgenommen wurde, kann daran gelegen haben, dass sich die Kirche dagegen gestellt hatte. Es kann aber auch so gewesen sein, dass Paulus über derartige Themen nur hin und wieder sprach, ohne sie schriftlich festzuhalten. Dieses Wissen aufzuschreiben hätte der Nachwelt des Apostels auch nicht viel genützt, denn die Kirche hätte davon nichts in die Bibel aufgenommen.

Das Wissen von den Ereignissen um Tammuz benutzte Paulus allerdings nicht, um damit sein Messiasbild zu prägen. Er erkannte hierin lediglich die Ähnlichkeit der geistig-metaphysischen Hintergründe zu den Umständen, die den leiblichen Tod Jesu, im Geistigen, wie im Irdischen, umgaben.

Drei Tage im Grab zu sein, also in der Finsternis, um dann einen Göttlichen Sieg über den Tod durch eine heroische Auferstehung feiern zu können, war für Paulus eine Göttliche Demonstration dafür, dass das Leben des Geistmenschen, der mit Hilfe der Kräfte des Himmels alle niedrigen Begierden überwindet, stärker ist als der Tod. Von diesen Gedanken ausgehend schrieb Paulus einst an die Korinther: „Wo ist, o Tod, dein Stachel, wo ist, o Tod, dein Sieg?"

Kapitel 11

DIE SCHLANGE - SYMBOL FÜR MYSTIK, MACHT UND HEIL

Von allen Tieren ist es die Schlange, welche das mystische Wesen am stärksten symbolisiert. Im Verlauf der Menschheitsgeschichte verkörperte sie gemäß der jeweiligen Volksmentalität, Religion, Kultur und Epoche, einmal die positive, und ein andermal die negative Seite im Wesen der Menschen und ihrer Götter.

Bezeichnend ist, dass die Schlange stets dann als Symbol des Unheils angesehen wurde, wenn der maskuline Teil der Menschen dominierte - und das war fast immer. So duldete der Gott patriarchalischer Religionen keine weiblichen Götter neben sich, wie dies für den altjüdischen Rachegott Jahwe bezeichnend war, und für den Machogott der sogenannten „christlichen" Religionen.

Doch stets dort, wo auch Göttinnnen mit von der Party waren, genoss die Schlange, wenn auch zeitweilig ein schwankendes, so doch im Großen und Ganzen bedeutend ehrenvolleres Ansehen. Besonders während der antiken Kulturepoche gab es den sogenannten Phalluskult. Dabei handelte es sich um Nachbildungen des erigierten männlichen Gliedes, welches als Symbol der Fruchtbarkeit galt. Da die Physiognomie der Schlange an dieses Glied erinnert, wurde sie schon vor Urzeiten zum Symbol der besagten Fruchtbarkeit.

Menschen mit besonders hohem Geist, wie z.B. Maria-Magdalena, bezogen diese Art von Fruchtbarkeit allerdings nicht allein auf das Zeugen von Kindern, sondern auf alle Formen der menschlichen Entwicklung. Damit hatte für sie das Phallussymbol eine weitaus umfangreichere Bedeutung, als es in der Regel bei den Menschen der Fall ist, die noch zu sehr den niedrigen Trieben verhaftet sind.

Das dem Phalluskult innewohnende Prinzip ist nie ausgestorben. Ihm wurde - bis heute - immer auf die eine oder andere Art

„Rechnung getragen". Nur seine äußeren Symbolformen haben sich im Lauf der Zeit hin und wieder, wenn auch nicht grundlegend, verändert. So lebte das Phallussymbol der Fruchtbarkeit nicht nur in den königlichen Herrscherstäben aller Jahrhunderte fort, sondern auch in den Schwertern und Lanzen von all den Kriegen, die mit ihnen geführt wurden. Auch die Pfeile der Bogenschützen gehörten dazu. In späteren Zeiten waren es dann noch die Läufe von Gewehren, Revolvern und Pistolen, wie auch die Kanonenrohre der Panzer.

Und jetzt kommt es noch etwas „dicker" - und wer glaubt, sich dabei festhalten zu müssen, der möge dies tun: Es handelt sich um nichts anderes, als um die Krawatte, die in allen Ländern von Männern getragen, und wohl noch lange das äußere Bild gutsituierter Herren auf besondere Weise betonen wird. Die besagte Krawatte ist in Wirklichkeit nichts anderes, als eines der vielen Spurenelemente des antiken Phalluskultes.

Wenn es auch kaum einen Mann gibt, der sich seine Krawatte ganz bewusst um dieses ehemaligen Kultes willen umbindet, so haben sich dennoch Restspuren dieses uralten Fruchtbarkeitsritus mittels der Krawatte in die heutige Zeit herübergerettet. Damit ist das Prinzip des Phalluskultes, wenn auch vom Manne nicht bewusst als solches registriert, unterschwellig dennoch gesellschaftsfähig geblieben.

Nun steht die Schlange nicht nur für den Phallus der Fruchtbarkeit, sondern auch für die mystische Erkenntnis, wofür man das Auge der Kobra als Symbol nahm.

Die babylonische Göttin Ischtar wurde auf vielerlei Weisen dargestellt: Eines ihrer Symbole war z.B. die achtblättrige Rosette. Sie wurde aber auch, wenn auch nicht allzu häufig, mit einem Stab abgebildet, um den sich zwei Schlangen gewunden hatten. Diesbezüglich gab es verschiedene Deutungen. Man sah darin auf der einen Seite die Doppelseitigkeit des Weiblichen, d.h. sein lichtes, wie auch sein schattenhaftes Wesen, andererseits sah man aber auch in der einen Schlange ein Symbol der weiblich-metaphysischen Erkenntnis, und in der anderen die männliche

Fruchtbarkeit, wie auch das dem Männlichen zu eigen seiende Vermögen, die ihm vom Weiblichen vermittelten geistigen Informationen und Impulse entsprechend umzusetzen und intellektuell zu verwalten.

Anmerkung zu Ischtar: Ischtar ist gemäß dem Mythos die Hauptgöttin von Babylon und Assyrien. Ihrem Wesen und ihren Aufgaben nach entspricht sie der Göttin Astarte, welche in Kanaan verehrt wurde. Außerdem ist Ischtar fast völlig mit der sumerischen Göttin Inanna identisch.Ferner ist sie Tochter des Himmelsgottes Anu, zum Teil aber auch des Mondgottes Nanna. In Verbindung mit diesem Mondgott ist sie die Schwester des Sonnengottes Utu und der Ereschkigal, die ebenfalls Kinder des Anu sind. Die wesentlichsten Kultorte der Ischtar waren Uruk, Akkad, Arbil und Ninive.

Ischtar galt aber auch als göttliche Geliebte. Das Gilgameschepos berichtet z.B. darüber. Als Göttin der Liebe war sie das, was bei den Römern die Venus war, und verkörperte außerdem die Göttin der Kriegsmacht, womit sie kriegerische Auseinandersetzungen lenkte.

Anlehnend an die bereits angeführte 1. Deutung des Ischtarstabs mit den zwei Schlangen, welche auf die Licht- und Schattenseiten des Weiblichen hinweist, sei an den griechischen wie auch römischen Gott der Heilkunde erinnert, der Äskulap, oder auch Asklepios, geheißen hat. Sein Attribut war ein Stab, an dem sich eine Schlange hochwandt. Die bekannteste Deutung dieses Symbols ist diese: Die Schlange stellt das Weibliche dar. Dadurch, dass sich die Schlange am Stab nach oben windet, wird angedeutet, dass es die Weiblichkeit ist, die dem Männlichen den Weg nach oben zeigen, und ihm dabei vorangehen muss, nachdem sie vor Urzeiten dafür sorgte, dass das Männliche zu Fall kam.

Diese Definition entspricht dem Sinn nach dem Inhalt der Worte, mit denen der «Chorus Mysticus» den 2. Teil der Fausttragödie ausklingen lässt: „Alles Vergängliche ist nur ein Gleichnis; das Unzulängliche - hier wirds Ereignis; das Unbeschreibliche - hier ists getan; das Ewig Weibliche zieht uns hinan!"

Analog dazu braucht man sich nur den im Alten Testament beschriebenen Sündenfall zu vergegenwärtigen, bei dem die Schlange über ihr Medium Eva den Adam zu Fall bringt. Also muss Eva, die das weibliche Prinzip darstellt, dafür sorgen, dass Adam, welcher das männliche Prinzip repräsentiert, auf seinen Fall hin wieder zum Aufstieg kommt.

Es war allerdings nicht die Erkenntnis von dem was Gut und Böse ist die Ursache für den Fall der Menschen, wie es immer wieder dargestellt wurde, sondern die falsche Anwendung derselben. Die Erkenntnis an sich war aus der Sicht der Göttlichen Allmacht sogar notwendig.

Werden die Fehler rechtzeitig beseitigt, die sich aus der falschen Nutzung dieser Erkenntnis ergeben, indem sich Mann und Frau dabei gegenseitig helfen ohne einander Vorwürfe zu machen, dann werden sich nicht nur im eigenen Umfeld und im eigenen Land positive Erfolge zeitigen, sondern die damit gewonnenen geistigen Fortschritte werden sich auch länderübergreifend auswirken, was die beste Voraussetzung für ein friedliches Miteinander aller Nationen mit sich bringen wird. Geschieht dies nicht, dann werden Schmerz und Qual zunehmen. Sie werden sich auf schlimme Weise auswachsen, in allen möglichen Varianten auftreten, und im schlimmsten Fall die Erde in einen Planeten der Nacht und des Grauens verwandeln. Dies allerdings möge der Himmel verhindern.....

Das heißt, der „Schmerz an sich" war von Anfang an notwendig. Wie sonst hätten die Menschen unterscheiden lernen können, was für sie gut und schlecht ist. Was allerdings vom Göttlichen Geist nicht vorgesehen war, das war die Metamorphose vom normalen Schmerz zur grauenhaften Qual und zu furchtbarem Leid! Für diese ist die Göttliche Allmacht nicht verantwortlich, sondern allein die Gattung Mensch.

Zurück zur Göttin Ischtar: Sie ist alles andere als ein von Menschen erfundenes Geistwesen, sondern eine, auf einer höheren Dimension existierende, Helferin im Geistigen Kosmos. Ihre Aufgabe bestand in der Förderung eines Bewusstseins für Harmonie zwischen dem männlichen und dem weiblichen Teil des baylonisch-assyrischen Kulturkreises.

Daher kommt man ihrem Denken am besten dadurch näher, wenn man in den beiden Schlangen, die sich um den Stab winden, eine männliche und eine weibliche sieht, welche nur dadurch, dass sie zusammenwirken, gesunde Erkenntnis, gesunde Fruchtbarkeit und gesundes Wirken, möglich machen. Der Stab, um den sie sich winden, stellt in diesem Zusammenhang die treibende Göttliche Kraft dar, von der die beiden Schlangen nicht lassen, bzw. nicht lassen können, weil sie wissen, dass sie die Quintessenz allen Lebens ist, an die sie für immer, auf Gedeih oder Verderb, gebunden sind.

Dass die Faszination der Schlange schon immer eine besondere Wirkung auf Menschen hatte, das zeigt die Religionsgeschichte der Ägypter. Deren Schlangenverehrung war schon beinahe eine Manie. So war nicht nur die Kobragöttin Ua Zit eine der ältesten Gottheiten, sie prangte auch als Uräusschlange auf den Stirnbändern der Pharaonen. Und egal, was über die hellenistische Weisheitsgöttin Athene berichtet wurde, stets stand die Schlange damit in Verbindung. So berichtete z.B. der griechische Historiker Herodot, (um 484 bis um 424 v. Chr.), dass er in einem ägyptischen Orakeltempel der Göttin Ua Zit eine Menge Schlangenskelette vorgefunden hätte.

In der griechischen Mythologie haben wir dann noch die Drachenschlange Python, welche das Orakel von Delphi bewachte, weil dies in Besitz ihrer Mutter Gäa war. Nachdem Apollon die Drachenschlange ermordet hatte, übernahm die Apollonpriesterin Pythia das Orakel. Aus diesen, wie aus vielen anderen Mythen, geht hervor, wie sehr die männlichen Götter darauf bedacht waren, selbst zu bestimmen, was zu geschehen hat.

In allen Bereichen Israels gab es die Schlangenverehrung. So wurde z.B. der Prophet Moses sehr häufig in Verbindung mit einer ehernen Schlange dargestellt. Im Jerusalemer Tempel wurde die Schlange ebenfalls noch lange Zeit verehrt - bis zum Jahre 700 v. Chr.. Dies verdross so manchen Propheten sehr. Für einige von ihnen war dies ein Stein des Anstoßes, was nicht nur daran gelegen haben mag, dass sie die metaphysischen Hintergründe der Schlangensymbolik nicht ausreichend kannten, sondern wohl auch daran, dass sie in mehr oder weniger ausgeprägten Konflikten zu ihrer eigenen Sexualität standen.

Isis, die altägyptische Himmelsgöttin, wurde in ihrem Tempel auf der Halbinsel Sinai ebenfalls als Schlangengöttin verehrt. Die vielen Astartebildnisse die man in Kanaan ausgrub, zeigen ebenfalls die Schlange als Begleiterin dieser semitischen Göttin der Fruchtbarkeit. Selbst die Philister, auf welche der Name Palästina zurückzuführen ist, waren wegen ihrer kretischen Abstammung regelrechte Verehrer der Schlangengöttin. Isis wurde oft mit Hathor gleichgestellt, welche ebenfalls eine ägyptische Himmelsgöttin war. Bei dieser kam allerdings hinzu, dass sie häufig in Gestalt einer Kuh, oder auch als Frau mit Kuhgehörn dargestellt wurde, was auf Fruchtbarkeit und Lebenskraft hinwies. Sie wurde verehrt als Göttin der Liebe, aber auch als Göttin des Weinrausches und der strafenden Gerechtigkeit.

Dass Hathor auch als Kuh auftrat, erinnert an eine Kuh namens Audumla: Als es vor Urzeiten die germanischen Götter noch nicht gab, da zerschmolzen gewaltige Massen an Eis im Lande Muspelsheim, welches im Götterhimmel der Germanen lag. Aus dem tropfenden Reif erwuchs die Kuh Audumla. Sie gab viel Milch, denn aus ihrem Euter flossen vier fette Milchströme. Ymir, das erste Urwesen am germanischen Himmel, ernährte sich davon. Damit verdanken die späteren germanischen Götter ihr Leben nicht nur Ymir, sondern auch der Kuh Audumla. In welcher Mythologie auch immer eine Kuh vorkommt, oder sich eine Göttin als Kuh zeigt, überall war die Kuh stets ein Symbol der Fruchtbarkeit.

Weiter mit der Schlange: Im Kampf der Geschlechter am Götterhimmel waren es meistens die maskulinen Götterteile, welche den Sieg davon trugen. Vor allem wenn eine Göttin es wagte sich als Schlange zu zeigen, war es gewöhnlich um sie geschehen. So ging es nämlich Tiamat, Gattin des Apsu und göttliche Personifikation des Salzmeers. Nicht dass sie unbedingt eine Schlange war, aber sie zeigte sich immer in Gestalt einer solchen. Gemäß einem babylonischen Lehrgedicht, welches «Enuma elisch» heißt, gelang Marduk der Sieg über Tiamat. Damit gewann er die Oberherrschaft über die Götter. Den Leichnam der Tiamat zerlegte er in zwei Hälften. Aus der einen Hälfte schuf er den Himmel, und aus der anderen die Erde.

Kapitel 12

DAS SCHICKSAL DER LILITH

Die Autoren der Schöpfungsgeschichte dürften sich bei der Stelle, wo sich die Schlange an Eva heranmacht, um sie zu verführen, von dem Umstand verleitet haben lassen, dass es damals viele jüdische Priester gab, die glaubten, (oder auch vorgaben zu glauben), Adam hätte vor Eva noch eine andere Frau gehabt. Jedenfalls geht dies aus der jüdischen Geheimlehre der Kabbala hervor.

Gemäß dieser Lehre heißt es, dass Evas Vorgängerin verführerisch ausgesehen habe, dass sie rote Haare gehabt, und Lilith geheißen haben soll. Lilith soll insofern gefrevelt haben, indem sie Adam, ihrem „Herrn", den Gehorsam verweigerte, als dieser von ihr verlangte, sich unter ihn zu legen. Leider erlitt die brave Lilith noch eine weitaus schlimmere Diskriminierung als ihre Nachfolgerin Eva. Sie wurde zum Symbol aller Schlechtigkeit, zu einem wahren weiblichen Satan. Im «Zohar» wurde sie als Dämonenkönigin angesehen, die Männer reihenweise verführt, um mit deren Sperma, das sie dadurch in sich aufnimmt, neue Dämonen zu gebären.

Anmerkung zum «Zohar»: Dieser Begriff ist hebräisch und heißt auf deutsch so viel wie „Glanz". Zohar heißt auch das Hauptwerk der Kabbala, welches der spanische Jude, Moses de Leon, im 13. Jahrhundert schrieb. Der in aramäischer Sprache abgefasste Zohar ist ein aus unterschiedlichen Teilen bestehendes Sammelwerk, dessen wesentlichstes Merkmal der «Pentateuchkommentar» ist, dessen Grundgedanke der maskulinen Dominanz sich wie ein roter Faden durch das Werk zieht.

Weiter mit Lilith: Wie man mit ihr verfuhr, dürfte eine der Hauptursachen dafür gewesen sein, weshalb es in den Zeiten danach immer wieder Menschen gab, die eine Abneigung gegen Frauen mit roten Haaren hatten. Die sich von Frauen dieser Haarfarbe abgestoßen fühlten, waren teils Menschen mit etwas zu viel an Eigenschaften des jeweils anderen Geschlechts, und teils solche, die mit erheblichen Minderwertigkeitskomplexen zu kämpfen hatten, dies jedoch selten zuzugeben bereit waren.

In den iranischen Schöpfungsmythen gibt es die sogenannte Jeh. Sie ist das iranische „Ebenbild" der Lilith, denn sie wird in diesen Mythen als Königin aller Hurendämonen bezeichnet, die offensichtlich eine perverse Freude daran hatte, sich mit dem Satan einzulassen, um alle Frauen der Erde zu beflecken und gründlich zu verderben.

Man sieht, nicht nur die alten Hebräer setzten alles daran, um sich die Frauen zu unterwerfen, denn fast in allen Ländern geschah das selbe. Überall versuchte man der Frau zu verdeutlichen, welch geringen Wert sie hat, dass sie Sünderin ist und Sünderin bleibt, ganz nach dem Motto: Einmal Sünderin - immer Sünderin! Genau dies war die Hauptmotivation gewisser jüdischer Priester, die vor Urzeiten dem Schöpfungsbericht der Bibel den frauendiskriminierenden Sinn eingaben, der nach wie vor in ihm enthalten ist, und von dem auch heute noch eine Menge patriarchalisch gesinnter Priesterschaften aus allen möglichen Religionen, allen voran der katholische Klerus, nicht lassen wollen. Das heißt im Klartext: Der Geist des Antichristen hat sich ins 3. Jahrtausend hinein gerettet. Doch die Zeit kommt - und sie ist nicht mehr fern - in welcher er in den Zustand einer Agonie fallen wird, aus dem es für ihn kein Erwachen mehr geben kann. Stattdessen wird er einer Wandlung unterzogen werden, die ihn in vielen kleinen Schritten, von denen so mancher sehr schmerzhaft sein wird, am Ende wie «Phönix aus der Asche» steigen lassen wird.

Kapitel 13

SEXUALITÄT UND KEUSCHHEIT AUS GÖTTLICHER SICHT

Die altägyptische Himmelsgöttin Isis, welche Schwester und Gattin des Osiris ist, wurde als eine Jungfraugöttin verehrt, die ungeboren ins Dasein kam, und den Knaben Horus unbefleckt empfing. So jedenfalls heißt es in der ägyptischen Mythologie. Durch ihre selbstlose Liebe vollzog sich die Hingabe der Isis auf höchstem ästhetisch-erotischem Niveau, ganz dem hohen Reifegrad ihrer Individualität angepasst.

In ihrer Eigenschaft der völligen bedingungslosen Hingabe vermittelt sie dem Menschen, der über die entsprechenden Fähigkeiten verfügt, um dies geistig auch fassen zu können, einen Blick in die Himmelswelt reiner Seelen, die sich, nachdem sie in den gewaltigen Strudel der Göttlichen Liebe gerissen wurden, in einem Zustand höchster und miteinander verschmelzender Glückseligkeit befinden.

Wenn man bedenkt, dass die Sexualität, und damit auch das erotisch-ästhetische Empfinden in alle Denk-und Verhaltensweisen der Menschen hineinwirkt, dann wird man zu der einfachen und vor allem logischen Schlussfolgerung kommen, dass das, was wir als sexuelle, ästhetische und erotische Erlebensformen kennen, für unseren Geist und unsere Seelen in Wirklichkeit nichts anderes sind, als besonders innige Versuche, aus der fast nur rationell und lieblos funktionierenden Welt auszubrechen, um auf diese Weise wenigstens einen kleinen Hauch der ewigen und vollkommenen Liebe unserer Vater-Mutter-Gottheit zu erhalten, nach der sich in Wahrheit alle Menschen aus tiefstem Herzen sehnen, auch die sogenannten Agnostiker, es ist ihnen nur noch nicht bewusst.

Wenn auch gottferne patriarchalische Religionen im Verlauf der Zeiten alles daran gesetzt hatten, Sexualität und Erotik zu verteufeln, so haben wir es bei diesen Eigenschaften dennoch mit einem Kräftepotential von Geist und Seele zu tun, bei dessen Aktivierung wir die Schranken dessen durchbrechen, was wir Raum und Zeit nennen, um auf dem Weg der geistig-sexuellen und geistig-erotischen Transzendenz, unsere uralte Sehnsucht nach des Himmels Glückseligkeit und vollendeter Liebe ein klein wenig zu stillen. Dies kann natürlich nur funktionieren, wenn dabei keine niedrige Gier mit im Spiel ist, denn die Befriedigung des Geschlechtstriebs und erlebte Erotik öffnen einem nur dann das Tor zum Himmel, wenn Ehre und Schamgefühl dabei nicht auf der Strecke bleiben.

Dazu gesellt sich in vielen Fällen auch die mehr oder weniger bewusste Sehnsucht nach unserem geistigen Dualpartner der Ewigkeit, sofern wir ihn auf Erden noch nicht gefunden haben. Damit sind wir bei dem Thema der Jungfräulichkeit und der Keuschheit: Was aus der Sicht der Göttlichen Allmacht darunter verstanden werden muss, war noch „nie" auch die Ansicht der führenden Kräfte des Judentums, des Katholizismus, und anderer maskuliner Religionen.

An diesem Punkt sei zunächst wieder an die Himmelsgöttin Isis erinnert: Da sie, die auch Liebesgöttin war, als Jungfrau galt, galten auch alle in ihre Nachfolge tretenden Priesterinnen als Jungfrauen. Eine Jungfrau zu sein bedeutete in diesem Zusammenhang nicht, geschlechtlich unberührt zu sein. Die Jungfrauenschaft war geistig zu verstehen. An ihr war nicht zu rütteln, obwohl diese Jungfrauen durch das Hervorbringen von Kindern in körperlicher Hinsicht zu Frauen geworden waren.

Der hellenistisch-jüdische Philosoph, Philon von Alexandria, (um 20 vor bis um 45 nach Chr.), dessen allegorische Deutung der Thora etwas von der Substanz der platonischen Philosophie verrät, gab zu dem „Jungfrauenproblem" diese Erklärung:

„Durch die Zusammenkunft der Menschen, um Kinder hervorzuzubringen, werden zwar aus Jungfrauen Frauen gemacht, wenn sich aber Gott mit der Seele verbindet, so bringt er es zustande, dass sie, die vorher eine Frau war, wieder zur Jungfrau wird!"

Anders ausgedrückt: Aus der Sicht der Gesetze des Himmels bezieht sich die Jungfräulichkeit auf nichts anderes als auf die Reinheit der Gedanken und auf die daraus resultierende, gelebte

Nächstenliebe. Diese Eigenschaften vermögen sich auch dann zu behaupten und sich im Sinne der Göttlichen Gesetze verantwortungsbewusst zu entfalten, wenn die betreffenden weiblichen Personen in körperlicher Hinsicht schon lange keine Jungfrauen mehr sind. Damit können sich diese Attribute des Göttlichen Geistes auch dann ungehindert entfalten, wenn die betreffenden Personen im Verlauf dieser Zeit hin und wieder aufgrund ihrer natürlichen Bedürfnisse körperlich „unkeusch" werden!

Wenn dies alles nicht stimmen würde, und jeweils das genaue Gegenteil davon der Wahrheit entspräche, dann wäre Maria-Magdalena, die Hauptperson dieses Buches, niemals von Jesus Christus aufgenommen, und noch viel weniger zu seiner Lieblingsjüngerin gemacht worden. Wer dies bis jetzt richtig verstanden hat wird davon nicht ableiten wollen, dass Jesus mit Maria-Magdalena ein sexuelles Verhältnis gehabt haben muss. Stattdessen wird er die Liebe zwischen diesen beiden außergewöhnlichen Persönlichkeiten auf einer hohen Stufe des Geistes sich bewegend begreifen.

Weil der Christus und Maria-Magdalena die Hohe Himmlische Liebe in sich hatten, die Hohe Liebe der Reingeistigkeit, benötigten sie den körperlichen Geschlechtsakt nicht. Maria-Magdalena benötigte ihn nicht mehr - und falls Jesus ihn in früheren Jahren einmal gebraucht haben sollte - also während jener frühen Jahre, in welchen er noch nicht erkannt hatte, dass er der Christus ist, der Gesalbte des Himmels, dann benötigte er ihn schon lange Zeit vor Maria-Magdalena nicht mehr. Dies wäre dann zu einer Zeit geschehen, in welcher der Göttliche Geist in ihm so weit herangereift war, dass er in seinem Geiste sein Himmlisches Dual Christiana wieder verspürte, und damit auch – rückwirkend - ihre Hohe Himmlische Liebe zu ihm. Im Vergleich zu solch wahrhaft Göttlichen Empfindungen der Liebe verliert jede Form des irdischen Geschlechtstriebs seine Priorität. Er wird regelrecht, (oder wenigstens nahezu), bedeutungslos.

Ebenso wie der Christus und das Urchristentum, betrachtet auch die moderne Esoterik das Prinzip der Jungfräulichkeit als eine geistige Angelegenheit. Damit ist auch klar, was unter Keuschheit verstanden werden muss: Nicht unbedingt sexuelle Enthaltsamkeit, doch auf jeden Fall die Reinheit der Gedanken in Bezug auf Nächstenliebe, Verständnis, Mitgefühl, Toleranz,wie auch geistige und materielle Hilfe für den Nächsten. Damit wird die progressive Reinigung der Seele von den subatomaren Bereichen des Körpers bis hinauf in die Dimensionen der Reingeistigkeit garantiert - und keine sexuelle Aktivität vermag diese Garantie aufzuheben, vorausgesetzt, dass sich die Sexualpartner wirklich lieben, sich gegenseitig ihre Würde lassen, und sich nicht einander um der niedrigen Gier willen nur benutzen, oder gar körperlich und geistig aneinander abnutzen! Dies wäre gegenseitiger Missbrauch, und damit eine erhebliche Verletzung des Schamgefühls auf beiden Seiten.

Wenn die Reinheit der Gedanken und Empfindungen und die reine Liebe zueinander während der Ausübung der sexuellen Handlung dominieren, dann wird auf diesem Wege sogar ein tieferes Hineinfühlen in die alles umfassende Liebe der Göttlichen Allmacht unserer Vater-Mutter-Gottheit möglich. Durch die gewaltigen, von der Göttlichen Liebe durchdrungenen Glücksempfindungen, werden die vielen dunklen Schatten, von denen die zur Erkenntnis der Göttlichen Liebe führenden Bewusstseinstiefen überlagert sind, regelrecht hinweggefegt. Den Augen der Seele tut sich in diesen Momenten eine Welt der Glückseligkeit auf, die rational niemals fassbar sein wird, da diese Form der Glückseligkeit wegen ihres unvorstellbar gewaltigen Reichtums an Empfindungen den Sphären des paradiesischen Himmels sozusagen in Form einer Vorstufe angehört, die wegen ihrer überirdischen Schönheit mit Recht «Vorhof zum Herzen der Reinen Himmel» genannt werden kann.

Was Reine Liebe in allen ihren Varianten bedeutet, auf welch unvergleichliche Weise sie zur wahren Erkenntnis der Göttlichen Gesetze und der Schönheiten des Himmels führen kann, dies den Menschen nahe zu bringen, haben die Führer der großen Macho-Religionen aller Zeiten, bei denen der Buchstabe heilig war und nicht die Liebe, verhindert wo sie nur konnten. Die Hohe Reine Liebe, durch welche der Mensch erst zu einer vollwertigen, engelhaften Persönlichkeit wird, kann nicht erlangt werden, solange er die irdisch-sexuellen Triebe durch entsprechende konfessionellen Sanktionen, komplett - oder nahezu komplett – tabuisiert.

Dies ist eine Vergewaltigung der Sexualität, ein Herumtreten auf der Seele des Menschen. Daraus resultiert, dass die Sexualkraft im Menschen die ihr nicht erlaubte, natürliche Betätigung, kompensatorisch auszugleichen sucht. Welche Ergebnisse dieses Ausgleichsverhalten in der Regel zeitigte, das zeigt der moralische Werteverfall, der vor Jahrtausenden begann, der selbst heute noch den Menschheitsgrundgeist ziemlich stark belastet, und der ihr im Verlauf der Zeiten unzählige Katastrophen bescherte. Dass unter solch verheerenden Voraussetzungen der Himmel den Menschen „verschlossen" bleibt, ist das Verdienst des Menschheitsgrundgeistes selbst, denn wenn dieser reifer und bewusstseinsstärker wäre, könnten sich patriarchalische Religionen niemals behaupten. Dies wäre ein beachtlicher Sieg des Christen über den Antichristen. Treffend sagte der Messias zu dem Antichristen seiner Zeit, der sich in den Pharisäern und Schriftgelehrten am stärksten zur Projektion brachte:

„Wehe euch, Schriftgelehrte und Pharisäer, Heuchler! Denn ihr verschließt das Reich der Himmel vor den Menschen; ihr gehet nicht hinein, und die, welche hinein wollen, wollt ihr daran hindern. Wehe euch, Schriftgelehrte und Pharisäer, Heuchler! Denn ihr verzehntet den Anis, die Krausemünze, den Kümmel, aber die Dinge, die den Glauben und die Barmherzigkeit betreffen, habt ihr außer Acht gelassen.....Narren und Blinde, Schlangen und Otternbrut! Wie solltet ihr dem Gericht der Hölle entfliehen? Wahrlich, ich sage euch: Sodom und Gomorrha wird es am Tage des Gerichts erträglicher gehen als euch!....."

Das waren wahrhaftig scharfe Worte, welche der Christus den Religionsführern seiner Zeit kompromisslos ins Gesicht schleuderte. Diesen Worten braucht, bezogen auf die heutigen Kirchenführer, nichts hinzugefügt zu werden. Dem Pharisäerwesen des Katholizismus und anderen patriarchalischen Konfessionen würde der Christus heute die selben Worte entgegen schleudern.

Trotz aller Bemühungen die Sexualität zu verteufeln, und in dem «Ewig Weiblichen» die «Ewige Sünderin» mit sklavischem Bewusstsein zu sehen, die auf Gedeih und Verderb dem Manne zu gehorchen hat, gelang es den führenden Männerreligionen aller Zeiten dennoch nicht, die sexuellen Bedürfnisse, deren Wurzeln bis in die göttlich-geistigen Sphären hineinreichen, zu zerstören. Sie schafften es „nur" sie mehr oder weniger stark zu verletzen. Der Geist des Himmels sorgte seinerseits immer wieder dafür, dass entsprechende Gegenbewegungen stattfinden konnten.

Kapitel 14

SEXUALITÄT: HEUTE HEILIG - MORGEN TEUFLISCH

So herrschten z. B. vor etwa 5000 Jahren in Indien, wie auch in den Ländern, die heute als Iran, Irak, Syrien, Israel und Ägypten bekannt sind, Kulturen, die lebendiger und farbenprächtiger waren, als alle die sterilen Kulturen zusammen, in denen die Sexualität von gottfernen Staatssystemen und Religionen ihrer natürlichen Würde beraubt wurde.

Das Mittelmeer war umgeben von mediterranen Zivilisationen in denen man glaubte, dass Gott in Gestalt des Eros, oder durch eine göttliche Emanation namens Eros, an der Liebe der Menschen auf Erden, und damit auch an deren Geschlechtsleben, teilnahm. In der Türkei, Griechenland, Italien, Spanien, Tunesien und Marokko, konnte man aufgrund von Ausgrabungen und Funden erkennen, wie weit die Menschen der damaligen Zeit geistig gediehen waren. Sie betrieben keineswegs einfache Fruchtbarkeitskulte. Im Gegenteil: Sie verehrten die Sexualität auf einem beachtlich hohen geistigen Niveau.

Der Geschlechtsakt war für sie heilig. Dies bedeutete, dass er nicht von niedriger Gier und krankhafter Selbstsucht dominiert wurde. In ihm spiegelte sich für diese Menschen die Liebe der Götter zueinander, und da deren Liebe so rein war, geschah der Geschlechtsakt der Menschen auf Erden nicht nur aus Liebe zum Partner, sondern auch aus dem Grund, das Andenken an die Liebe der Götter zu wahren.....

Doch eines Tages wurde es Nacht um diese sonnigen Menschen: Nomadische Reiterstämme überfielen alle diese Zivilisationen, und beendeten sozusagen mit einem Schlag das hohe Lebensgefühl und das tiefreligiöse Bewusstsein, von welchen die dortigen Menschen durchdrungen waren.

Die besagten Reiterstämme gingen später als Indogermanen oder Arier in die Geschichte ein. Ihr Eingang in selbige wurde stets als ruhmreich angesehen. Doch der Einwand sei gestattet, dass es sich hier, (von einigen Ausnahmen abgesehen), wohl um einen äußerst zweifelhaften Ruhm gehandelt hatte.

Während der brahmanische Teil der Indogermanen dem Lebensgefühl des Eros in Indien ein rapiades Ende bereitete, waren es in Israel die Leviten, welche die natürlichen Triebe des erotischen Empfindens auszubrennen versprachen. Dann kam der Katholizismus, der seinen älteren Bruder, das Judentum, diesbezüglich zu übertreffen gedachte.

Wie die Geschichte zeigt, mit großem Erfolg, denn in Bezug auf seine über die Maßen erfolgreich gewesene Tabuisierung und Entwürdigung der Sexualität, hatte er sich beim Teufel kistenweise Lorbeeren eingeheimst.

Um Seelen zu gewinnen, warnte der Teufel auch oft vor sich selbst, indem er den Menschen suggerierte, dass, wenn sie Christen werden wollten, die Sexualität meiden müssten, da sie teuflisch sei. Unzählige haben diesem Wolf im Schafspelz Glauben geschenkt. Die Folgen waren auch entsprechend verheerend, denn der dadurch entstandene Überdruck in Geist und Seele des Menschen begann sich damit gegen ihn selbst zu richten. Als dies der Teufel sah, da rieb er sich vergnügt die Hände.....

Kapitel 15

DRUCK ERZEUGT IMMER GEGENDRUCK

Es gab in der Geschichte der Menschheit viele Gegenbewegungen zur Dominanzwut des Patriarchats. Penthesilea, die Königin der Amazonen aus Pontus in Kleinasien, bildete vor etwa 3500 Jahren mit ihren Kriegerinnen eine solche Gegenbewegung. Obwohl sie im Kampf gegen die Griechen, in welchem sie für Troja kämpften, unterlagen, so bewiesen diese Frauen trotzdem durch ihren mutigen Einsatz allen Männern, dass sie alles andere als ein sklavisches Bewusstsein hatten, dass sie durchaus in der Lage waren, ein gehöriges Maß an Eigenverantwortung zu übernehmen.

Nun sind Schlachtfelder für Frauen sicherlich nicht der geeignete Ort, um den Männern zu zeigen, was sie können. Wenn aber solches geschieht, dann sollten die Männer hellhörig werden, hellhörig in Bezug auf die eigentlichen psychologischen Hintergründe von derartigen Frauenerhebungen. Sie sollten darin erkennen, dass Frauen, die zu solchen massiven Reaktionen übergehen, in Wirklichkeit nichts anderes tun, als aus einer vielleicht Jahrhunderte langen Verknechtung unter die Männer auszubrechen, die sie für alle Zeiten zu willigen und vor allem kritiklosen Werkzeugen ihrer Pläne machen wollten.

Aus dieser Erkenntnis heraus resultierend sollte sich die Männerwelt bemühen, den Frauen den Respekt entgegen zu bringen, der ihnen gebührt, wenn sie das gesunde Gleichgewicht der männlichen und weiblichen Kräfte wieder herstellen wollen. Auf diesem Weg wird der Mann erfahren, dass die Frau über geistige Qualitäten verfügt, an die er selbst nicht heran zureichen vermag. Der Blinde erkennt dies freilich nicht, dafür um so mehr der Sehende. Er erkennt die Frau als Trägerin und Vermittlerin des Göttlichen Geistes, er erkennt ihre Liebe als beruhigenden Balsam in der Stunde der Gefahr, als heilenden Kraftquell in der Stunde der Qual, und als weise Ratgeberin in vielen Dingen.

Wohl dem Mann, der die Frau so sieht, denn er ist ein echter Mann, er ist ein Mann, vor dem man Respekt haben muss, er ist ein Mann, der es wert ist, geliebt zu werden. Die Liebe eines solchen Mannes zeigt sich natürlich auch für die Frau als Balsam in der Stunde der Gefahr, als heilender Kraftquell in der Stunde der Qual, und als weiser Ratgeber in vielen Dingen, womit er ein würdiger Sohn unserer Ewigen Vater - Mutter - Gottheit ist.....

Dieser Exkurs aus der bis jetzt nur kurz angeschnittenen Mentalografie Maria-Magdalenas diente in erster Linie dem Zweck, aufzuzeigen, wie schwer es viele Frauen unter dem Männerregime hatten, ihren Werten und Qualitäten entsprechend anerkannt und gebührend gewürdigt zu werden. Gerade die Lebensgeschichte der Maria-Magdalena, die sich zu einer Frau von höchsten geistigen und ethischen Qualitäten entwickelte, die von der Kirche gnadenlos entwürdigt und in den Schmutz gezogen wurde, sollte allein schon Anlass genug sein, sich ein für alle mal darüber klar zu werden, dass die Entwürdigung der Weiblichkeit über die Jahrhunderte und Jahrtausende hin eine Form von Gotteslästerung war, die durch nichts mehr zu überbieten ist.

Wer immer gegen das Göttliche Gesetz der Gerechtigkeit und des natürlichen Gleichgewichts in allen Dingen verstößt, wird, wenn seine Zeit gekommen ist, Konsequenzen daraus ziehen müssen, die ihm weder der Himmel, noch irgend jemand auf Erden wird abnehmen können.

Was einst der römische Staatsmann, Marcus Tullius Cicero, (106 – 43 v. Chr.), dem Senat zu Gehör brachte, muss zu allererst in Hinsicht auf die Wiederherstellung des Gleichgewichts im Bereich des Verhältnisses zwischen dem Männlichen und dem Weiblichen angewandt werden, wenn die Vorhaben der Menschen von einem dauerhaften und gottgefälligen Erfolg gekrönt werden sollen, denn nur dann erhalten ihre Seelen und ihre Werke den Stempel des Göttlichen Adels: Cicero sagte:

„Es gibt indes ein wahres Gesetz, in Form gebrachte Vernunft, der Natur gemäß, allen Menschen eingegossen, beständig, ewig, ein Gesetz, das befehlend zur Pflicht rufen, verbietend vom Trug abschrecken will. Obwohl dieses Gesetz nur den Redlichen wirksam befiehlt oder verbietet, Unredliche jedoch durch seine Befehle oder Verbote nicht beeindruckt, kann man es mit Fug weder ganz noch zum Teil abschaffen oder ändern, nicht durch ein Dekret des Senats und auch nicht durch einen Beschluss der Vollversammlung!"

Kapitel 16

HERKUNFT DER MARIA-MAGDALENA

Jakobus de Voragine, der Autor der «Legenda aurea», beschrieb Maria-Magdalena als eine Frau von königlicher Herkunft. Er betrachtete Martha und Lazarus als ihre leiblichen Geschwister, womit diese ebenfalls königliches Blut in sich gehabt haben würden. Ihr Vater soll Syrus, und ihre Mutter Eucharia zubenamt gewesen sein.

Ferner soll die Jesusjüngerin zusammen mit ihrem Bruder Lazarus und ihrer Schwester Martha die Burg Magdalum besessen haben, welche ungefähr drei Kilometer vom See Genezareth entfernt gelegen haben könnte. Außerdem sollen ihnen das Dorf Bethanien gehört haben, wie auch ein Teil der Stadt Jerusalem, an welche Bethanien von Osten her angrenzt. Auf die Burg Magdalum sind gemäß Jakobus de Voragine die Namen Maria aus Magdala und Maria-Magdalena zurückzuführen.

Über die historische Forschung sind keine Hinweise gefunden worden, über welche einwandfrei belegt werden könnte, von woher Maria-Magdalena wirklich kam. Man kann natürlich bezüglich dessen spekulieren und seine freie Fantasie walten lassen. Es liegt aber auch im Rahmen der Möglichkeit, dass medial begabte Menschen, die es während aller Zeiten gab, auf inspirativem Weg von der wahren Herkunft der Maria-Magdalena erfuhren.

So glaube ich nicht, dass Maria-Magdalena die leibliche Schwester von Lazarus und Martha war, sondern eher eine Kusine der beiden. Auf der Burg Magdalum wird sie wohl geboren und auch erzogen worden sein. Im Zuge ihrer Erziehung hat sie viel Bildung genossen, wie es bei adligen Personen zu allen Zeiten üblich war. Durch den Kontakt mit vielen namhaften Persönlichkeiten hatte sie sich eine enorme Menschenkenntnis angeeignet, wobei die Aufnahme von intimen Beziehungen zu Männern der höheren Gesellschaftsschicht in ihrem Fall nicht ausblieben.

Wenn sie eine Schwester des einflussreichen Lazarus gewesen wäre, dann hätte dieser möglicherweise wegen ihrer Intimitäten an Einfluss verloren. Doch darüber gibt es nirgendwo einen Hinweis. Außerdem hätte, wenn dem tatsächlich so gewesen wäre, die frauenfeindliche Kirche womöglich alles getan, um aus dieser Situation einen Fall zu konstruieren, mit dem sie mal wieder hätte „beweisen" können, dass die Weiblichkeit aus nichts anderem besteht als aus trügerischen, zweibeinigen Fallen, in welche die so bedauernswerten Männer ständig hineinlaufen, ob sie wollen oder nicht!

Am großen geschäftspolitischen Fall des Lazarus, den er möglicherweise erlebt hätte, wenn er der leibliche Bruder der Maria-Magdalena gewesen wäre, hätte man seitens der Kirche die Schuld allein der späteren Jesusjüngerin gegeben, indem man ihr „bescheinigt" hätte, dass sie der Teufel nicht nur dazu benutzte, um Sittenverderbnis in die Welt zu bringen, sondern auch deshalb, um Lazarus, ihren eigenen Blutsbruder, in den Ruin zu treiben.

Wenn ein einflussreicher Geschäftsmann der damaligen Zeit nur der Vetter einer Prostituierten war, dann war die Blutsverwandtschaft zwischen ihm und seiner Base von geringerem Grade, womit die Gefahr, durch seine in Verruf geratene Kusine an geschäftlichem Einfluss zu verlieren, in der Regel deutlich geringer war.

In hochadligen Kreisen, denen Lazarus und Maria-Magdalena entstammten, kam das Sittengesetz zwar nicht so streng zur Anwendung als beim gewöhnlichen Volk, trotzdem war auch hier Vorsicht geboten. Auch in höheren Kreisen konnte man sich nicht buchstäblich alles erlauben, ohne nicht früher oder später in geschäftlicher und gesellschaftlicher Hinsicht Nachteile einstecken zu müssen. Wenn aber Lazarus und Maria-Magdalena Geschwister gewesen wären, hätte der Bruder mit ziemlicher Sicherheit wegen der all zu freien Sexualität seiner Schwester wirtschaftlich sehr zu leiden gehabt.

Kapitel 17

WAR MARIA-MAGDALENA IN FRANKREICH?

Vor Urzeiten wurde einmal der Gedanke geboren, Jesus hätte mit Maria-Magdalena ein sexuelles Verhältnis gehabt. Daraus erwuchs mit der Zeit die Vorstellung, Maria-Magdalena wäre Mutter gewesen, und Jesus der Vater ihrer Kinder. Irgendwann nach der Kreuzigung des Nazareners soll sie dann mit ihren Kindern in das südfranzösische Gebiet Razes gezogen sein, und sich dort sesshaft gemacht haben.

Diese Gedankenkombinationen ergaben sich im Bereich von Rennes-le-chateau, dem Ort, an welchem einst eine Kirche errichtet wurde, die man Maria-Magdalena geweiht hatte. Die Kinder der Jesusjüngerin sollen dann mit einer fränkischen Familie verbündet worden sein, womit die Frau aus Magdala die Urahnin der Merowinger wäre.

Dass Maria-Magdalena mit Jesus Kinder gehabt haben soll, entsprang einem Gedankengut und Wunschdenken, welches der höheren geistigen Erkenntnis entbehrte. Jesus und Maria-Magdalena verband Geistesliebe, welche um ein Vielfaches intensiver und reicher ist, als die körperliche Liebe. Es war eine Reine Himmlische Liebe. Auf diese Weise gewannen sie die Herzen vieler Menschen – und waren somit in geistiger Hinsicht deren Eltern.

Maria-Magdalena war nie in Gallien, im damaligen Frankreich, denn sie verließ im Alter von etwa 57 Jahren im galiläischen Tiberias, im Hause des Evangelisten Johannes, ihre irdische Hülle. Darüber wird in den letzten beiden Kapiteln von Teil 4 dieses Buches mehr zu lesen sein.

Maria-Magdalena ließ Heime errichten, die nicht nur für arme Kinder gedacht waren, sondern auch für mittellose Frauen, die, nachdem sie als Prostituierte nicht mehr gefragt waren, auf der Straße landeten. Diese Menschen nahm sie in ihre Obhut und lehrte sie, so gut es ging, die Gesetze des Himmels, und betrieb an ihnen tätige Nächstenliebe. Es ist gut möglich, dass sie von den Kindern, die keine Eltern mehr gehabt haben, als Mutter angeredet wurde. Nachdem die Kinder dann erwachsen waren, zogen wohl einige von ihnen nach Gallien, um dort ihren Lebensabend zu verbringen.

Natürlich werden sie von Maria-Magdalena erzählt haben, wie gut sie es bei ihr hatten, auf welch mütterliche Weise sie von ihr umsorgt worden sind. Da liegt es auf der Hand, dass sie Maria-Magdalena als Mutter bezeichnet haben. So wurde dann aus dieser fürsorglichen Heimmutter im Verlauf der Jahrzehnte und Jahrhunderte eine leibliche Mutter gemacht.

Die zweite Möglichkeit wäre die, dass eines der Kinder ebenfalls Maria hieß, das sich dann später, nachdem es erwachsen war, ebenfalls stark sozial engagierte. Da es besonders viel leistete, hat man wohl noch lange nach seinem irdischen Tod von ihm gesprochen, wobei man dann irgendwann damit begann, diese Maria mit Maria-Magdalena zu verwechseln. Man sieht, der Möglichkeiten sich zu irren, gibt es viele.....

TEIL 4

MARIA - MAGDALENA
EINE DER GRÖSSTEN FRAUEN
IN DER GESCHICHTE DER MENSCHHEIT

Kapitel 1

MARIA-MAGDALENA UND JOHANNES DER TÄUFER

Magdala war zur Zeit Christi eine bedeutende Stadt am See Genezareth, und lag etwa 10 Kilometer nördlich von Tiberias. Die Stadt war berühmt für die Herstellung von Pökelfisch, der bis nach Rom exportiert wurde. Auf der Burg Magdalum, welche außerhalb der Stadt lag, wurde Maria-Magdalena geboren.

Schon als junges Mädchen verspürte Maria-Magdalena den unbändigen Drang, frei zu werden. Das Leben auf der Burg kam ihr mit der Zeit immer eintöniger vor. Depressive Gefühle waren die Folgen. Um sich nicht ganz von ihnen zerstören zu lassen, ließ sie sich, neben ihren geschäftlichen Agitationen, auch mit Männern ein. Natürlich verband sie damit auch ihren Wunsch nach gesellschafts- und wirtschaftspolitischer Expansion.

Allerdings geschah dies auf einem höheren Niveau, als dies in der Regel der Fall war, denn die junge Frau aus Magdala gehörte der Gesellschaftsschicht des Hochadels an, in der Bildung eine große Rolle bei allen gesellschaftlichen, politischen und wirtschaftlichen Transaktionen spielte. Finanziell gut betuchte Römer, Juden und Griechen, die außerdem ein entsprechend politisches Gewicht hatten, machten ihr, nachdem sie nach Jerusalem gezogen war, die Erweiterung des bereits in Galiläa begonnenen Geschäfts sehr leicht.

Maria-Magdalena war keineswegs eine von den Frauen, die sich dem Patriarchat klaglos unterwarfen. Sie war charakterlich stark, und kämpfte auf ihre feministische Weise für die relative Gleichberechtigung der Frauen, und um ein gesünderes Sozialbewusstsein zugunsten armer Menschen. Damit verfügte sie über das nötige Rüstzeug, welches sie einige Jahre später dazu befähigen sollte, mit Feuereifer für das Evangelium zu kämpfen.....

Genau genommen war die sexuelle Betätigung dieser späteren Jesus-Jüngerin gar nicht ihre Hauptbeschäftigung, denn diese bestand in Wirklichkeit darin, mit allen möglichen reichen Geschäftspartnern auf gebildete Weise, und mit viel diplomatischem Geschick, zu kommunizieren. Es versteht sich von selbst, dass so manche gesellschafts- und wirtschaftspolitische Kommunikation erst dann zu den erwünschten Vertragsabschlüssen und den dazu gehörigen Unterschriften führte, wenn den Vertragspartnern die von ihnen zu ihrer inneren Entspannung erwünschten und selbstverständlich ästhetisch-niveauvollen Intimitäten mit der blonden Frau aus Magdala gewährt wurden.

Der Handel mit wertvollen kosmetischen Artikeln, den Maria-Magdalena in diesem Zusammenhang betrieb, gedieh auf diese Weise ganz gut. Damit war Maria-Magdalena das, was man heute als Edel-Prostituierte bezeichnet. Die Gefahr einer Steinigung war bei ihr kaum oder gar nicht zu befürchten, denn ihre Geschäftspartner hüllten sich in Schweigen. Außerdem war da noch der Hochadel, der ihr in Bezug darauf bis zu einem gewissen Grade Schutz gewähren konnte. Dadurch war sie vor all zu strengen religiösen Fundamentalisten weitgehend geschützt. So brachte es Maria-Magdalena mit der Zeit zu einem beachtlichen Vermögen. Sie konnte sich davon sogar in Jerusalem ein schönes großes Haus leisten, und dazu noch einige Bedienstete.

Eine ihrer Dienerinnen hieß Bethsabe. Dieses Mädchen war sehr treu, arbeitsam, liebenswürdig und sehr tiefsinnig veranlagt. Im Verlauf dieser Geschichte wird sie noch mehrmals zur Sprache kommen, denn in den späteren Jahren hatte diese treue Seele, in Verbindung mit Maria-Magdalena, sehr viel zur Entfaltung des Evangeliums beigetragen.

Maria-Magdalena war etwa drei Jahre jünger als der Messias und verließ ihre irdische Hülle noch bevor Nero Kaiser wurde. Nero wurde im Jahre 54 n. Chr. Für 14 Jahre Kaiser über das Römische Imperium.

Im Verlauf der Jahre spürte Maria-Magdalena immer deutlicher, dass ihre damalige Flucht aus der Enge der sterilen Adelswelt in ein freieres Leben in Jerusalem nicht die innere Befreiung brachte, die sie sich in Wirklichkeit immer ersehnt hatte. Sie glitt auf eine Weise in die Prostitution, dass sie sich anfänglich gar nicht wie eine Prostituierte vorkam, denn sie wurde von den reichen Fürsten, Kaufleuten und Händlern, auf solch charmante, feingeistige und zuvorkommende Art behandelt, dass sie immer wieder das Gefühl hatte, wie eine Königin verehrt zu werden.

Die Männer sprachen mit ihr über alle möglichen, wirtschaftlichen, wie privaten Probleme, und ließen es dabei nie an der nötigen Ehrerbietung für Maria-Magdalena fehlen. Und was den Bereich der sexuellen Intimitäten anbelangte, erwiesen sich die

Männer ebenfalls als sehr einfühlsam. Sie besaßen das nötige Schamgefühl und das entsprechende Maß an Anständigkeit, von Maria-Magdalena sexuell nie mehr zu fordern, als sie zu geben bereit war.

Maria-Magdalena wurde nie zu etwas gezwungen was sie nicht wollte. Für ihre Gäste war dies eine Selbstverständlichkeit. Was die Hausherrin nicht wollte, spürte jeder am Hauch ihrer Ausstrahlung, denn in ihm lag etwas Würdevolles und auf die sexuellen Grenzen wortlos Hinweisendes.

Trotz allem aber spürte Maria-Magdalena, dass dies auf Dauer nicht die Erfüllung bringen konnte, nach der sie sich wirklich sehnte. Sie erkannte sich immer mehr als Sklavin einer gesellschaftlichen Stufe, von der aus man, trotz des hohen Bildungsniveaus, welches auf ihr vorherrschte, über eine gewisse Grenze nicht hinaus kam. Immer häufiger kam sie sich vor wie angekettet. Ihre Sehnsucht nach wirklicher geistiger Befreiung wurde von Tag zu Tag stärker. Der Wunsch, ihrer Seele Flügel zu verleihen, um damit in die Wunderwelt des Himmels fliegen zu können, wurde in Maria-Magdalena, der wunderschönen, blonden Frau, übermächtig.....

Eines Tages stand Maria-Magdalena an einem Fenster ihres Hauses. Eine Gruppe von Menschen befand sich in nächster Nähe, so dass die Herrin des Hauses mitbekommen konnte, über was sich diese Leute unterhielten. Sie vernahm, wie diese Gruppe respektvoll von einem Mann sprach, der sich ständig am Jordan aufhielt, der in seiner armseligen Kleidung aus Kamelhaaren aussah wie ein Wilder, der aber durch seine flammenden Reden die Massen seiner Zuhörer in Bann schlug.

Aus der Unterhaltung der Menschen auf der Straße hörte sie in Verbindung damit mehrmals den Namen,"Johannes, der Täufer", fallen. Auch vernahm sie, dass dieser immer wieder die Massen der Menschen mit lauter Stimme auffordern würde, Buße zu tun, denn das Reich der Himmel wäre nahe herbeigekommen! Dann hörte sie noch, dass dieser Mann bereits viele Menschen aus allen

Schichten der Gesellschaft durch die Taufe im Jordan zu seinen Jüngern gemacht hatte.

„Vielleicht", dachte Maria-Magdalena, „will dieser Mann eine neue Religion verkünden?" Und während sie sich wieder vom Fenster entfernte, führte sie den angefangenen Gedankengang fort: „Für eine wirkliche Religion, für einen Glauben, der den Geist und das Herz erfrischt, wäre es ja schon längst an der Zeit! Für die Juden ist ihr Buchstabenglaube nur ein Machtmittel, ihr Geist ist genauso erstarrt wie das zu Eis gewordene Wasser im Winter. Sie glauben an den Himmel ebenso wenig wie die Griechen und Römer, die bei ihrer angeblichen Götterverehrung in Wirklichkeit nur der vergrößerten Ausgabe ihrer selbst huldigen - welch armseliges Volk!"

Da rief Maria-Magdalena einen ihrer Diener herbei und erteilte ihm den Auftrag, zu der Menschengruppe hinunter zu gehen, um sich bei ihr zu erkundigen, wann und wo genau dieser Prediger Johannes am Jordan wieder lehre und taufe. Dann solle sich der Diener zu dem genannten Zeitpunkt bei Johannes einfinden, und diesem im Namen seiner Herrin den Auftrag erteilen, sich gleich nach seiner Arbeit des Lehrens und Taufens zu ihr zu begeben, denn sie hätte nicht viel Zeit!

Der Diener führte aus, was ihm aufgetragen wurde. Er begab sich zum rechten Zeitpunkt an den Jordan zu Johannes dem Täufer. Diesem teilte er mit, was ihm seine Herrin aufgetragen hatte, und dass es ihr unangenehm wäre wenn er sie zu lange warten lassen würde, denn besonders viel Zeit hätte sie nicht!

„Waas??", donnerte Johannes, „Deine Herrin befiehlt und der Himmel hat zu gehorchen? Das ist doch die Höhe!" Dem Diener wurde es ganz elend zumute. Dies bemerkte der Täufer, und er fuhr daher in gemäßigterem Ton fort: „Beruhige dich, mein Freund, ich tue dir ja nichts! Aber gehe, und sage diesem Weib, dass das Reich der Himmel niemandem nachläuft! Wenn deine Herrin mehr über meine Botschaft wissen will, muss sie sich schon hier her bemühen!"

Der Diener begab sich zurück zu seiner Herrin und richtete ihr aus, was ihm der Täufer aufgetragen hatte: „Der Prediger wird dich nicht besuchen, Herrin. Ich soll dir ausrichten, dass das Reich der Himmel niemandem hinterher läuft, und dass du, wenn du von seiner Botschaft mehr wissen möchtest, den Prediger schon selbst aufsuchen müsstest. Der Prediger und seine Botschaft sind Eins, Herrin, das habe ich in seinen Augen gelesen, an der Macht seiner Rede erkannt und an seiner außergewöhnlichen Ausstrahlung gespürt. Er wird dir nicht eine Elle hinterher laufen, und wenn ich ihn richtig eingeschätzt habe, wird er nichtmal sein Haupt in die Richtung deines Hauses wenden!"

Maria-Magdalena stand da wie gelähmt. Sie konnte nicht glauben, was ihr der Diener eben berichtet hatte. Sie schickte den Mann hinaus, denn ihr wurde plötzlich regelrecht schlecht. Sie musste sich setzen. Wie ein Häufchen Elend saß sie da. Aber gleich darauf kam der Zorn in ihr hoch: „Diese Unverschämtheit! Diese Unverfrorenheit! Diese bodenlose Frechheit! Der soll mich kennen lernen!"

Doch bald darauf hatte sich Maria-Magdalenas Zorn wieder gelegt, und sie fing an über die Worte des Johannes, die sie im ersten Augenblick für die größte Frechheit aller Zeiten hielt, gründlicher nachzudenken. Im Verlauf ihrer diesbezüglichen Gedankengänge musste sie sich eingestehen, dass Johannes gar nicht die Absicht hatte sie zu beleidigen, dass er mit den Worten, „Das Reich der Himmel läuft niemandem hinterher!", ja nicht sagen wollte, dass er, Johannes, von ihr nichts hält, sondern dass es ihm lediglich darum ging, die Würde und Erhabenheit der Botschaft vom Reich der Himmel zu bewahren, welche es aufgrund ihrer hehren Größe niemals nötig haben würde, wie ein Bettler hinter irgend jemandem herzulaufen.....

„Wäre Johannes meiner Aufforderung, mich zu besuchen, nachgekommen", schlussfolgerte Maria-Magdalena am Ende, „dann hätte er das schmerzliche Gefühl gehabt, seine Botschaft vom Reich der Himmel entwürdigt und verraten zu haben!"

Es war schon Nacht, als Maria-Magdalena zu Bett ging. Doch vor dem Einschlafen betete sie noch. Sie bat den Himmel, er möge ihr den unüberlegten Zornesausbruch verzeihen, und auch, dass sie so schlecht von diesem Prediger am Jordan gedacht hatte. Ihrem Gebet fügte sie noch die Worte hinzu: „.....und morgen will ich diesen Mann am Jordan aufsuchen... ich glaube, dass er mir viel vom Himmel erzählen kann...ich habe viel gesündigt...aber ich will mich ändern...ich möchte so sehr, dass der Himmel stolz auf mich ist...ich möchte nicht, dass sich die Engel im Himmel abwenden, wenn mein Name genannt wird....."

In diesem Augenblick schlief Maria-Magdalena ein. Das war auch gleichzeitig der Augenblick, in welchem die große fundamentale Wende ihres Lebens ihren Anfang nahm.....

Am nächsten Tag machte sie sich bereits früh auf den Weg, um von so wenig Menschen wie möglich gesehen zu werden. Sie trug nämlich nicht wie sonst immer, kostbare, mit teuerem Schmuck versehene Kleider, sondern eines, das schlicht und grau war. Ihre Kopfbedeckung war ebenfalls schlicht und unauffällig. Wenn sie in dieser Aufmachung von Bekannten gesehen worden wäre, hätte man sie für verrückt erklärt.

So ging nun Maria-Magdalena eine Zeit lang in Richtung Jordan. Je mehr sie sich diesem Fluss näherte, um so mehr Menschen sah sie. Alle liefen in die gleiche Richtung. Da wusste Maria-Magdalena, dass sich diese Leute alle zu Johannes dem Täufer begaben. In vorsichtigem Abstand folgte sie ihnen. Zwischen Bäumen und Gebüschen ging sie hindurch, bis sie schließlich nah genug an den Prediger und die ihn umringende Menschenmenge herankam. Auch dort achtete sie darauf, möglichst nicht gesehen zu werden. Da ließ Johannes der Täufer seine mächtige Stimme erschallen: „Und wieder sage ich euch: Tut Buße, denn das Reich der Himmel ist nahe herbeigekommen! Und weiter sage ich euch: Wer vom Reich der Himmel aufgenommen werden will, der gehe ihm entgegen, denn niemandem läuft es hinterher! Oder glaubt ihr Kleingeistigen, dass es die Göttliche Allmacht nötig hätte, um euere Gunst zu betteln? Verändert eueren Sinn, stärkt eueren Charakter und handelt auch entsprechend, denn Feiglinge und sonstige

Nichtsnutze sind in den Augen des Himmels ein Greuel, und sie haben dort nichts verloren!"

Unter seinen Zuhörern entdeckte Johannes einige Männer aus dem Palast des Herodes Antipas. Er wusste, dass es sich um Spitzel handelte, die im Auftrag der Herodias, der Gattin des Tetrarchen, herausfinden sollten, wo man ihn packen konnte. Herodias konnte es nämlich nicht mehr ertragen, von diesem Wilden immer wieder, Tag und Nacht, als giftige Natter, Mörderin, Ehebrecherin und als verruchtes Weib hingestellt zu werden.

Zu den Spitzeln gewandt sagte Johannes mit lauter Stimme: „Ihr da, ihr Armen im Geiste, teilt diesem verruchten und liederlichen Weib, dieser Schlange Herodias, mit, dass ich sie nicht fürchte, und noch viel weniger Herodes, diesen blinden Trottel an ihrer Seite, der stets nach ihrer Pfeife tanzt! Sagt Herodias, dieser Königin aller Schlangen, dass das Gericht bereits ihrer harrt!"

Maria-Magdalena lief es in ihrem Versteck eiskalt den Rücken runter, als sie Zeugin dieses Zornesausbruchs wurde. „Dieser Prophet", dachte sie, „muss über eine gewaltige Seelenkraft verfügen, wie könnte er sonst so furchtlos sein?"

Die Spitzel verschwanden ohne ein Wort an den Täufer zu richten, denn sie wussten, dass sie weder den Mut, noch die geistige Befähigung dazu hatten, diesen gewaltigen Redner in einem verbalen Kampfdialog zu bezwingen.

Johannes der Täufer aber wandte sich wieder der Volksmenge zu und sprach: „Wer sich entschlossen hat, dem Himmel von nun an zu dienen, der komme zu mir und lasse sich taufen. Aber ich sage euch, dass diese Taufe nur der Anfang von noch größerem Geschehen ist, denn wie ihr seht, taufe ich mit Wasser, aber Derjenige, der das Werk fortsetzen und vollenden wird, das ich für Ihn begonnen habe, dieser wird euch mit dem Feuer des Geistes taufen!

Es ist noch nicht lange her, da ließ er sich von mir die Wassertaufe geben. Ich wollte zuerst nicht, und ich begründete dies damit, indem ich sagte: Du, der Du größer bist als ich, kommst zu mir, um Dich von mir taufen zu lassen? Ich bin es noch nicht einmal wert, die Riemen Deiner Sandalen zu lösen! Er aber sagte: „Lass es gut sein, Johannes, und habe keine Angst mich zu taufen, denn so will es das Gesetz der Himmel!" Da taufte ich ihn - aber mir war trotzdem nicht wohl bei der Sache!"

Dann begann Johannes viele Menschen zu taufen, und so viele er auch taufte - jeder Getaufte bekam noch einen persönlichen Segen mit auf den Weg.

Dies alles aber hörte und sah Maria-Magdalena aus ihrem Versteck heraus. Erst viel später, als sich die Menschenmenge wieder verlaufen hatte, und nur noch die mit dem Täufer am engsten verbundenen Jünger und Jüngerinnen bei ihm waren, traute sie sich heraus. Noch völlig aufgewühlt von dem gerade Erlebten ging Maria-Magdalena auf Johannes zu.

Trotz des inneren Aufgewühltseins und trotz des enormen Respekts, den die als Dienstmagd verkleidete Frau vor diesem gewaltigen Redner hatte, erkannte Johannes sofort etwas Engelhaft-Majestätisches in ihrer Gangart und Körperhaltung, als er sie auf sich zukommen sah.

Dann standen sich die beiden Menschen gegenüber. Sekundenlang fielen keine Worte. Stattdessen schauten sie sich gegenseitig in die Augen, denn für beide war es sehr wichtig, sich gegenseitig auf den Grund ihrer Seelen zu blicken. In diesen Augenblicken erkannten Johannes der Täufer und Maria-Magdalena, wie sehr sie in den Tiefen ihrer Seelen doch miteinander verwandt waren. Empfindungen des gegenseitigen Urvertrauens kam in den Herzen der beiden außergewöhnlichen Menschen auf. Das war ein denkwürdiger Augenblick, denn, wer weiß wie die Geschichte des Urchristentums verlaufen wäre, wenn der Christusgeist einen anderen Weg gegangen wäre, als den der Zusammenführung Johannes' des Täufers mit Maria-Magdalena, die beide zu den wichtigsten und aktivsten Persönlichkeiten zugunsten der Verbreitung des urchristlichen Evangeliums gehörten.

„Ich weiß, dass du Maria-Magdalena bist!", beendete der Täufer die wortlosen, aber dennoch informationsreichen Sekunden. „Die gestrige Begegnung mit deinem Diener veranlasste mich nämlich dazu, über dich nachzudenken. Auch weiß ich, welcher Tätigkeit du die ganzen Jahre nachgegangen bist, allerdings nicht von deinem Diener, denn der hat darüber kein Wort verlauten lassen. Ich habe mich in der vergangenen Nacht geistig mit dir verbunden, und der Geist des Himmels half mir dabei. So bekam ich Kunde von deiner Seele, von deinem Denken und von deinem Tun - und - ich habe für dich gebetet, Maria-Magdalena, ja, der Mann, dem man fürchterliche Strenge und Unerbittlichkeit nachsagt, dieser sogenannte Wilde vom Jordan mit der Furcht erregenden Stimme, der hat für dich gebetet!"

„Dafür, Johannes, danke ich dir von Herzen!", sagte Maria-Magdalena, und während sie klar, und mit einem Herzen voller Zuneigung dem Täufer in die Augen blickte, fügte sie hinzu: „Ich habe schon öfter von dir reden gehört, Johannes. Einige von den hohen Herren, die mich stets besuchten, haben mir ebenfalls von dir erzählt, meine Dienerschaft tat das selbe. Schließlich lauschte ich einer fremden Menschengruppe, während ich hinter einem der Fenster meines Hauses stand, und dann berichtete mir noch mein Diener von dem gewaltigen Eindruck, den du auf ihn gemacht hast. Von da ab, wo ich zum ersten Mal von dir hörte, bis heute, ließ mir der Name Johannes keine Ruhe mehr. Täglich dachte ich mehr darüber nach, auch in manchen Nächten.....

Vor allem am gestrigen Abend führte der Himmel meinen Geist so sehr in die Tiefe, dass ich mit einem Mal ganz klar begriff, welch ungeheuere Bedeutung dein Geist, Johannes, für die Menschheit hat. Als mir mein Diener gestern gegen Mittag deine Absage mitteilte, da wurde ich derart wütend auf dich, dass mir übel wurde und ich mich setzen musste. Aber dieser innere Schmerz, Johannes, hat in mir einen Wandel eingeleitet. Er hat mein Bewusstsein vertieft. In diesen Augenblicken erkannte ich ganz klar den eigentlichen Grund dieses Schmerzes: Er war die Folge meiner schwer verletzten Eitelkeit. Diese Erkenntnis hatte mich innerlich derart erschüttert, dass ich zeitiger als sonst zu Bett ging.

Ich spürte, dass sich von nun an alles in meinem Leben ändern würde, und - du wirst es verstehen, Johannes - ich bekam regelrecht Angst davor. Da begann ich zu beten. Ich flehte den Himmel an, mir beizustehen, und mir meine Verfehlungen zu vergeben. Als ich heute morgen aufstand verspürte ich, dass mir unsere Vater-Mutter-Gottheit, an die auch ich glaube, tatsächlich geholfen hatte, denn ich fühlte mich glücklich und frei wie ein Vogel. Und jetzt weiß ich auch, warum mein Gebet so schnell erfüllt wurde - weil auch du dich im Gebet für mich eingesetzt hast, Johannes!

Lass mich dir noch etwas zum Danke sagen, lieber Johannes: Ich bin überzeugt davon, dass es auf der ganzen Welt keinen Menschen gibt der würdiger ist als du, der Vorläufer und Ankündiger des Messias zu sein! Wie hattest du noch vor einer Stunde zu der Volksmenge geredet, du wärest der Würde nicht wert gewesen, dem, der größer ist als du, die Riemen seiner Sandalen zu lösen? Lieber Johannes, du warst dieser Würde wert! Und der, der größer ist als du, würde genau das selbe sagen - das weiß ich gewiss!"

Johannes zog Maria-Magdalena daraufhin sanft zu sich heran, und nahm sie liebevoll in die Arme. Dadurch zeigte der Täufer, dass er diese außergewöhnliche Frau in seinem Herzen aufgenommen hatte. Außerdem war es ihm wichtig, dass alle umstehenden Jünger und Jüngerinnen dieses Zeichen der Aufnahme sehen sollten.

Dann lud einer der Jünger, der ein begüterter Händler war, die ganze Gruppe zu sich nachhause ein. Da zu diesem Zeitpunkt niemand irgend welchen Verpflichtungen nachkommen musste, die sofort hätten erledigt werden müssen, folgten alle miteinander der Einladung. Es war ein sehr schönes Haus, in welches der Jünger die Gruppe führte. Es war wunderbar ausgestattet, und die Jüngerschar erkannte auf den ersten Blick, dass ihr Gastgeber und Glaubensbruder nicht nur über eine beachtliche Geldsumme verfügte, sondern auch über einen feinen und edlen Geschmack.

„Gastfreundschaft ist eine der Tugenden, die in der Heilslehre des Messias als eine der vielen Auswirkungen der gelebten Nächstenliebe gepriesen werden wird, Amos!", sagte Johannes, „Wie ich sehe, wäre es wohl besser, wenn du bei allen unseren späteren Zusammenkünften, bei denen die Themen Gastfreundschaft und Nächstenliebe besprochen werden, die Rolle eines Lehrers übernimmst, statt die eines Schülers, denn ich bin sicher, dass die Menschen in dieser Hinsicht sehr viel von dir lernen können! – In diesem Sinne - danke für die Einladung, Amos!" Alle Anwesenden, und natürlich auch Maria-Magdalena, stimmten den Worten des Täufers begeistert zu.....

Die Stunden vergingen wie im Fluge, denn die Gruppe unterhielt sich niveauvoll und geistreich. Amos holte Papyrusrollen aus einer wertvollen Truhe. Dann las man abwechselnd aus den Propheten, wie auch aus den Werken griechischer Philosophen, und diskutierte das Vorgetragene. Zwischendurch gab es zu essen und zu trinken. Natürlich verbrachte man nicht die ganze Zeit mit ernsthaften Gesprächen, man erheiterte sich auch gegenseitig durch allerlei Späße. Dass auch hierbei die Qualitäten des moralisch anspruchsvollen Christusgeistes die Richtung angaben, verstand sich von selbst.

Schließlich kam die Stunde, in der man sich voneinander verabschiedete. Maria-Magdalena bedankte sich bei Amos für alles, und vor allem für die schönen Stunden. Der ganzen Gruppe aber teilte sie mit, dass sie die Absicht hätte, ihren ganzen Hausstand aufzulösen, was sicherlich einige Probleme mit sich bringen würde, und dass sie daher nicht sagen könne, wann sie für immer bei ihnen sein könne; auf jeden Fall aber würde sie jede Gelegenheit, die sich ihr böte, wahrnehmen, um der Gruppe wenigstens einen kurzen Besuch abzustatten.

„Erst wenn die Angelegenheit mit dem Hausstand geregelt ist", schloss sie, „bin ich richtig frei, um so lange bei euch und bei Johannes dem Täufer bleiben zu können, wie es von oben her zugelassen wird!" Die Jünger gaben ihr völlig recht. Sie wünschten dieser so mutigen Frau zum Abschied von Herzen alles Gute und den Segen des Himmels.

Draußen vor dem Tore standen die Jüngerin und Johannes der Täufer noch für einige Minuten alleine beieinander. Da legte Johannes sanft seine Hände auf ihre Schultern und sah ihr ernst in die Augen. „Was auch immer in der nächsten Zeit geschehen wird, meine geliebte Schwester Maria-Magdalena", sagte er, „verliere nie den Mut, habe stets ein absolutes Vertrauen zu der Göttlichen Allmacht da oben, nur dann wird dich der Christusgeist sicher führen können, und wisse, geliebte Maria-Magdalena, dass du zu Großem berufen bist. Alles Gute, meine Engelin!".....

Maria-Magdalena entging es nicht, dass sie Johannes der Täufer aus ernsten, zugleich aber auch traurigen Augen anschaute. Sie erfasste aber nicht sofort den Grund dafür. Erst als sie schon weit weggegangen war, und für den ihr nachblickenden Täufer nur noch so groß war wie ein kleiner Punkt in der Ferne, da begriff sie mit einem Mal, was ihr die traurigen Augen dieses großen Mannes mitteilen wollten. Sie begriff plötzlich, dass diese Augen ihr sagen wollten, dass seine Zeit bald abgelaufen sei, dass die Stunde bald da sein werde, in welcher sein irdischer Lebensweg beendet werden würde.....

Diese plötzliche Erkenntnis traf Maria-Magdalena mit einer Wucht, dass sich ihr Herz verkrampfte. Trotzdem brachte sie die Kraft auf, weiter in Richtung ihres Hauses zu gehen, und sich nicht mehr umzudrehen.Ungesehen begab sie sich in ihr Schlafzimmer, entkleidete sich, löschte das Licht und legte sich zu Bett. Und während diese tapfere Frau in ihren Kissen lag, sprach sie weinend und mit bebenden Lippen ein Gebet für Johannes.....

Mit der Auflösung ihres Hausstandes ging es nicht so einfach, wie es sich die Johannesjüngerin vorstellte. Die gesellschaftlichen Beziehungen, die sie sich über viele Jahre hin aufgebaut hatte, ließen sich nicht so einfach von heute auf morgen beenden. So manche geschäftlichen Angelegenheiten waren damit verbunden, solche, die noch nicht zum Abschluss kamen, dann wieder welche, die noch in der Schwebe hingen, und schließlich noch einige, die gerade erst ihren Anfang nahmen. Dies alles lief einher mit einer Fülle von Besprechungen.

Maria-Magdalena hatte eine Menge Geld gespart, das Haus würde beim Verkauf auch noch eine beachtliche Summe Geldes einbringen und schließlich war da noch das ihr zustehende Erbgeld, das für sie auf Magdalum verwaltet wurde. Die Dienerschaft musste so nach und nach entlassen und entlohnt werden. Vor allem aber wollte sie so viel Geld wie möglich der Mission des Täufers zur Verfügung stellen.

Die Herren der hohen Gesellschaft durften vorläufig nichts von ihrem Gesinnungswandel erfahren, denn möglicherweise hätte dies nicht nur ihr, sondern auch Johannes dem Täufer und seinen Jüngern geschadet. Solche Gedanken gingen ihr durch den Kopf. Durch die Begegnung mit Johannes dem Täufer und seinen Jüngern hatte ihr geistiges Bewusstsein so an Reife zugenommen, dass sie die gebildete Sprache der hohen Herren, mit denen sie oft verkehrte, auf ihren wirklichen Wert hin komplett durchschaute. Nicht dass sie dabei auf dunkle und schlechte Charaktere stieß, nein, denn so tief waren die reichen Leute, mit denen sie in wirtschaftlicher und gesellschaftlicher Kommunikation stand, nun auch wieder nicht gesunken. Was Maria-Magdalena beim Hineintauchen in deren Seelen erkannte, das war eine Form von innerer Leere, welche die Betreffenden zwar selbst ahnten, der man aber nichts anderes entgegenzusetzen wusste, als sich mit viel Geld, gesellschaftlichen Verabredungen und einer gebildeten Sprache, über sie hinwegzutäuschen.

Dies alles registrierte Maria-Magdalena, seit der Begegnung mit Johannes und seinen Jüngern, in ihrem Geiste noch viel stärker als in den Jahren davor. „Alles nur Hilflosigkeit, Fassade und Selbstbetrug!", dachte sie, und konnte es nicht verhindern, dass sich dabei in ihre Augen eine Mischung aus Bitterkeit und Ironie schlich.

So vergingen einige Wochen. In dieser Zeit war es ihr nur hin und wieder möglich, einen Jünger des Täufers zu sprechen. Sie begriff sehr schnell, dass dies vom Himmel so gewollt war. Schließlich erfuhr sie im Juni des Jahres 28 von den Jüngern, dass Johannes bereits seit einem Monat in einer Kerkerzelle der Festung Antonia säße. Da flüchtete Maria-Magdalena in ihr Schlafzimmer, schloss sich ein - und weinte wie ein kleines Kind.....

Während der nächsten Zeit bekam sie ab und zu Nachricht über die Lage ihrer neuen Brüder und Schwestern. Und im Monat Mai des Jahres 29, (einige Diener und Dienerinnen waren bereits entlassen und entlohnt), vernahm sie ein aufgeregtes Stimmengewirr auf der Straße vor ihrem Haus. Als sie dabei plötzlich hörte, dass man von Johannes dem Täufer sprach, bekam sie einen fürchterlichen Schreck. Während sie zum Fenster lief um das Gesprochene genauer hören zu können, ahnte sie schon, um was es der aufgeregten Menge da unten auf der Straße ging.

Maria-Magdalena musste mit eigenen Ohren hören, dass man Johannes den Täufer, „den größten Schmäher der Herodias", bereits vor einigen Tagen, (April 29), anlässlich einer Feier, im Kerker der Festung Antonia im Auftrag des Herodes enthauptet hatte.

Da bemächtigte sich Maria-Magdalena ein Seelenschmerz von nie gekanntem Ausmaß. Ihr Herz krampfte sich zusammen und sie schrie auf wie ein zu Tode verwundetes Tier. Sie wäre hart zu Boden gestürzt, wenn nicht Bethsabe, das gute und treue Mädchen, gerade in der Nähe gewesen wäre. Sie sah, wie Maria-Magdalena im Begriff war, hart zu Boden zu schlagen, stürzte sofort auf sie zu und fing sie auf. Behutsam kümmerte sich Bethsabe um die schmerzgepeinigte blonde Frau.

Bethsabe redete schon seit einiger Zeit Maria aus Magdala nicht mehr mit Herrin an, denn die Dienerin war auch schon längst zu einer heimlichen Jüngerin des Täufers geworden. Damit wurden diese beiden Frauen zu Schwestern. Beide wussten, dass es nach den Gesetzen des Himmels, so wie sie der Täufer lehrte, keine Herren und keine Herrinnen gibt, sondern nur Brüder und Schwestern. Nach ihrer geistigen Wandlung hätte es Maria-Magdalena auch sehr geschmerzt, von einer Frau, oder auch von einem Mann, als Herrin angeredet zu werden, die den Göttlichen Geist genauso stark in sich hatten, als sie selbst.

Kapitel 2

AUF DER SUCHE NACH DEM MESSIAS

Die Sehnsucht, den einen Großen zu finden, von dem Johannes sprach, von dem die Jünger begeistert geredet hatten, und der inzwischen im ganzen Land bekannt war, wurde in der ehemaligen adligen Kosmetikhändlerin aus Magdala übermächtig. Eines Tages bat sie Bethsabe, das Haus bis zum endgültigen Verkauf alleine zu verwalten. „Ich muss dem inneren Ruf folgen, geliebte Schwester Bethsabe, den, welcher Messias genannt wird und der erfüllen wird, was Johannes begonnen hatte, zu finden; aber ich werde wieder kommen - und dann gehen wir zusammen zu ihm!" Bethsabe begriff sofort, dass dies sein musste, und schweigend, aber mit Tränen in den Augen, umarmten sich die beiden Frauen zum Abschied.

Maria-Magdalena machte sich zuerst auf den Weg zum Hause des Amos. Dort erfuhr sie mehr über die Umstände, die zur Hinrichtung des Täufers geführt hatten: Amos sagte ihr: „Diese Herodiasbestie hatte ihre Tochter Salome dazu angestiftet, von Herodes Antipas, ihrem Stiefvater, zum Dank für ihren schönen Tanz das Haupt des Johannes zu erbitten. Sie wollte es auf einem kostbaren Tablett serviert bekommen. Dieser Trottel von König war zu naiv und viel zu betrunken, sonst hätte er seiner Stieftochter niemals angeboten, dass sie sich für ihre tänzerische Leistung wünschen darf was sie will, sondern gleich zu Beginn bestimmt, was er ihr für ihren Tanz schenken würde!"

„Lieber Amos", sagte Maria-Magdalena, „als ich mich damals nochmal gesondert von Johannes verabschiedete, nachdem ich mit all den anderen Jüngern Gast in deinem Hause war, da lag in seinen Worten Traurigkeit, das Wissen von seinem baldigen und endgültigen Abschied. Erst auf dem Heimweg, als ich schon weit von ihm weg war, traf mich diese Erkenntnis wie ein Blitz. Ich wusste plötzlich, dass er an seinen nahen irdischen Tod dachte, als er mit mir sprach!" Amos schwieg darauf hin minutenlang.

Anmerkung: (Johannes der Täufer, Sohn des Zacharias und der Elisabeth, etwa ein halbes Jahr älter als sein Vetter Jesus, nahm im Oktober 27 seine Tätigkeit in Judäa, am Westufer des Jordan, auf. Im Mai des Jahres 28 wurde er verhaftet, und im April des Jahres 29 enthauptet).

(Im März 28 wird Jesus von Johannes getauft, dann begibt er sich nach Kana zu der berühmten Hochzeit, und anschließend nach Kapernaum. Im April erscheint er dann wieder in Jerusalem zum Passahfest. Im Juni ist er wieder in Galiläa. Im Oktober schließlich geht es dann zurück nach Jerusalem zum Laubhüttenfest, und danach wieder zurück nach Galiläa. Im April 29 ist er wieder beim Passahfest in Jerusalem, und wandert nach der Hinrichtung des Johannes nach Phönizien, dann nach Ituräa, und schließlich wieder zurück nach Galiläa).

Maria-Magdalena blieb noch einige Tage bei Amos, denn sie wollte ja auch noch mit den anderen Jüngern sprechen, die sich immer wieder bei Amos trafen. Dann aber brach sie auf, um den ersehnten Messias zu suchen. Sie hatte eine sehr lange Wanderung vor sich. Sie wusste, dass sich Christus irgendwo in Galiläa aufhielt, aber wo genau, das wusste sie nicht - und Galiläa war weit und groß.....

Die mutige Frau lief Richtung Norden. Das letzte Drittel von Judäa musste sie ganz durchwandern, dann musste sie quer durch das ganze Land Samaria gehen, und schließlich noch fast durch ganz Galiläa. Als Maria-Magdalena von Jerusalem aus aufbrach, wusste sie noch nicht, dass sie den Christus in Kapernaum, am nordwestlichen Ende des galiläischen Meeres, am See Genezareth also, finden würde.

Immerhin hatte sie zu Fuß eine Strecke von etwa 120 Kilometer zu bewältigen. Die mutige Frau nahm allerhand Strapazen auf sich, denn sie musste durch viele sandige und staubige, zum Teil auch steinige Gegenden laufen. Manchmal begegnete ihr eine römischen Patrouille, welche höchst verwundert dreinschaute, als sie diese Frau so mutterseelenallein durch die trostlosen Gegenden wandern sah. Manche von den Soldaten erlaubten sich anzügliche Bemerkungen, denn immerhin war Maria-Magdalena eine sehr schöne Frau. Doch die ehemalige Kosmetikhändlerin aus Magdalas Adelskreisen brauchte diesen Männern nur in die Augen zu sehen, schon räusperten sie sich verlegen, verstummten dann vollends und schauten weg.

Ihnen war in diesen kurzen Momenten nicht entgangen, welch starker und feuriger Geist, vereint mit einem gewaltigen Quantum an Willenskraft, im Augenausdruck dieser Frau lag. Mit einem einzigen Blick hatte sie die all zu mutigen Legionäre in ihre Schranken verwiesen. Diese hatten das Gefühl, die gesammelten Werke der himmlischen Moralgesetze hätten sich mittels eines Göttlichen Blitzes in die Augen dieser Frau gebrannt.

Maria-Magdalena hatte eine beachtliche Summe Geldes mit auf ihre Wanderung genommen. Einiges davon wollte sie für die Übernachtungen in den Herbergen und für den Kauf von Lebensmitteln verwenden, das meiste aber wollte sie Christus geben, um damit seine Mission so gut wie möglich zu unterstützen.

So ergab es sich auch, dass sie, geführt vom Geist des Himmels, an verschiedenen Orten ihrer Wanderung auf Jünger des Messias stieß. Darüber hatte sie sich jedesmal gefreut, und stets hatte sie eine solche Begegnung als ein Geschenk des Himmels betrachtet. Auf diesem Weg hatte Maria-Magdalena Vieles über Jesus erfahren. Mit Ehrfurcht im Herzen lauschte sie den Berichten über die Wundertaten und gewaltigen Reden des Erlösers. Sie erzählte aber auch ihrerseits von Johannes dem Täufer, und versicherte den Jüngern, vor allem aber denen, die ihn selbst nur vom Hören und Sagen gekannt hatten, dass er ein wunderbarer Mann gewesen sei, und ein Mensch mit einem starken und unbeugsamen Geist.

„Er hat seinen Göttlichen Auftrag erfüllt wie ihn niemand sonst auf der Welt hätte erfüllen können", teilte Maria-Magdalena tiefbewegt den Anwesenden mit, „und als der Augenblick gekommen war, in welchem er die Erde verlassen sollte, da blickte er seinem Scharfrichter furchtlos und mit aufrechtem Charakter in die Augen.

Es ist allgemein bekannt, liebe Brüder und Schwestern, dass der zum Tode Verurteilte vor Angst zittert, wenn der Augenblick der Hinrichtung gekommen ist. Aber ich sage euch, nicht so bei Johannes, da war es umgekehrt! Seine Augen strahlten vor Freude, weil er wusste, dass er alles getan hatte was in seinen Kräften stand. Er konnte mit ruhigem Gewissen sagen, dass er seiner Arbeit einen würdigen Abschluss verliehen hatte. Und weil er wusste, dass er jetzt wieder in seine geistige Heimat durfte, war seine Freude groß.

Herodias glaubte zwar über Johannes gesiegt zu haben, doch gesiegt und triumphiert hatte alleine Johannes. Was aber den Henker anbelangt, dieser hatte vor Angst gezittert als er zu Johannes in den Kerker kam, um sein blutiges Handwerk an ihm zu verrichten. Hätte er mehrere Verbrecher nacheinander enthaupten müssen, wäre ihm dies noch lange nicht so an die seelische Substanz gegangen, als die Enthauptung des Johannes. Ich möchte noch hinzufügen, dass ich Johannes nur an einem Punkt widersprach: Er sagte, dass er weder die Größe noch die Würde habe, der Vorankündiger des Christus gewesen zu sein. Aber ich, liebe Freunde - behaupte das Gegenteil! - und da bin ich unnachgiebig!"

Solche und ähnliche Erlebnisse durfte Maria-Magdalena auf ihrer Wanderung hin und wieder machen. Unangenehme Erfahrungen, wie die oben erwähnte mit der römischen Patrouille, musste sie natürlich in Kauf nehmen. So begegneten ihr auch Juden und Griechen, denen sie in den Augen ansah, dass sie gerne ein sexuelles Verhältnis mit ihr hätten. Aber die werdende Jüngerin des Messias wies die Männer stets höflich ab. Dabei erkannten diese, dass sie es hier mit einer Frau zu tun hatten, deren Ausstrahlung von einem Geist beseelt war, in welchem eine natürliche Würde und ein starkes Selbstbewusstsein lagen. Ob dieser Erkenntnis ließen dann die Männer, die Griechen, wie die Römer und Juden, stets von der blonden Frau aus Magdala ab. Manche gingen ohne ein Wort zu sagen, wieder andere murmelten eine Entschuldigung bevor sie gingen.

Auf ihrer Wanderung bis Kapernaum, also in den Ländern Judäa, Samaria und Galiläa, musste sie solche Erfahrungen machen. Aber daran, wie auch an den körperlichen Strapazen, welche diese gewaltige Wanderung mit sich brachte, reifte ihr Geist. Und mit diesem inneren Reifeprozess wuchs auch ihre Sehnsucht nach dem Christus und seiner Gemeinde bis schier ins Unermessliche! An der ungeheueren Macht und Stärke dieser Sehnsucht entzündete sich jede Faser ihres Körpers zu einer unauslöschlichen Flamme. Die Epfindungen der Hohen und Reinen Liebe, die sich dadurch mit Wucht des Geistes und der Seele der Maria-Magdalena bemächtigten, gaben ihr die Kraft, diese ungefähr 120 Kilometer von Jerusalem bis Kapernaum zu Fuß zu bewältigen!

Kapitel 3

DAS WIRTSHAUS IN GALILÄA

Kurze Zeit, nachdem sie die Grenze von Samaria nach Galiläa hin überschritten hatte, kam sie nach Nain der südlichsten Stadt dieses Landes. Dort suchte sie eine Gaststätte auf, um sich auszuruhen und um etwas zu sich zu nehmen. Da hörte sie, wie weiter hinten in der Gaststube einige Männer aufgeregt über den Nazarener diskutierten. In Verbindung damit sprachen sie auch von dem Jüngling zu Nain, der tot war, und der von diesem außergewöhnlichen Rabbi, diesem Fleisch gewordenen Wunder aus dem Himmel, zum Leben erweckt worden sei. Manche gaben zu bedenken, dass der einzige Sohn dieser armen Witwe vielleicht nur scheintot gewesen sei, denn es wäre schlichtweg unmöglich, einen Menschen der komplett tot ist durch irgend einen magischen Spruch ins Leben zurückzuholen!

Lange sprachen die Männer über dieses „Jüngling zu Nain - Problem", und Maria-Magdalena hörte von der anderen Ecke aus zu. Nach einer Weile erhob sie sich und ging an den Tisch der Männer. Diese waren erstaunt darüber, dass sich eine fremde Frau einfach so zu ihnen an den Tisch setzte. Als sie aber erkannten, dass sie es hier mit einer außergewöhnlichen Persönlichkeit zu tun hatten, erwiesen sie ihr die gebührende Ehre. Nach wenigen Sekunden kam Maria-Magdalena auf den Grund zu sprechen, der sie dazu bewog, sich an den Tisch dieser Männer zu setzen. Sie sagte:

„Ich habe gehört wie ihr von dem Nazarener geredet habt, und dass ihn einige von euch als das fleischgewordene Wunder bezeichnet haben, das vom Himmel herab gekommen sei! Dann hörte ich auch noch, dass welche von euch sagten, dieser Jüngling zu Nain sei nicht tot gewesen, sondern nur scheintot!"

Maria-Magdalena schaute die Männer an, die sich so zweiflerisch geäußert hatten, und fuhr fort: „Ich selbst weiß von Jüngern des Nazareners, dass dieser vor noch nicht allzu langer Zeit sagte, dass, wer den nötigen Glauben an die Göttliche Allmacht hat, selbst dann, wenn dieser nur so groß ist wie ein Senfkorn, Berge zu versetzen vermag! Ich will damit sagen, dass ihr euch noch nie wirklich mit den Gesetzen des Himmels beschäftigt habt. Ihr kennt diese im Grunde ganz einfachen Gesetze genauso wenig, wie ihr euch selbst kennt, womit ihr auch nicht wisst, woher ihr kommt und wohin ihr geht! Wenn ihr begreifen würdet, dass die Göttliche Allmacht alles Sein durchdringt und alles belebt, was sich in ihm befindet, dann würdet ihr auch begreifen, dass ihr selbst aus dieser Allmacht geworden seid. Ihr würdet euch als Söhne dieser Schöpferkraft begreifen, und euer Glaube würde wachsen. Dann würdet ihr damit beginnen, alles was euch in euerem täglichen Leben begegnet, nicht mehr mit den Augen der Ich-Bezogenheit zu sehen, sondern mit den Augen des Geistes. Euer Geist würde erstarken und ihr würdet Leistungen vollbringen können, die ihr jetzt noch für unmöglich hält. Die Kräfte der Himmel würden euch dabei dienen, denn welche Eltern, die ihre Kinder lieben, tun für diese nicht, was in ihrer Macht steht? Wieviel mehr aber kann die Göttliche Vater-Mutter-Allmacht für jene tun, von denen sie geliebt wird, die ihr vertrauen und an sie glauben?

Wenn ihr einmal so weit seid, dies zu begreifen, dann werdet ihr auch verstehen, warum dieser außergewöhnliche Nazarener auf die Erde gekommen ist – und dann werdet ihr auch wissen, dass die Seele des Jünglings zu Nain nur deshalb wieder in ihren irdischen Körper zurückgerufen werden konnte, weil der, der dies veranlasste, geistig so stark ist, dass er die für die Zurückführung der Seele notwendigen Kräfte entsprechend mobilisieren konnte. Ihr könnt euch nicht mal ahnungsweise vorstellen, auf welch gewaltige Weise der Göttliche Geist tätig war, als der Nazarener die Stirn des Leichnams berührte, gleichzeitig dessen rechte Hand ergriff und schließlich mit machtvoller Stimme sagte: „Jüngling, ich sage dir, stehe auf!"

Allerdings, ihr Männer, sind auch dem Nazarener von oben her gewisse Grenzen gegeben, denn es gibt einen geistigen Verbindungsfaden, einen feinen unsichtbaren Nerv, wenn ihr so wollt, über den alles Leben mit der Göttlichen Allmacht verbunden ist. Das heißt, wenn der Jüngling einige Tage länger auf der Bahre verblieben wäre, dann hätte sich dieser feingeistige Nerv, den man auch als geistige Nabelschnur zwischen der Göttlichen Allmacht und dem Leben auf Erden bezeichnen kann, aufgelöst. Angenommen, der Nazarener wäre erst dann am Ort der Trauer angelangt, dann hätte er den Jüngling nicht mehr zurückholen können!"

Als sich Maria-Magdalena wieder verabschiedete, ließ sie etliche Männer zurück, die über die Maßen erstaunt waren über die Weisheit und Begeisterungsfähigkeit dieser Frau.....

Kapitel 4

AM MARKTPLATZ VON KAPERNAUM

Allmählich kam die mutige Frau ihrem Ziel immer näher. Schließlich hatte sie Magdala erreicht, die Stadt, in der sie geboren wurde. Doch obwohl dies ihre Heimat war, hielt es sie hier nicht lange. Bald verließ sie Magdala und lief in Richtung Kapernaum. Dort ruhte sie sich etwas aus und nahm in einem Gasthaus etwas zu sich.

Dann ging sie auf den Markt. Sie musste sich etwas kaufen, womit sie sich frisch machen konnte. Außerdem brauchte sie neue Kleidung. An einem der Stände fand sie die richtigen Säfte. Nach Rosen roch der eine, nach Lilien der andere. Dann kaufte sie sich noch Alabasteröl. Danach ging sie in eine nahe gelegene Herberge und machte sich frisch.

Nachdem sie die Herberge wieder verlassen hatte und am Markt vorbei laufen wollte, sah sie drei Männer beieinander stehen. Sie vernahm auch, worüber sie sich unterhielten. Die Männer sprachen von dem begüterten Anwalt Simon, von seinen juristisch-politischen Agitationen, und auch davon, dass er es finanziell wohl nicht so weit gebracht hätte, wenn er als Winkeladvokat nicht so faszinierend genial gewesen wäre. Die Männer sprachen auch darüber, dass seine politischen Einflüsse bis nach Jerusalem in den Tempel, und sogar bis in den großen Sanhedrin, den obersten Gerichtshof der Juden, reichten.

Was Maria-Magdalena dann hörte, elektrisierte sie regelrecht. Einer der Männer sagte: „Wisst ihr, wer seit etwa einer Stunde Gast im Hause dieses sprachgewaltigen Simon ist? Nein? Ich will es euch sagen: Der ebenso redegewaltige Rabbi aus Nazareth, der bereits ganz Palästina, von Galiläa bis Idumäa, in Aufruhr gebracht hat, und der sogar Tote auferweckt haben soll!"

„Dass er Tote auferweckt haben soll, habe ich auch erfahren!", wandte der zweite der drei Männer ein, und der dritte fügte hinzu: „Und ich habe gehört, dass der Oberwiderling Kaiphas vom Jerusalemer Tempel einen Tobsuchtsanfall bekam, nachdem ihm seine Spitzel zugetragen hatten, was der Nazarener von seinem Geisteszustand hält. Verlasst euch darauf, die Spitzel hielten sich aus Sicherheitsgründen in respektvoller Entfernung von Kaiphas, und waren jeden Augenblick bereit zur Flucht, als sie ihm diese Nachricht überbrachten!"

„Ich habe den Nazarener schon reden hören!", sagte der erste wieder. „Die Art, wie er sprach, brachte mich zu der Überzeugung, dass in ihm eine Macht ist, die ihm der Himmel verliehen haben muss! In seiner Stimme liegt eine Kraft und eine unvergleichliche Faszination. So habe ich noch keinen Pharisäer und Schriftgelehrten reden hören! Der Anwalt Simon hat noch nie eine Redeschlacht verloren, aber heute kann er sich auf etwas gefasst machen!"

Maria-Magdalena musste lächeln als sie dies hörte, und dabei wurde ihr Herz richtig stolz auf den Messias. Dann ging sie auf die Männer zu und fragte diese nach dem Hause des Simon. „Du kannst es nicht verfehlen, schöne Frau", sagte einer der Männer, „es liegt da drüben am anderen Ende des Marktes. Der prachtvolle Park daneben gehört dazu!"

Kapitel 5

IM HAUSE DES ANWALTS SIMON

Die zukünftige Jüngerin des Christus bedankte sich bei den Männern. Dann lief sie zielstrebig auf das Anwesen des berühmten Anwalts zu. Als sie an einem der Fenster des Hauses vorbei ging, um zum Eingang zu kommen, begann gerade ein Dialog zwischen dem gefürchteten Rhetoriker Simon, und dem Christus, durch dessen Sprache die Kräfte der Himmel offenbarten, was in ihnen steckt. Die Jünger des Christus waren ebenfalls Gast in diesem Hause, und sie waren gespannt darauf, wie das Rededuell wohl verlaufen werde......

Maria-Magdalena hatte noch nie gerne heimlich gelauscht. Doch in diesem Fall konnte sie nicht anders. Ihre Beine bestanden hartnäckig darauf, hier, in dem toten Winkel des Fensters, stehen zu bleiben, bis der Dialog beendet war! Ihr Herz schlug heftig, während sie den beiden Männer zuhörte.

Simon bereitete für Jesus eine rhetorische Falle vor, von der er überzeugt war, dass sein Gast in sie hineinlaufen würde. Er ergriff das Thema „Recht und Gesetz", von dem Jesus oft geredet hatte. Simon wollte erreichen, dass Jesus zu keiner Gegenantwort fähig sein würde, wenn er ihm nach der Winkelzugmethode der täuschenden Rhetorik „beweist", dass es Jesus bei seinen Predigten über Recht und Gesetz gar nicht um die Einhaltung der selben ginge, sondern um die Vorbereitung eines Aufstandes mit zelotischer Prägung gegen die bestehende Staatsordnung.

„Meister", begann der Anwalt hinterhältig, „mir sind aus verlässlichem Munde Worte übermittelt worden, die von dir stammen und in denen du dir selbst widersprichst! Du hast z.B. einerseits gesagt, dass man den Gesetzen des Staates gehorchen soll, bist aber auch, andererseits, nicht davor zurückgeschreckt, die Steinigung einer 9-fachen Ehebrecherin zu verhindern, obwohl du genau weißt, dass das Moralgesetz der Nation Israel die Steinigung auf ein solches Verbrechen hin fordert! Wo bleibt da dein vielgepriesener Sinn für Gerechtigkeit? Antworte!"

„Simon!", antwortete Jesus gelassen, aber bestimmt, „Wenn du über genügend Intelligenz verfügen würdest, dann könntest du dir die Antwort darauf selbst geben, denn sie ist einfach. Aber Verschlagenheit, Schläue, und die auf diesem seichten Grund aufgebaute „Sprachgewandtheit", mit der du bestenfalls den Pöbel und Deinesgleichen, die Pharisäer und Schriftgelehrten, beeindrucken kannst, sind nun mal Feinde der wahren Intelligenz, denn sie stehen in keinerlei Verwandtschaft mit der Weisheit, die dem Göttlichen Geist entspringt.

Du verfügst weder über Weisheit, noch über wahre Intelligenz. Aber trotzdem will ich deiner Aufforderung Folge leisten, und dir die Antwort auf deine Frage geben: Die Gesetze der Menschen, Simon, sind nicht die Gesetze der Himmel. Die Menschen haben es versäumt, ihre Gesetze nach den Göttlichen Geboten auszurichten.Damit liegt eine gewaltige Ungerechtigkeit in der menschlichen Gesetzgebung. Euere Gesetze kennen zwar das Prinzip der Gerechtigkeit, aber dies ist nur ein Mäntelchen, das ihr der satanischen Eigenschaft umgehängt habt, die man Rache nennt! Wenn ihr also jemanden bestraft, der eines von eueren Gesetzen übertreten hat, dann bestraft ihr ihn nicht um der Gerechtigkeit willen, sondern aus Gründen der Selbstherrlichkeit und um euere Macht zu demonstrieren.

Dann, Simon, gehören zu einer Sünde wie Ehebruch immer zwei Personen! Wenn ihr also in einem solchen Fall unbedingt bestrafen wollt, dann bitte nicht nur die Frau, sondern auch den Mann, denn auch er hat sich des Ehebruchs schuldig gemacht. Aber auch dies, Simon, ist nicht der geeignete Weg, um die Menschen zu verbessern. In eueren Gesetzen gibt es fast nur Verordnungen. Wer ihnen zuwider handelt wird bestraft. So bestraft ihr z.B.

auch die Gotteslästerung durch Steinigung. Aber euch geht es dabei keineswegs um Gott, sondern um euch! Euere Gottverehrung ist in Wirklichkeit Selbstvergötterung, denn mit Gott meint ihr eine vergrößerte Ausgabe eurer selbst! Wenn ihr also jemanden wegen Gotteslästerung steinigt, dann tut ihr dies deshalb, weil ihr euch dabei selbst gelästert fühlt!

Dann noch eins, Simon: Was ihr nicht kennt und damit auch keinen Platz hat in euerer Gesetzgebung, das ist die Barmherzigkeit! Diese ist es, die über allen Verordnungen und Paragraphen steht. Sie ist es auch, die im Unterschied zu eueren fragwürdigen Gesetzen wesentlicher Bestandteil der Gesetze des Himmels ist! Sie ist außerdem ein sehr gewichtiger Aspekt der Nächstenliebe, von der du, Simon, keine Ahnung hast! Wenn ihr die Barmherzigkeit zu euerem obersten Gebot machen würdet, zu einer Heiligen Pflicht, dann erst würdet ihr zu wahren und gottgefälligen Lehrern von Recht und Gesetz werden! Daher merke dir, Simon, die Gesetze des Himmels verpflichten einen jeden die Gesetze des Staates zu befolgen, doch mit einer Einschränkung: Sobald durch die Gesetze des Staates, und durch die Handhabung derselben, Menschen dazu gezwungen werden sollen, die Göttlichen Gesetze zu verletzen, dann sollte ein jeder den Mut aufbringen, für sich selbst hier rechtzeitig einen Riegel vorzuschieben. Wer so handelt, dem wird der Himmel gewisslich helfen, und er wird ihn nicht im Stich lassen!"

Simon war darauf bedacht sich nicht anmerken zu lassen, wie erstaunt er über diese Rede war. Bei sich dachte er: "Unglaublich, was dieser Nazarener da an Wissen hat - ich muss aufpassen, dass ich mich nicht lächerlich mache!" Dann aber setzte der Anwalt seine Angriffe fort: „Jetzt hör mal zu, du galiläischer Zimmermann, noch bin ich mit dir nicht fertig! Mir wurde nämlich außerdem zugetragen, dass du gesagt hast, du wärst nicht gekommen um den Frieden zu bringen, sondern das Schwert! Mit diesem Seitenhieb hast du nicht gerechnet, was? Du redest so groß von Barmherzigkeit, willst aber auf keinen Fall den Frieden, weil du ja mit dem Schwert alles niedermachen willst! Ich bin gespannt, ob du dich hier genau so gut heraus reden kannst. Ich höre, Zimmermann!"

„Simon, Simon!", antwortete Jesus betrübt, „So mancher von dir belächelte und mit dem Gewürm des Feldes gleichgesetzter Sklave hat mehr Verstand als du. Aber dies verwundert mich nicht weiter, denn was ist von einem Menschen zu erwarten, dessen Seele einen Gestank verströmt, der noch um ein Vieles entsetzlicher ist, als der Gestank, den die Aussätzigen im Tale Hinnom verbreiten? Aber ich sage dir, Simon, bei diesen Aussätzigen ist es nur der Leib, der üblen Geruch verbreitet, nicht aber ihre Seelen, denn diese sind nahezu geläutert - und diese Seelenläuterung, Simon, steht dir noch bevor!

Doch will ich dir auch deine zweite Frage beantworten: Das Schwert, welches ich bringe, das ist der Geist der ausgleichenden Gerechtigkeit und der Nächstenliebe, den ich im Auftrag unserer Vater-Mutter-Allmacht unter die Menschen bringe. Sobald diese Kraft zu wirken beginnt, kommt es zu einem Kampf der geistigen Elemente, zu einem Zweikampf zwischen den Elementarkräften des Guten und Bösen. Aber die Kräfte des Guten werden am Ende siegen.

Das Böse, Simon, das dich leider immer noch in seiner Gewalt hat, wird, wenn seine Zeit gekommen ist, eine Niederlage erleben, unter der es schrecklich leiden wird - und wahrlich, ich sage dir: Am Ende wird sein Haupt mit Gewalt über den Göttlichen Richtblock gelegt werden - und dann wird das Schwert, von dem ich gesprochen habe, das Böse mit großer Macht enthaupten. Auf diese Weise wird es den Göttlichen Geist zu spüren bekommen, und alles was gut ist, wird sich an der ausgleichenden Gerechtigkeit des Himmels freuen, und sich an ihm frohen Mutes aufrichten!"

„Gut gebrüllt, Löwe!", konterte der Anwalt, dem inzwischen der Schweiß des Respekts auf die Stirn trat. „Aber ich kriege dich schon noch!...Ah, jetzt hab' ich's: Wie war das doch gleich mit deinem Märchen von dem Tempel, den du niederreißen und in drei Tagen...."

Weiter kam Simon nicht, denn in diesem Augenblick betrat Maria-Magdalena den Raum. Simon war verblüfft: „Wie konnte es diese

Frau wagen, einfach so hereinspaziert zu kommen?Das verschlägt einem doch glatt die Sprache!", dachte der Anwalt bei sich.

Da wurde er Zeuge einer Situation, die ihm seine Gesichtszüge entgleisen ließen: Er sah, wie Maria-Magdalena ein Fläschchen mit teurem Alabasteröl aus ihrer Tasche zog und auf Jesus zu ging. Sie weinte vor Glück, den Messias nun endlich gefunden zu haben. Sie weinte aber auch vor Freude darüber, dass seine Rede, der sie heimlich vor dem Fenster gelauscht hatte, so gewaltig, so klar und überzeugend war.

Sie nahm etwas von dem Öl und salbte damit sein Haupt. Dann ordnete sie sein Haar liebevoll, und hauchte einen Kuss darauf. Dann ließ sich Maria-Magdalena auch noch zu seinen Füßen nieder, und salbte auch diese ganz zärtlich mit dem Öl. Schließlich trocknete sie noch mit ihren wunderschönen blonden Haaren die Füße des geliebten Messias. Dann stand Jesus auf, zog die Frau zu sich hoch und nahm sie in die Arme. Mit dieser Geste bedeutete er dem Simon, dass er Maria-Magdalena in seinem Herzen aufgenommen hatte.

Da fand der Anwalt seine Sprache wieder: „Also das ist doch die Höhe! Was hat dieses Weib hier zu schaffen? Ich kenne das Öl mit dem sie dich eingerieben hat, es gehört zu den teuersten Kosmetikartikeln die es gibt! Ich bezeichne das als eine ungeheure Verschwendung - wäre es nicht viel besser gewesen, das Öl zu verkaufen und den Erlös unter die Armen zu verteilen?"

„Simon!", entgegnete Jesus, „Um die Armen geht es dir doch gar nicht, diese Menschen sind dir doch völlig gleichgültig. Du bist nur verärgert, weil du meinen Worten nichts Gewichtiges zu entgegnen vermochtest, und weil du in die sophistischen Fallen, welche du für mich bereitet hattest, selbst hineingelaufen bist!"

„Zimmermann!", erwiderte Simon erbost, „Ich habe nicht die Absicht, mich von dir noch länger beleidigen zu lassen! Ich wünsche daher, dass du gehst und dieses Weib da am besten gleich mitnimmst!"

„Simon!", entgegnete Jesus, „Bevor ich gehe möchte ich dir gerne noch den Unterschied zwischen dir und dieser Frau, die du so verächtlich behandelst, verdeutlichen!" „Da bin ich ja mal gespannt, was dabei heraus kommt!", gab der Anwalt sarkastisch zurück.

„Was hast du für mich getan, Simon, als ich in dein Haus kam?", begann Jesus, „Hast du mich freundlich umsorgt? Hast du mir deine Freundschaft angeboten? Hast du mir gesagt, dass du dich um mich sorgst wegen denen, die mir in Jerusalem nach dem Leben trachten? Hast du mir gesagt, dass du mich liebst wie man einen guten Freund liebt?.....Siehst du, Simon, du hast nichts von all dem getan. Stattdessen wolltest du mich von Anfang an nur bloßstellen!

Diese Frau aber hat viel um mich gelitten. Sie hat ihr früheres Leben völlig aufgegeben und hat einen weiten Weg auf sich genommen, um mich zu finden. Sie hat mein Haupt und meine Füße gesalbt, sie hat sie geküsst und mit ihren Tränen benetzt!"

„Es ist ja auch nicht schwer zu erraten, warum sie dies getan hat", antwortete Simon zweideutig, „du bist immerhin ein gut aussehender Mann. Es gibt viele Frauen die für dich das selbe tun würden, und von welcher Art die Hintergedanken wären, die sie dabei hätten, das brauche ich dir wohl nicht zu sagen!"

„Aus deinem Munde, Simon, spricht ein Geist, der nicht weiß, wovon er redet!", gab Jesus zurück. „Nur wer von der selbstlosen, Göttlichen Liebe, keine Vorstellung hat, redet so wie du, Simon. Nur Menschen wie du sehen zu allererst das Schlechte, und wiederum nur Menschen wie du wollen nur das Schlechte sehen, und sind sogar erbost, wenn sie merken, dass sie sich geirrt haben!"

Nach diesen Worten legte Jesus eine kleine Pause ein, nahm die Schüssel mit den Früchten und reichte sie Maria-Magdalena: „Nimm dir welche und iss, denn ich weiß, dass du Hunger hast!", sagte er, und strich ihr dabei sanft über die Haare. Dann sagte Jesus zu ihr: „Maria-Magdalena, habe keine Furcht, denn wieviele Sünden du auch begangen haben magst, sie sind dir alle miteinander vergeben!"

Als Simon dies hörte, wurde er ernsthaft böse: „Wie bitte? Du wagst es, Sünden zu vergeben? Wer bist du, dass du dich vermisst Sünden zu vergeben, was allein Gott vorbehalten ist?"

Da blickte der Messias den Anwalt nochmal prüfend an. Schließlich sagte er zu ihm: „Höre Simon, ich sage dir dies: Ein Gläubiger hatte zwei Schuldner. Der eine schuldete ihm 500 Groschen, der andere nur 50. Beide baten den Gläubiger um Barmherzigkeit, da sie nichts mehr hatten, womit sie ihre Schuld bei ihm hätten bezahlen können. Da bekam der Gläubiger Mitleid mit den Beiden und schenkte ihnen das Geld. Was glaubst du wohl, Simon, wer sich über den Schuldenerlass mehr gefreut hat, der mit den 50, oder der mit den 500 Groschen?" „Wohl der mit den 500!", antwortete der Anwalt!

„Recht so, Simon", sagte Jesus, „und nun sieh die Frau an, die du die ganze Zeit zu Unrecht schlecht behandelt hast: Sie hat zwar viele Sünden begangen, aber diese alle sind ihr vergeben, denn sie hat durch ihre Liebe zu mir, die sie ja vor deinen Augen unter Beweis gestellt hat, und durch die vielen Strapazen, die sie um meinetwillen auf sich genommen hat, alles wieder gut gemacht! Dies aber merke dir, Simon: Wer viele Sünden begangen hat, dem werden auch viele vergeben werden! Selbst dem größten Sünder wird vergeben werden, wenn seine Reue eine Herzensreue ist, und seiner früheren Taten wird nicht gedacht werden! Immer, wenn du dich an diese Worte erinnerst, Simon, dann tue dies im Gedächtnis an diese Frau!"

Dann zog Jesus Maria-Magdalena erneut sanft an sich, wandte sich an alle anwesenden Gäste und sagte schließlich, während er bedeutungsvoll auf die junge Frau wies, mit machtvoller Stimme: „Wahrlich, ich sage euch: Solange die Welt besteht wird unter allen Völkern von dieser Frau gesprochen werden, was sie für mich und für das Evangelium vom Reich der Himmel getan hat!" Danach erhoben sich die Jünger von ihren Plätzen und verließen, zusammen mit Jesus und Maria-Magdalena, das fürstlich ausgestattete Haus. Zurück ließen sie einen höchst verärgerten Simon, der wohl lange Zeit gebraucht haben wird, bis er die Niederlage in dem Rededuell mit Jesus verdaut hatte. Gerade weil Simon einer der gefürchtetsten Rhetoriker im großen Jerusalemer Sanhedrin und in anderen jüdischen Gerichtshöfen war, traf ihn dieser verlorene Kampfdialog ganz besonders schmerzhaft.

Kapitel 6

BEI NACHT IM HAUSE EINES JÜNGERS

Nachdem die kleine Christusgruppe den Anwalt verlassen hatte, begab sie sich in die bescheidene Behausung eines Jüngers. Maria-Magdalena hatte die Beleidigungen des Rechtsgelehrten schon längst wieder vergessen. Mit Jesus und den Jüngern zusammensein zu dürfen, das machte sie glücklich. Sie begann vor Freude zu lachen, und ihr Lachen war frisch, rein und herzlich. Allein dadurch leistete sie einen beachtlichen Beitrag zur Hebung der allgemeinen Stimmungslage in der kleinen Gruppe. Alle miteinander hatten Maria-Magdalena ins Herz geschlossen, und sie tat ihrerseits das selbe, keinen ließ sie außerhalb ihrer Seele.

Einige Wochen lang predigten Jesus und seine Jünger noch in der Umgebung von Kapernaum: In Bethsaida, am Nordende des Sees Genezareth, und in der Umgebung von Magdala, am Westufer des Sees.

Eines Abends, als die Christusgruppe mal wieder beisammen saß, sagte Johannes, der vergeistigtste unter den Aposteln: „Maria-Magdalena, schon seit einigen Tagen spüre ich, dass du zu Großem berufen bist, denn deine Ausstrahlung entspricht in gewisser Weise den Ausstrahlungen einer Engelin in den Himmlischen Sphären, die ich von Zeit zu Zeit wahrnehme. Auch bei Maria, der irdischen Mutter des Meisters, habe ich Ähnliches verspürt. Auch deren Ausstrahlung ähnelt in etwa dem Strahlungsbild des besagten weiblichen Geistes!"

„Ich weiß nicht", antwortete die Angesprochene bescheiden, „aber ich glaube, diesen Vergleich nicht verdient zu haben!" „Johannes weiß, was er sagt!", wandte Jesus ein, „denn seit ich auf Erden bin, habe ich noch keinen Menschen kennen gelernt, der so weise und von so hohem Geiste ist als er! Auch keiner von den anderen Aposteln verfügt über eine solch enorme Feingeistigkeit, obwohl diese alle in Hinsicht auf höhere Erkenntnis viel weiter sind, als die meisten anderen Menschen!"

Da meldete sich Petrus zu Wort: „Ich möchte dich in diesem Zusammenhang an etwas erinnern, Maria-Magdalena! Warst nicht du es gewesen, die Johannes dem Täufer versicherte, dass er, entgegen seiner eigenen Überzeugung, trotzdem über die Würde verfügte, dem Meister die Riemen seiner Sandalen zu lösen.....?

Siehst du - und nun bist du in einer ähnlichen Situation wie der Täufer, und hast auch genau so bescheiden reagiert. Aber ich kann dich gut verstehen, geliebte Schwester, denn mir ginge es nicht anders. Es fällt uns nun mal leichter einem anderen Menschen zu erklären, dass er größer ist als er selber glaubt, als ein großes Lob, welches uns selbst gilt, und das uns von jemand anderem gezollt wird, einfach so, wie wenn es selbstverständlich wäre, anzunehmen!"

„Dein Vergleich, Petrus, ist wirklich sehr gut! Was bis jetzt aus deinem Munde kam hat mir immer wieder seelisch geholfen, auch all die Worte, die Johannes und die anderen bisher geäußert haben, gaben mir bis jetzt sehr viel Kraft. Die größte Erfüllung aber", sagte die Jüngerin, während sie ihr Gesicht lächelnd Jesus zuwandte und dabei mit ihrer rechten Hand seine linke Schulter leicht berührte, „hast du mir gegeben, Meister, und ich bin sicher, dass sich alle hier im Raum sehr freuen, dass ich dieses Herzensbekenntnis, hier und jetzt, von mir gegeben habe!"

Am selben Abend noch war für jedermann, der an der bescheidenen Behausung vorüberging, in welchem Jesus mit seiner kleinen Schar übernachtete, ein wunderschöner Hauch zu verspüren, der in unmittelbarer Umgebung des Hauses in der Luft lag, und bei dessen Wahrnehmung man erkannte, dass er aus dem Hause selbst kam, und dass der Segen des Himmels auf diesem bescheidenen Heim ruhte.

Der Friede des Himmels war an jenem Abend ganz besonders stark in diesem Haus zu spüren. Die Menschen darinnen waren glücklich und selig, sie waren heiter und ausgelassen, und niemand konnte dieses Glück trüben. Die Sterne des Himmels glitzerten silbern in der wunderschönen Vollmondnacht, und der Himmel bot den Menschen, die ihn von den Fenstern des kleinen Hauses aus mit Seligkeit in den Herzen betrachteten, ein prachtvolles Schauspiel.

Die Wanderer und Heimkehrer, die an jenem Abend an diesem Haus vorübergingen, und den unbeschreiblichen Hauch des Friedens und des Glücks verspürten, der von ihm ausging, konnten allerdings nicht ahnen, auf welch gewaltige Weise die wenigen Männer und die eine Frau darin, die alle miteinander ein Herz und eine Seele waren, schon in naher Zukunft damit beginnen würden, den Geist unzähliger Menschen auf der ganzen Welt, Herzen aus allen Nationen dieser Erde, über Jahrtausende hin zu erschüttern. Sie konnten nicht ahnen, dass in dieser bescheidenen Behausung ein Mann saß, dem zuliebe man sich eines Tages dazu entschließen würde, die meisten Kalender dieser Welt auf seine Geburt hin umzustellen. Sie konnten nicht ahnen, dass die Geburt Jesu in dem kleinen Ort Bethlehem einst Anlass zu einer neuen und international gültigen Zeitrechnung werden würde.....

Kapitel 7

ZUM HAUSVERKAUF NACH JERUSALEM

Am nächsten Morgen wartete Maria-Magdalena eine günstige Zeit ab, um mit Jesus über etwas zu sprechen, was ihr schon seit Tagen auf dem Herzen brannte. Sie ging auf ihn zu. Als sie vor ihm stand, wusste sie nicht wie sie anfangen sollte. Sie suchte angestrengt nach den richtigen Worten, fand sie aber nicht gleich. Da wurde sie vor Verlegenheit rot im Gesicht.

„Aber Magdalenchen, was ist denn los mit dir, willst du es mir nicht verraten?", sprach der Messias beruhigend auf sie ein, während er ihr sanft über die blonden Haare strich. „Aber lass es nur! Du brauchst nichts zu sagen, meine kleine Engelin, denn ich weiß schon seit einigen Tagen, was dich bedrückt! Du bist besorgt um dein Haus in Jerusalem und um die Bediensteten, die darin noch arbeiten!"

„Ja, Jesus, du hast richtig vermutet", kam es verschämt über die Lippen der Frau, die einst auf der Burg Magdalum wohnte, „ich kann auf Dauer nicht richtig glücklich mit euch allen sein, solange ich nicht alles geregelt habe, was mein vergangenes Leben anbelangt. Ich muss zurück nach Jerusalem, den Rest meiner Bediensteten entlassen und dann das Haus verkaufen. Das Geld, das dann noch übrig ist, nachdem ich alle meine Diener und Dienerinnen gebührend entlohnt habe, werde ich dann unserer Evangeliumsmission zusätzlich zur Verfügung stellen! Es muss sein, Jesus, aber glaube mir: Ich bin noch nie von Menschen so ungern weggegangen, als von euch. Aber ich weiß ja, dass wir bald wieder zusammen sein werden - und das allein gibt mir die Kraft, mich jetzt von euch für ein paar Wochen zu verabschieden!"

Die Tränen des Abschieds, die Maria-Magdalena schon die ganze Zeit in den Augen standen, konnte sie nicht mehr zurückhalten. Sie suchte nach ihrem Taschentuch und fand es nicht, da sie es in ihrem Schlafraum bei den anderen Sachen hat liegen lassen. Da zog sie Jesus liebevoll lächelnd an seine Brust, strich ihr abermals liebevoll über die Haare, und sagte dabei: „Aber, aber, Magdalenchen, du bist noch gar nicht weg und weinst schon Heimwehtränen? Nun sei tapfer und tue, was du tun musst, und wisse, dass ich mit meinem Geiste immer bei dir sein werde, und dass dich unsere Vater-Mutter-Allmacht mit ihrer Liebe auf allen deinen Wegen begleiten wird!"

So begab sich Maria-Magdalena nach Jerusalem. Auf dem Weg dahin hatte sie keine nennenswerten Probleme zu bewältigen, denn das Licht des Himmels begleitete sie ständig, und gab ihr auch stets die nötige Kraft.

Bethsabe, die stille und fleißige Dienerin, war freudig überrascht, als sie ihre ehemalige Herrin über die Schwelle ihres Hauses in Jerusalem treten sah. Freudig umarmten sich die beiden Frauen. Bethsabe erzählte, dass sie in der Zwischenzeit den Kontakt zu den ehemaligen Jüngern des Johannes verstärkt hätte, und dass inzwischen die meisten von ihnen zu Jüngern des Messias geworden seien. Bethsabe erzählte auch, wann und wo die Zusammenkünfte der Jünger stets stattfanden.

Was noch in Verbindung mit der Haushaltsauflösung zu regeln war, erledigte Maria-Magdalena. Sie entließ den Rest der Diener und Dienerinnen die sie noch hatte, belohnte sie gebührend und gab ihnen außerdem noch Geschenke mit. Die Diener, die zu Jesusjüngern geworden waren, verstärkten daraufhin ihre Beziehungen zur Evangeliumsmission.

Kapitel 8

DER NAIVE GESCHÄFTSPARTNER

Einem ihrer ehemaligen jüdischen Geschäftspartner, welcher der oberen Gesellschaftsschicht angehörte, verkaufte sie das Haus. Im Gespräch mit ihm fiel ihr ein, dass sie von ihm sicher erfahren könne, wo sich das Haus des Ratsherrn, Joseph von Arimathäa, befindet, und wie dessen gegenwärtige politische Situation aussieht. Sie erinnerte sich, dass Jesus und die Jünger manchmal von diesem Mann sprachen, und dass er ein heimlicher Jünger des Messias sei - heimlich deshalb, weil er es sich aufgrund seiner politischen Situation einfach nicht erlauben konnte, sich offen zu dem Nazarener zu bekennen.

„Für das Evangelium des Messias", dachte die junge Frau bei sich, „ist es besser, wenn manche Jünger ihr Glaubensbekenntnis vor der Öffentlichkeit verbergen, vor allem, wenn sie eine so hohe Position in der Politik haben, wie es bei dem gelehrten Ratsherrn, Joseph von Arimathäa, der Fall ist. Denn würde sich der Ratsherr öffentlich zu dem Christus bekennen, dann könnte dies der Verbreitung des Evangeliums unter Umständen mehr schaden als nutzen!"

Aus Gründen der Sicherheit fragte Maria-Magdalena den ehemaligen jüdischen Geschäftspartner nicht direkt nach dem Hause des Ratsherrn, denn sonst hätte sich dieser vielleicht gefragt, was ausgerechnet diese all zu freizügig lebende Dame der höheren

Gesellschaft mit dem Ratsherrn, Gesetzesgelehrten, und Religionsphilosophen verbindet. Ihm wäre möglicherweise eines von den Lichtern aufgegangen, von denen ihm zum gegenwärtigen Zeitpunkt besser keines aufgehen sollte. Er wäre vielleicht über das Abzählen der Finger seiner rechten Hand, angefangen beim Daumen, zu einer höchst unangenehmen Schlussfolgerung gekommen, zu einem Aha!-Ergebnis, das vielleicht so ausgesehen hätte: Daumen ist gleich Maria-Magdalena! Zeigefinger ist gleich Haushaltsauflösung! Mittelfinger ist gleich der völlig veränderte Umgang mit ihrer Dienerschaft und die plötzliche bescheidene Kleidung! Ringfinger ist gleich Joseph von Arimathäa, der nicht das erste Mal bei jüdischen Ratsversammlungen gewichtige Argumente zugunsten der Jünger Jesu zu bedenken gab. Dann wäre noch der kleine Finger übrig. Was könnte der in diesem Zusammenhang bedeuten?" Sekundenlanges Überlegen, und dann: „Aha! Der kleine Finger ist die Messiasbewegung, der sich die Herrin dieses Hauses angeschlossen hat!

„Das Ergebnis dieser Gedankenkapriolen würde der Mann möglicherweise nicht für sich behalten. Vielleicht würde er das Resultat seiner „interessanten" Überlegungen an wichtige Personen des jüdischen Rechts weiter geben, oder es den selben über bestimmte Mittelsmänner zukommen lassen - es könnte natürlich auch sein, dass er sich einfach nur verplappern würde, ohne dabei böse Absichten zu haben, aber das kann man ja nicht wissen".

Diese Gedanken schossen der jungen Frau durch den Kopf, weshalb sie es, wie gesagt, vorzog, über einen so genannten rhetorischen Kommunikationstrick zu der gewünschten Antwort zu kommen, ohne dass dabei in ihrem Gesprächspartner gleich die Alarmglocken läuteten.

Dies tat sie, indem sie den Mann in ein Gespräch zog, in welchem sie ihn geschickt über das Thema der Politik in die Problematik religiöser Rechtsfragen steuerte. Der Trick hatte funktioniert, denn der arglose Geschäftsmann kam bei diesen Themen so richtig in Fahrt. Er sprach von der griechischen Demokratie, von den hellenistischen Philosophen - und ging schließlich zum mosaischen Gesetz über. Dann nannte er Namen über Namen, angefangen bei Moses, über die großen und kleinen Propheten, und landete ungefähr nach zwei Stunden in der Gegenwart, bei Rabban Gamaliel, dem obersten Lehrer des jüdischen Rechts, bei Hannas und Kaiphas, und schließlich bei Joseph von Arimathäa.

Damit war der Name gefallen, den doch noch hören zu dürfen die geduldige Zuhörerin nicht mehr zu erleben glaubte. So beiläufig, und in einem Tonfall, als wäre es die unwichtigste Sache der Welt, fragte sie, wo dieser Ratsherr denn wohne, und was er denn gegenwärtig gerade mache? Eifrig gab der Mann Auskunft. Als er mit seinen detailgetreuen wie auch zeitraubenden Erklärungen fertig war, bedankte sie sich bei ihm. Dann verabschiedete er sich.

Als sie wieder alleine war, sagte sich Maria-Magdalena: „Bei allen Pharisäern und Schriftgelehrten! Der redet ja wie die gesammelten Werke der Palast-Bibliothek von Rom!...Aber immerhin: Wenn der wüsste, was ich seinen Worten alles entnehmen konnte. Wie hatte er gesagt? Der Ratsherr hätte immer wieder betont, dass es ein besonderes Privileg der jüdischen Rechtsgelehrten sei, eine jede Politik und Religion zuerst auf Herz und Nieren zu prüfen, bevor man sich ein Urteil über deren Vertreter erlaubt, und dass dieses großzügige und tolerante Denken dem jüdischen Rechtsstaat als besondere Ehre anzurechnen sei? - Nun, über die Sache mit der Großzügigkeit und Toleranz kann man geteilter Meinung sein.....

Jedenfalls wollte der Käufer meines Hauses damit sagen, dass Joseph von Arimathäa auf der Seite der jüdischen Rechtsgelehrten stehe. Aber das macht nichts, er weiß es nicht besser. Unser Mitbruder, Joseph von Arimathäa, benutzt solche diplomatischen Redewendungen, um unsere Evangeliumsmission zu schützen. Es sind nichts weiter als rhetorische Schachzüge, die nur dem einen Zweck dienen: Dem Schutz der Evangeliumsmission und deren gefahrlosen Verbreitung!

Kapitel 9

DER 1. BESUCH IM HAUSE DES RATSHERRN

Am anderen Tag machte sich Maria-Magdalena auf den Weg zu dem besagten Ratsherrn. Joseph von Arimathäa freute sich sehr über ihren Besuch. Obwohl er die Frau zuvor noch nie gesehen hatte, wusste er dennoch, um wen es sich handelte, denn die Nachrichtenvermittlung unter den Jüngern funktionierte ausgezeichnet, sie war bestens organisiert.

Der Ratsherr bot der neuen Jüngerin einen Platz an, und gab ihr zu essen und zu trinken. Dann ließ er sich von ihr ausführlich über ihre Lage berichten, hauptsächlich aber davon, wie sie zur Jüngerin geworden sei. Maria-Magdalena erzählte mit Begeisterung von ihrer abenteuerlichen Entwicklung zur Jesusjüngerin. Viel Feuer lag dabei in ihrer Rede. Sie begann ihren Bericht damit, welche Niederlage ihre Eitelkeit damals erlebte, nachdem sie den Versuch gewagt hatte, Johannes den Täufer über einen ihrer Diener zu sich zu befehlen..... Joseph von Arimathea musste dabei lächeln, ansonsten aber hörte er ihr begeistert zu.

Als sie geendigt hatte, sagte der Ratsherr zu ihr: „Was du bis jetzt erlebt hast ist ja allerhand, liebe Schwester! Übrigens: Der Messias und die Jünger sind schon einige Zeit hier. Man hat mir berichtet, dass Jesus vor seiner Rückkehr zum Passahfest hier in Jerusalem, zum Fest der Tempelweihe in Perae gepredigt hatte. Drei Monate danach führte er seine Mission an der Nordküste des Toten Meeres fort. Dann ging er nach Ephraim, und jetzt ist er wieder in Bethanien. Dort ist er bei seinem Freunde Lazarus und dessen beiden Schwestern, Maria und Martha, die ja mit dir verwandt sind, wie ich mir habe sagen lassen!"

„Jesus hat in Kapernaum viel von meinem Vetter Lazarus erzählt", unterbrach Maria-Magdalena. „Ich weiß, dass Jesus und Lazarus in tiefer Freundschaft einander zugetan sind. Aus Jesu Worten, und an dem Ton, von dem sie getragen wurden, habe ich dies erkannt. Lazarus ist aber auch wirklich ein wertvoller Mensch. Sein Glaube an das Evangelium ist unerschütterlich.

Jesus sagte aber auch etwas, worauf ich mir bis heute keinen Reim machen kann. Er wies uns in ruhigen Worten darauf hin, dass in Bezug auf Lazarus und ihn bald etwas geschehen werde, was zur Verherrlichung des Himmels einen gewaltigen Beitrag leisten würde. Als er dies sagte, lag ein tiefer Ernst in seiner Stimme. Und als ich ihn fragte, was dies zu bedeuten hätte, antwortete er nur: „Lass es gut sein, Maria-Magdalena, auf deine Frage kannst du jetzt noch keine Antwort erhalten. Aber die Stunde ist nicht mehr fern, in welcher dir einer von denen, die mich lieben, deine Frage beantworten wird!" Ich weiß bis heute noch nicht, Joseph, was es mit den orakelhaften Worten des Meisters auf sich hat."

„Wie lange warst du denn schon nicht mehr in Bethanien?", fragte Joseph. „Schon einige Monate nicht mehr!", antwortete sein Gast. „Du weißt doch sicher, dass Lazarus in den letzten Jahren öfter kränklich wurde?", fragte Joseph weiter. „Natürlich!", antwortete Maria-Magdalena. „Aber nie so ernsthaft, dass ich mir hätte große Sorgen um ihn machen müssen. Er kam immer wieder auf die Beine!"

„Nun", begann Joseph zögernd, „als du deine Hausangelegenheiten geregelt hattest, hielt sich Jesus mit seinen Jüngern in dem Gebiet an der Ostseite des Jordans auf. Dort erhielt er die Nachricht, dass Lazarus im Sterben liege. Man bat ihn, so schnell wie möglich zu kommen, denn nur er könne dem Todkranken noch helfen. Dich, Maria-Magdalena, hatte man deshalb nicht über Lazarus' Zustand informiert, weil du ohnehin schon unter starker Belastung standest. Nachdem Lazarus wieder gesund war, kam ich mit ihm und seinen beiden Schwestern überein, dass ich es übernehme, dir über seine Situation zu berichten, sobald sich die Gelegenheit dazu bieten würde. Und nun ist es so weit, liebe Maria-Magdalena.

Nun will ich dir erzählen, wie es um Lazarus' Schicksal bestellt war: Bis Jesus die Nachricht erhielt, wie es um Lazarus stand, verging viel Zeit. Jesus selbst ließ sich ebenfalls Zeit. Schließlich kam er auf Umwegen endlich in Bethanien an. Dort teilte ihm

Martha mit, dass ihr Bruder bereits vor vier Tagen gestorben sei. Sie hatte dabei sehr geweint.

Jesus aber nutzte die Gelegenheit zu einem einmaligen, gewaltigen Zeugnis, indem er Lazarus vom Tode erweckte. Du musst dir das mal bildhaft vorstellen, Maria-Magdalena, einen Mann, der schon vier Tage tot war, und dessen Leichnam bereits fürchterlich stank, holte Jesus zurück!...Und nun weißt du auch, was der Messias in Kapernaum meinte, als er dir sagte, dass die Stunde nicht mehr fern sei, in welcher einer von denen, die ihn lieben, dir sagen wird, welche Situation es sein werde, in welcher er, Jesus, in Verbindung mit Lazarus, den Himmel verherrlichen würde!"

Als Joseph geendet hatte, begann Maria-Magdalena vor Ergriffenheit zu weinen. Joseph erkannte sofort, dass in dieser Art von Weinen eine Form von Liebe und völligem Vetrauen zu dem Messias und den Gesetzen des Himmels lag, welches den Ratsherrn erschütterte. Respektvoll schwieg der Gelehrte, und ließ Maria-Magdalena gewähren.....

Als sich die Erschütterung gelegt hatte, sagte Joseph in gedämpftem Tonfall, den Ernst der Gefühle würdigend, die noch im Raume lagen: „Wie du siehst, meine Engelin, war ich schon den ganzen Tag dabei, mein Haus entsprechend herzurichten. Und was glaubst du wohl, für wen ich das tue?"

Bei diesen Worten begannen die Augen der Jüngerin vor Freude zu strahlen: „Doch nicht etwa für....?"

„Doch! Genau für den!", unterbrach sie Joseph. „Sein Einzug in Jerusalem wird in drei Tagen stattfinden - und danach wird er mein Gast sein!"

„Ich weiß nicht, Joseph, so sehr ich mich einerseits darüber freue, so sehr habe ich aber auch andererseits, trotz meines Vetrauens zum Himmel, Angst um den Meister. Mir ist einfach nicht wohl bei der ganzen Sache! Ich halte es für möglich, dass hier ein Intrigenspiel gegen Jesus im Gange ist!"

„Diese dunkle Ahnung habe ich leider auch, Maria-Magdalena", entgegnete der Ratsherr, „seien wir also auf der Hut, und hoffen wir, dass alles gut ausgeht!"

Kapitel 10

MARIA-MAGDALENA DURCHSCHAUT JUDAS

Am nächsten Tag ließ Joseph von Arimathea seinen Gast von seinem Hausverwalter Josua, der ebenfalls ein Jünger war, nach Bethanien bringen. Dort war man auf das Kommen der Maria-Magdalena schon vorbereitet. Jesus und ein Teil der Jünger waren dort, ebenso Lazarus, Maria und Martha, und, wie konnte es anders sein, Bethsabe, die ehemalige Dienerin der Maria-Magdalena und jetzige Jesusjüngerin.

Jesus nahm Maria-Magdalena in die Arme und gab ihr einen zärtlichen Kuss. Diese weinte vor Glück, dass sie den Messias nun endlich wieder sehen durfte. Kurz darauf trat Lazarus aus einem der angrenzenden Zimmer. Als er und seine Kusine sich sahen, eilten sie aufeinander zu, und nahmen sich in die Arme. Und als Lazarus dabei in die Augen seiner Kusine sah, erkannte er, dass sie bereits alles bezüglich des großen Ereignisses um ihn und Jesus erfahren hatte.

Trotzdem sprach man nochmal ausführlich über die Umstände, die zu Lazarus' Tod geführt hatten, und schließlich von dessen Auferstehung durch Jesus, durch welche der Himmel der anwesenden Volksmenge und einigen Pharisäern eine Demonstration der Macht geliefert hatte, die es in sich hatte.

Einige Stunden später brachte Maria-Magdalena Jesus gegenüber das zum Ausdruck, was sie bezüglich seiner zukünftigen Lage am meisten befürchtete:

„Jesus", sagte sie, „ich habe Angst um Dich! Ich glaube, dass hinter diesem ganzen Trubel, der bei Deinem Einzug in Jerusalem stattfinden wird, ein Intrigenspiel der Hohenpriester Hannas und Kaiphas steckt. Ich halte es für möglich, dass Judas von diesen

Tempelpriestern reingelegt wird, ich weiß nur noch nicht wie! Ich habe Judas, als ich ihn in Kapernaum kennen lernte, zuerst nicht recht getraut, denn er schien mir zu sehr auf das Organisatorische, auf die Verwaltungsangelegenheiten eingestellt zu sein, die unsere Mission betreffen, und weniger auf deren geistigen Gehalt.

Ich weiß, dass er über einen hohen Bildungsstand in Hinsicht auf weltliches Wissen verfügt. Aber andererseits ist da auch noch seine Selbstbezogenheit. Er grübelt ständig über sich selbst und viele andere Dinge nach. Er ist ein Mensch, der sich häufig verneinend verhält. Außerdem glaube ich, dass er kein Rückgrat hat. Er scheint mir nicht in der Lage zu sein, die geistigen Hintergründe deiner Botschaft richtig zu verstehen. Er ist ein Mensch der im Begriff ist, sich durch seine Selbstzweifel langsam zu zerstören.

Er ist ein kraftloser Mensch, möchte aber auch anderseits zur Geltung kommen. Das kann er aber nur an der Seite eines Mannes, der über natürliche Würde und über ein enormes Machtbewusstsein verfügt. Du, Jesus, bist dieser Mann. Dich möchte Judas gerne als König sehen. In seiner Fantasie sieht er dich schon mit einer Krone auf dem Haupt. Er will diese Fantasie Wirklichkeit werden lassen, um dann im Glanze deiner Königswürde selbst so etwas wie ein Machtbewusstsein zu bekommen!

Alle diese Gedanken, Jesus, haben Judas meines Erachtens nach blind gemacht für das, was Kaiphas und Hannas hinter seinem Rücken planen. Ich will damit sagen, dass Judas gar nicht bemerkt, dass er nicht für dich arbeitet, sondern für diese beiden verbrecherischen Hohenpriester, denn wahrscheinlich haben ihn diese aus taktischen Gründen mit irgendwelchen Argumenten bereits geblendet, oder sie werden es noch tun. Daraufhin wird Judas dann überzeugt sein, dass einer Thronbesteigung deinerseits, Jesus, nichts im Wege steht. Dies alles macht mir Angst – große Angst!"

„Mache dir um meinetwegen keine Sorgen, du geliebte, große Seele, oder glaubst du etwa, ich hätte dies nicht schon längst gewusst? Daher wisse, Maria-Magdalena, dass alle diese Dinge geschehen müssen, denn von dem Tage ab, wo ich in Jerusalem einziehen werde, wird es nur noch ganz kurze Zeit dauern, bis ich auf die von mir selbst gewünschte Weise unsere Vater-Mutter-Gottheit verherrliche, denn ich habe nicht die Absicht noch im letzten Augenblick zu fliehen, sondern ich werde meinen Weg konsequent zu Ende gehen, allen Menschen zu einem gewaltigen Zeugnis, und den Mächten der Finsternis zu einem unübersehbaren Zeichen dafür, dass ihnen die Menschheit nicht zum Fraße überlassen werden wird, sondern dass alles Leben, das Leben der Menschen, der Tiere und der Pflanzen, für den Ort bestimmt sind, von dem sie alle einst ausgegangen waren: Für den Himmel!"

Dann wandte sich Jesus an alle anderen, die sich im Hause des Lazarus befanden, und sagte, während er dabei auf Maria-Magdalena wies: „Diese Frau wird eine meiner großen Brücken zu den Menschen dieser Welt sein - und selbst am Ende der Tage wird man von ihr noch reden!"

Kapitel 11

DIE TEMPELREINIGUNG
HANNAS UND KAIPHAS

Jerusalem war kaum mehr wieder zu erkennen. Große Menschenmengen waren beim Einzug Jesu in dieser Stadt zugegen. Auf einem Esel kam der Messias in die Stadt geritten. Zu beiden Seiten des Esels befanden sich die Jünger. Sie hatten diesmal eine Sonderfunktion: Sie bildeten für Jesus eine Leibwache, um ihn im Bedarfsfall entsprechend schützen zu können. Sie waren bereit, wenn es sein musste auf ganz weltliche Weise, eventuelle, gegen Jesus gerichtete Terrorgruppen, erbarmungslos, also auf vollkommen unchristliche Weise, zu verprügeln.....

Jesus ritt deswegen auf einem Esel, weil dieser das zu Fleisch gewordene Symbol der Duldsamkeit und des Friedens ist. Der Messias kam aus Richtung Bethanien, über die sogenannte „Straße von Bethanien", nach Jerusalem. Er passierte das an der Ostseite der Stadt gelegene, „Goldene Tor", welches Salomon einst für den großen Tag des künftigen Messias hat erbauen lassen.

Die Menschen hatten Palmzweige gesammelt, womit sie den Weg, den Jesus ritt, schmückten - und immer wieder hörte man die Menschen im Chor rufen:

„Hosianna - Hosianna dem Sohne Davids - gesegnet sei, der da kommt im Namen Gottes!"

Im Verlauf dieses Tages predigte Jesus an verschiedenen Orten der Stadt. Schließlich begab er sich zum Tempel. Nachdem er ihn betreten hatte wurden seine Augen voll des Zornes von dem, was er da sah: Der Tempel war voller Händler, die innerhalb dieser geheiligten Mauern mit gieriger Seele dem fettwanstigen Götzen Mammon huldigten. Da konnte sich der Messias nicht mehr beherrschen. Er riss die Türen der Taubenkäfige auf und ließ die Tauben alle fliegen, dann stieß er die Tische der Geldwechsler um, und jagte diese, zusammen mit denen, die gerade dabei waren Tiere zu schlachten, um sie zu verkaufen, mit einer Peitsche zum Tempel hinaus! Für den Messias war die durch die Habgier bewirkte Entweihung des Tempels, wie auch das Morden von Tieren, eine unbeschreibliche Gotteslästerung!

Hinter einem der Tempelfenster, die zu den angrenzenden Räumen gehörten, lauerten Hannas und Kaiphas. Der Ausdruck ihrer Augen war unheilverkündend, und sie verengten sich immer mehr zu schrägen Schlitzen.

Hannas, der Habicht, und Kaiphas, die Hyäne, steckten sich ihre Köpfe einander zu, um besser miteinander besprechen zu können, wie sie diesem gewaltigen Aufruhr hier denn Herr werden könnten:

„Wenn wir die Tempelwachen holen, um Jesus festnehmen zu lassen", krächzte Kaiphas, „dann können wir uns auch gleich selber erledigen, denn die Volksmenge bekennt sich zu dem Nazarener - sie würde die Tempelwache in Stücke reißen!"

„Und solange sich Rom durch unsere Probleme nicht persönlich bedroht sieht, denkt es nicht daran uns zu helfen!",keifte Hannas. „Pilatus kümmert sich einen feuchten Kehrricht um unsere religiösen und politischen Belange!"

„Judas, dein Schwager, ist an dieser Katastrophe schuld, denn hätte er nicht diesen huldigungsreichen Einzug Jesu inszeniert", krächzte Kaiphas erneut, „dann wäre das da unten nicht passiert! Judas will, dass Jesus König wird, und wir haben ihm zum Schein unsere Hilfe dabei angeboten, damit wir Jesus packen können. Leider konnten wir nicht wissen, dass Judas, um die Thronbesteigung Jesu zu beschleunigen, diesen Einzug in Jerusalem bis ins kleinste Detail geplant hatte. Dann gibt es noch zu bedenken, dass rein theoretisch nichts gegen eine Inthronisation Jesu einzuwenden ist, denn nach unseren Gesetzen darf jeder König werden, der nachweisen kann,dass er dem Stamme Davids angehört, vorausgesetzt, dass er auch die anderen notwendigen Erfordernisse erfüllt!"

„Dann müssen wir eben dafür sorgen, dass er sie nicht erfüllt, und zwar so, dass Judas nichts davon merkt!" giftete Hannas zurück. „Wir müssen das Volk davon überzeugen, dass Jesus kein Gottgesandter ist, sondern ein Aufrührer und Umstürzler der das Volk missbraucht, und dadurch ins sichere Verderben stürzt! Damit Judas nichts davon bemerkt, müssen wir ihn unter einem Vorwand weglocken!"

„Guut, Hannas, seehrgut", setzte Kaiphas sein Krächzen fort, „denn so dumm ist Judas nicht, dass er die Frage, die ich Jesu nachher stellen werde, nicht als Fangfrage erkennen würde, mit der wir Jesus unschädlich machen wollen. Im Augenblick ist Judas in der Tempelhalle, gehe also hin, Hannas, und bestelle ihm, dass er zum Schatzmeister gehen, und dort auf uns warten soll, damit wir ihm die Auslagen erstatten können, die er für die Vorbereitung zum Einzug Jesu in Jerusalem gehabt hat. Sage ihm, dass seine Vorarbeiten zur Inthronisation Jesu eine gute Idee gewesen seien, weihe aber vorher den Schatzmeister ein!

Falls es uns gelingt, das Volk gegen Jesus aufzuwiegeln, während Judas beim Schatzmeister auf uns wartet, dann werden wir ihn hinterher zum Teufel jagen. Gelingt es uns aber nicht, dann werden wir ihm seine Auslagen erstatten und ihm mitteilen, wie begeistert wir von Jesus sind, dass wir an nichts anderes mehr denken würden, als Jesus zur Inthronisation zu verhelfen. Wir werden Judas dann noch mehr Geld in Aussicht stellen. Ich denke da an etwa 30 Silberlinge, was nicht gerade wenig ist, damit er uns zu einem nächtlichem Zeitpunkt zu Jesus führt, wo kein Mensch aus dem Volk in Jesu Nähe ist. Seine Jünger werden zwar um ihn sein, aber mit den paar Männern wird unsere Tempelwache schon fertig – und nun beeile dich, Hannas!"

Nach einer halben Stunde kam Hannas zurück und teilte Kaiphas mit, dass alles in bester Ordnung ist. „Gut!", sagte Kaiphas. „Und nun gehen wir hinunter um zu sehen, ob Jesus in die rhetorische Falle hineinläuft, die ich ihm gleich stellen werde. Wenn er dies tut, Hannas, dann haben wir ihn!" Während sich die Hohenpriester auf den Weg zu Jesus machten, befand sich dieser auf der Straße vor dem Tempel, und wie zu erwarten, umringt von vielen Menschen.

Inzwischen befand sich Maria-Magdalena mitten in dem Gedränge der Volksmengen. Sie wollte nahe an den Messias heran und hatte alle Mühe, sich durch die Menschenmassen einen Weg zu bahnen. Schließlich schaffte sie es aber doch noch, nahe genug an den „König der Juden" heranzukommen. Sie hatte keine Zeit, sich über ihre enorm derangierte Kleidung und über ihr zerzaustes Haar zu ärgern, denn das Glück, wieder nahe bei dem Messias zu sein, war stärker. Maria-Magdalena kam gerade noch rechtzeitig um mit erleben zu dürfen, wie sich so ein gelehrter Hoherpriester für gewöhnlich fühlt, wenn er von einem „Zimmermann" durch den rhetorischen Fleischwolf gedreht wird.

Hannas und Kaiphas bauten sich mit ihrem Gefolge vor Jesus auf. Gleich darauf merkte die Volksmenge, dass Hannas und Kaiphas offensichtlich vor haben, Jesus eine Falle zu stellen, durch die er für immer außer Gefecht gesetzt werden sollte, worauf sie in erwartungsvolles Schweigen überging.

Aus einiger Entfernung sah Zadok zu. Er war der Pharisäer und Tempelspitzel, der es schon früher immer wieder versucht hatte, Jesus in verbale Fallen zu locken. Stets fiel er in die Falle selbst hinein, die er für den Messias vorbereitet hatte. Nun hatte er endlich begriffen, dass es besser ist, dies nie wieder zu versuchen. Aber mitbekommen wollte er noch, wie seine Kollegen die Schmach wohl verkraften, die sie nach seiner felsenfesten Überzeugung nun gleich erleben würden.

Kaiphas fragte Jesus: „Wer hat dir die Vollmacht dazu gegeben, die Händler und Kaufleute aus dem Tempel zu prügeln? Denn gemäß der bestehenden Tempelordnung darfst du dies alles nicht! Wer also hat dich beauftragt? Antworte!"

Darauf hin gab Jesus zur Antwort: „Auch ich will euch eine Frage stellen. Wenn ihr sie mir beantworten könnt, dann werde ich euch sagen, mit welcher Befugnis ich die Dinge tue, um deretwillen ihr mich überführen wollt!" „Einverstanden!", sagten die Tempelpriester. Dann fragte Jesus: „Stammte die Taufe des Johannes vom Himmel, oder von den Menschen?"

Da traten die beiden Tempelhyänen etwas abseits und berieten sich: Hannas flüsterte Kaiphas zu: „Wenn du sagst, die Taufe des Johannes wäre vom Himmel gekommen, dann wird Jesus uns fragen, warum wir dem Täufer nicht geglaubt haben. Wenn du aber sagst, die Taufe des Johannes sei reines Menschenwerk gewesen, dann werden wir von der Volksmenge gesteinigt, denn sie alle halten Johannes für einen Propheten!"

Enttäuscht wandte sich Kaiphas an Jesus und sagte: „Wir wissen nicht, ob die Taufe des Johannes vom Himmel kommt, oder ob sie Menschenwerk ist!"

„Dann, ihr beiden, sage ich euch auch nicht, mit wessen Erlaubnis und mit welchem Recht ich die Dinge tue, deretwegen ihr mich vernichten wollt!"

Kaiphas und Hannas wandten sich wortlos um und schlichen davon. Sie kamen sich vor wie die größten Trottel des Landes. Sie gingen an Zadok vorbei, der sich große Mühe gab, ja nicht zu lachen. Kaiphas merkte, was Zadok mit Gewalt nieder zu kämpfen suchte, und sagte zu ihm: „Wage es ja nicht zu lästern, du Verbrecher!" Als die beiden wieder im Tempel waren, sagte Kaiphas: „Wir müssen uns damit abfinden, dass Jesus verbal nicht zu besiegen ist. Gehen wir also zu Judas in die Schatzmeisterei, und verhalten uns ihm gegenüber so, wie wir es besprochen haben!"

Nachdem Hannas und Kaiphas den Ort ihrer Niederlage verlassen hatten, sagte Maria-Magdalena zu Jesus: „Ich wusste, dass dir keiner das Wasser reichen kann, du Fleisch gewordenes Wunder aus dem Himmel!" Dabei schaute sie dem Messias liebevoll in die Augen, und streichelte dabei sanft seinen linken Oberarm. „Magdalenchen", sagte Jesus liebevoll zu ihr, während er ihr über die immer noch zerzausten Haare strich, „was wahre Größe ist, das werden diese beiden Tempelkröten und Speichellecker des Herodes in diesem Leben nicht mehr begreifen! Du aber bist auf besondere Weise gesegnet, weil du über dich selbst hinausgewachsen bist. Und was glaubst du wohl, warum unsere Vater-Mutter-Allmacht deiner Seele den Himmlischen Adel verlieh? Weil du über ein großes liebendes Herz verfügst, du wertvolles Magdalenchen, und weil der Himmel nur große Seelen adelt!"

Dann sagte Jesus zu allen in seinem Gefolge: „Lasst uns jetzt Jerusalem verlassen und auf den Ölberg gehen, denn heute ist der Tag, an dem mir viele Menschen zuhören werden, und außerdem wird es meine letzte Gelegenheit sein, das Evangelium vom Reich der Himmel nochmal vor einer großen Menge Volkes zu verkündigen!"

Kapitel 12

HEILUNG EINES GELÄHMTEN
UND DER ANNA-MARIA

Dann verließen Jesus, Maria-Magdalena und die Jünger, die Stadt Jerusalem, um sich zum Ölberg zu begeben, der sich hinter der Nordgrenze Bethaniens befindet. Sie wurden von einer großen Menge aus dem Volk begleitet, und waren noch nicht aus der

Stadt, als man Jesus einen gelähmten Mann brachte. Dieser sprach:

„Meister, meine Brüder haben mich zu dir gebracht, weil es weit und breit keinen Arzt gibt, der mir meine Lähmung nehmen könnte, welche die Folge eines Unfalls ist. Meine Brüder glauben, dass nur du mir noch helfen kannst. Mir selbst aber fehlt der Glaube, da ich mir nicht vorstellen kann, dass es Wunder gibt, und dass je ein Mensch einen anderen Menschen mit Worten heilen kann!"

Darauf antwortete Jesus: „Wenn du auch sagst, du hättest den nötigen Glauben nicht, so tust du aber zumindest auf Heilung hoffen, denn wenn du diese kleine Hoffnung nicht hättest, dann hättest du dich nicht hier her bringen lassen.

Die Hoffnung, mein Freund, geht dem Glauben immer vorher. Er ist der Bruder der Hoffnung. Er ist reifer als seine kleine Schwester, denn sie kann eben nur hoffen, wogegen der Glaube schon ein wenig Ahnung davon hat, dass Heilung durch die Kraft des Geistes möglich ist. Nun haben aber Hoffnung und Glaube noch eine Schwester. Sie ist um einiges reifer, und ihren beiden Geschwistern daher überlegen. Sie heißt Überzeugung. Wogegen die Hoffnung nur hofft, und der Glaube nur ahnt, dass Heilung aus dem Geiste möglich ist, ist sich die Überzeugung sicher, dass dies geschieht.

Nun überlege einmal, mein Freund, warum uns Gott die Fähigkeit zum Hoffen gegeben hat. Etwa deswegen, damit es beim Hoffen bleibt? Keineswegs! Gott hat uns die Fähigkeit zum Hoffen gegeben, damit der Glaube daraus erwachsen kann. Und nun überlege weiter. Hat Gott uns die Möglichkeit Glaube zu entwickeln, deshalb gegeben, dass es beim leisen Ahnen einer Möglichkeit zum geistigen Heilen bleibt? Abermals Nein! Warum also der Glaube, mein Freund?"

Darauf sagte der Gelähmte: „Damit aus ihm die Überzeugung erwächst, dass jede Art von Gebrechen durch die Kraft des Geistes besiegt wird!" „Du hast recht gesprochen, mein Freund!", entgegnete Jesus. Dann nahm der Messias die Hand des Gelähmten und sagte:

„Wenn du davon überzeugt bist, dass der Geist Gottes, der durch mich wirkt, dich heilen wird, dann wirst du deine Krücken fallen lassen und wieder gehen können! Bist du davon überzeugt?"

Darauf sagte der Gelähmte fest und entschlossen: „Ja, Meister, ich bin davon überzeugt, dass der Geist Gottes durch dich wirkt, und dass du mich heilen wirst!"

Darauf sagte der Messias: „Lasse deine Krücken fallen und gehe ohne sie nachhause, denn deine Überzeugung, dass Gott dich durch mich heilen wird, hat dich gesund gemacht!"

Da ließ der Mann seine Krücken fallen, ging ohne sie auf Jesus zu, und küsste ihm dankbar die Hand. Dann sagte Jesus mit lauter Stimme zu den Umstehenden:

„Wahrlich, ich sage euch: Unfall und Lähmung dieses Mannes geschahen nicht nur deshalb, weil ein jeglicher ernten muss, was er einst säte, sondern auch aus dem Grund, damit bei diesem Manne aus Hoffnung Glaube wird, und aus Glaube Überzeugung, und damit die Kraft und die Herrlichkeit der Göttlichen Allmacht heute ein weiteres Mal vor euch allen offenbar werden konnte!"

Kurz bevor Jesus und die Jünger Jerusalem verlassen hatten, kehrte ein Großteil der Menschenmenge, von denen sie begleitet wurden, zurück. Doch als sie zum Ölberg kamen waren es wieder viele Menschen, die von allen Seiten auf sie zu kamen. Sie wollten den Messias aus der Nähe sehen, und ihn reden hören. Viele richteten Fragen an ihn, bei denen es um Schuld und Sühne ging, warum Gott all dieses Elend auf Erden zulässt, und was es mit dem Leben nach dem Tode auf sich habe. Jesus beantwortete die meisten Fragen in Form von Gleichnissen. Dabei redete er mit Macht und unvergleichlichem Feuereifer. Die Menschen waren erstaunt über seine gewaltigen Worte, und sagten voll Bewunderung zu ihm:

„Du musst Gottes Sohn sein, denn du redest wie einer, dem Gewalt vom Himmel gegeben worden ist, und nicht wie die Pharisäer, die, wenn sie reden, meistens nicht wissen, worüber sie reden. Sie haben ihr Wissen auf Schulen erhalten, und aus Büchern entnommen. Was sie davon vermitteln, ist so unlebendig wie ihre Seelen. Du aber, Meister, hast dein Wissen direkt aus dem Himmel - von Gott - und weißt daher, worüber du redest!"

Da antwortete ihnen Jesus: „Wahrlich, diese Worte stammen nicht von euch selbst, denn der Himmel hat euch soeben zu seinem Sprachrohr gemacht!"

Da löste sich plötzlich ein Tempelpriester aus der Menge. Sein Name war Moriak. Er führte eine junge Frau mit sich, die ein einfaches hölzernes Gefährt vor sich hinschob, auf dem ihre schwerkranke, 9-jährige Tochter saß, welche Anna-Maria zubenamt war.

Die Frau weinte um ihre schwerkranke Tochter. Der scheinheilige Moriak wusste schon länger um das Leiden der Tochter und um den diesbezüglichen Kummer ihrer Mutter. Der Pharisäer tat den beiden gegenüber so als hätte er Mitleid mit ihnen, und empfahl ihnen, mit nach vorne zu dem Mann aus Nazareth zu gehen, damit das Mädchen geheilt werde. Da wagten es Mutter und Tochter sich zu Jesus zu begeben. Moriak ging mit ihnen. Als sie vor Jesus standen, begann Moriak mit gespielter Besorgnis zu sprechen:

„Meister! Sieh dieses arme kranke Mädchen. Von Geburt an sieht und hört es fast nichts. Es hat ständig Fieber, zittert am ganzen Körper. Alleine kann es nicht gehen, da es das Gleichgewicht nicht halten kann. Nur wenn es links und rechts geführt wird, bringt es mühsam ein Bein vor das andere. Außerdem hat es keine Kontrolle über seinen rechten Arm, denn dieser schwingt immer wieder nach vorne. Eine Menge Dämonen sitzen in dem Mädchen. Alle möglichen Ärzte im Lande haben vergeblich versucht, der Kranken zu helfen. Da kam ich auf die rettende Idee, Mutter und Tochter von deiner wahrhaft göttlichen Heilkraft zu erzählen. Nun sind sie beide in der Hoffnung hier, dass du das

Leiden des Mädchens besiegen und auch die Dämonen austreiben kannst, die es von Geburt an in seiner Gewalt haben."

Dies alles sagte der Tempelpriester deshalb, um Jesus vor der Öffentlichkeit zu blamieren. Jesus würde nach seiner Ansicht sagen, dass die Zeit zur Heilung des Mädchens noch nicht gekommen sei, um nicht zugeben zu müssen, dass er gar nicht in der Lage ist einen Menschen zu heilen, der schon von Geburt an krank ist, der außerdem gleich mehrere Leiden hat.

Die Auferstehungen des Lazarus, des Jünglings zu Nain, der 12 Jahre alten Tochter des Jairus, und die Fernheilung eines Knechtes des Hauptmanns Kornelius, hielt Moriak für gewaltig übertriebene Gerüchte. Von der Heilung des Gelähmten, die Jesus gerade vor etwa 3 Stunden innerhalb der Tore Jerusalems vollzog, hatte Moriak noch nichts gehört. Aber auch da wäre ihm irgendetwas eingefallen, womit er versucht hätte, Jesus lächerlich zu machen.

Jesus erkannte im Augenausdruck des Tempelpriesters sofort dessen Verschlagenheit, sagte dies aber vorerst noch nicht. Dann wandte er sich an die weinende Mutter des kranken Mädchens, strich ihr sanft über die Haare, und sagte zu ihr: „Habe keine Angst, Ruth-Elisabeth, denn heute werden dir die Sorgen um deine Tochter genommen werden!"

Dann ging er zu dem Mädchen. Da es in einem hölzernen Rollstuhl saß, begab er sich vor ihm in die Hocke. Während er beide Hände des Mädchens zärtlich ergriff, sprach er mit gütiger Stimme: „Ich weiß, dass du Anna-Maria heißt, denn ich kann in deinem Herzen lesen. Du hast ein gutes Herz und deine Augen sind die einer kleinen Engelin auf Erden. Daher, mein Kind, wirst du heute von mir geheilt werden! Glaubst du, kleine Anna-Maria, dass Göttliche Kraft durch mich fließt, und ich dich dadurch heilen kann? Bist du davon überzeugt?"

Da nickte das Mädchen, und während sich in seinen Augen ein Lächeln abzeichnete, sagte es mit zitternder Stimme: „Ja, lieber

Jesus, ich weiß, dass du mich heilen kannst, ich weiß es ganz gewiss!"

Die vielen Menschen die dabei standen, waren aufs Höchste gespannt, was nun geschehen würde. Da stand Jesus wieder auf, legte behutsam seine Rechte auf die Stirn, und seine Linke auf den entblößten oberen Teil der Wirbelsäule des Mädchens. Dann richtete er sein Haupt gen Himmel und sprach ein Gebet, in welchem er die aramäische Bezeichnung für die „Ewige Vater-Mutter-Gottheit" verwendete, welche „Abba-Amma" lautet:

„Mein Himmlisches Abba-Amma, erweise heute vor all diesen Menschen, dass es nichts gibt, was für Dich unmöglich ist. Sieh diese kleine Anna-Maria. Dieses Mädchen hat genug gelitten. Es ist an seinen Leiden gereift. Eine große Seele wohnt in diesem Mädchen. Es ist zu einer kleinen Engelin auf Erden geworden. Gib all den Menschen, die hier versammelt sind, vor allem aber dem Mädchen und seiner Mutter, ein Zeichen und zugleich ein Zeugnis dafür, dass Du Güte und Barmherzigkeit denen erweist, die sie verdient haben, dass Du Hilfe denen gibst, die um ihrer Leiden willen von Vielen verspottet werden. Erfülle heute an diesem Mädchen die Worte, die Du einst durch den Mund des Propheten Jesaja geredet hattest, indem Du sagtest: „Und es wird geschehen: Noch ehe sie mich bitten, werde ich hören, während sie noch reden, werde ich antworten!" Bewirke durch mich die Heilung des Mädchens, auf dass die Welt sieht, dass ich Dein Sohn bin, dass Du mich gesandt hast, und auf dass sie erkennt, dass sie nur durch die Liebe ewige Glückseligkeit erlangen kann, und dass die Menschen dieser Welt nur durch diese größte und gewaltigste Frucht des Geistes zu wirklichen Größen werden, zu Seelengrößen, bei denen Du dann mit Freude im Herzen sagen kannst: Ich bin stolz darauf und freue mich, solch wertvolle Söhne und Töchter zu haben!"

In diesem Augenblick veränderte der Himmel sein Aussehen. Kräfte des Göttlichen Geistes tauchten ihn in ein strahlendes, weißes Licht, und durchfluteten den Geist des Christus. Über die Finger seiner Hände floss ein Teil dieser Lichtkraft in die Seele und in den Körper des Mädchens. Eine starke Hitzewelle durchflutete die kleine Anna-Maria. Dann nahm die Temperatur wieder ab. Gleich darauf glaubte das Mädchen zu schweben, und dabei etwas von der Wunderwelt des Himmels zu spüren. Schließlich erzitterte sein Körper noch ein letztes Mal. In diesen Sekunden trieb der Geist des Himmels vollends alles Leid und alle Krankheit aus dem Mädchen hinaus.

Kurz darauf sagte der Messias: „Anna-Maria - du wurdest soeben an Leib und Seele von deinen Leiden geheilt, weil du davon überzeugt bist, dass der Himmel denen hilft, die ihm kritiklos glauben. Stehe auf, verlasse dein hölzernes Gefährt, und zeige dich den Menschen!"

Da stand das Mädchen auf, und lief sicheren Schrittes zu den Umstehenden. Man bestaunte es, man sprach mit ihm. Alle Fragen, die es gestellt bekam, beantwortete es klar und deutlich, ohne zu stocken und ohne Zittern in der Stimme. Das Fieber war aus seinem Körper gewichen, seine Augen konnten klar sehen, denn dem Zustand seiner nahezu völligen Erblindung wurde durch die Kraft des Göttlichen Geistes die Gewalt über das Mädchen genommen. Einige der Umstehenden, die das Mädchen schon länger kannten, starrten gebannt auf seinen rechten Arm, ob er nicht bald nach vorne schnellen würde, wie er es sonst auch immer getan hatte - unzählige Male am Tag. Aber da war nichts, so sehr sie auch darauf harrten. Nicht, dass sie es dem Mädchen gewünscht hätten, dass der rechte Arm krank bleibt, sie konnten nur nicht glauben, dass er geheilt ist, deshalb meinten sie, er müsse jeden Augenblick wieder nach vorne schnellen. Der Göttliche Geist hatte durch den Christus, an und in dem Mädchen, ganze Arbeit geleistet, denn auch die Schüttellähmung, unter welcher Anna-Maria schlimm zu leiden hatte, war verschwunden und kehrte von diesem Tage an niemals mehr zurück.

Ruth-Elisabeth, die Mutter des Mädchens, weinte vor Glück und Freude. Dann rief Jesus Mutter und Tochter zu sich, nahm sie beide in die Arme, die eine links, die andere rechts. Schließlich sagte er mit lauter Stimme, so, dass es die große Menge der Umstehenden ebenfalls hören konnte:

„Was diesem Mädchen heute widerfahren ist, ist für alle Zeiten im Himmel gespeichert. Der Himmel wird von nun an in besonderer Weise auf dieses Mädchen und seine Mutter achten. Und wehe denen, die es wagen, diesen beiden Menschen ein Leid zuzufügen, sie zu verspotten, oder es gar wagen zu behaupten, bei der Heilung des Mädchens hätte der Teufel seine Hand im Spiel gehabt. Wahrlich, für jene wird der Tag kommen, an dem sie sich wünschen werden, nie geboren zu sein!

Und nun zu dir, Moriak! Du hast Mutter und Tochter auf sehr schändliche Weise missbraucht. Du hast ihre Leiden ausgenutzt, indem du ihnen Hoffnung gemacht hattest, ich könnte ihnen helfen, obwohl du in deinem Innern davon überzeugt warst, dass ich niemals einen Menschen werde heilen können, der schon von Geburt an schwer krank ist. Du hast mit den Seelen dieser beiden Menschen deshalb gespielt, weil du gehofft hattest, du könntest sie dafür benutzen, mich in der Öffentlichkeit bloß zu stellen, mich vor der Welt lächerlich zu machen. Du hast es ferner billigend in Kauf genommen, dass das Leid von Mutter und Tochter nach der bitteren Erkenntnis meiner Unfähigkeit noch größer werden würde als es zuvor war, da sie ja dann keinen einzigen Funken Hoffnung mehr auf Genesung haben werden würden! Dafür, Moriak, wirst du dich einst zu verantworten haben. Du wirst, wenn für dich die Zeit gekommen ist, die Härte der ewig gerecht wirkenden Gesetze des Himmels an dir selbst erleben!"

Der sonst so redegewandte und selbstsicher auftretende Moriak wurde kalkweiß im Gesicht. Er war zu keiner Antwort fähig, und schlich davon wie ein geprügelter Hund.

Maria-Magdalena unterhielt sich noch einige Minuten mit Ruth-Elisabeth und Anna-Maria. Dann kamen Jesus und die Jünger hinzu. Nachdem wieder einige Minuten verstrichen waren, wurden Mutter und Tochter eingeladen, mit zum Hause des Lazarus zu gehen.

Dort angekommen, wurden Mutter und Tochter von Lazarus, seinen beiden Schwestern, Martha und Maria, und von Bethsabe, herzlich willkommen geheißen. Die Ankömmlinge erzählten, was inzwischen alles geschehen war, und nahmen etwas zu sich. Ruth-Elisabeth und Anna-Maria waren so glücklich wie noch nie zuvor in ihrem Leben. Schließlich kam die Stunde in der sie sich verabschiedeten, um nachhause zu gehen. Nicht lange danach machten sich Jesus, Maria-Magdalena und die Jünger, auf den Weg zum Hause des Joseph von Arimathea. Ruth-Elisabeth und Anna-Maria aber wurden zu Mitgliedern der Jerusalemer Christengemeinde, und kämpften für das Evangelium bis zu ihrem letzten Atemzug.

Kapitel 13

DER 2. BESUCH IM HAUSE DES RATSHERRN

Am Abend waren der Messias, Maria-Magdalena und die Jünger, zu Gast bei Joseph von Arimathäa. Dieser freute sich sehr über deren Besuch. Josua, sein Hausverwalter, achtete sehr darauf, dass es den Gästen auch an nichts fehlte. Er war auch ein Verehrer des Messias, und beteiligte sich daher mit Freuden an den niveauvollen Gesprächen.

Maria-Magdalena und Petrus berichteten von den beiden Heilungen, die Jesus in Jerusalem bei dem jungen Mann und am Ölberg bei der 9-jährigen Anna-Maria, bewirkt hatte. Als Jesus dann von Joseph von Arimathea gefragt wurde, ob er den Berichten noch etwas hinzufügen möchte, sagte er:

„Wahrlich, ich sage euch: Wenn die Menschen, die ich geheilt habe, nicht vorher schon durch sich selbst und durch die Kräfte des Heiligen Geistes für ihre Heilung vorbereitet gewesen wären, hätte ich nichts für sie tun können!

Weiter sage ich euch: Einst wird eine Zeit kommen, in der die Menschen noch weit größere Wunder vollbringen werden, als ihr sie durch mich erlebt habt. In jener fernen Zeit wird der Heilige Geist die Erde beherrschen, und all die Menschen durchdringen, die dann auf ihr leben werden. Wenn sich die Menschen dieser fernen Zeit nicht vom Göttlichen Geist beseelen lassen würden, wahrlich, dann wäre ich umsonst geboren worden!"

Nachdem die Gäste des Ratsherrn etwas gegessen und getrunken hatten, kam das Gespräch auf den Einzug Jesu in Jerusalem, und auf die Ereignisse, die damit verbunden waren.

„Auch ich wollte in deiner Nähe sein, Jesus, um dich bei deinem Einzug in Jerusalem sehen und hören zu können!", sagte Josua, der Hausverwalter des Fürsten von Arimathea. „Nachdem ich dich dann endlich gefunden hatte, sah ich gerade noch, wie du in den Tempel gingst. Ich weiß nicht warum, aber ich zog es vor, besser draußen zu bleiben und abzuwarten, bis du aus dem Portal wieder herauskommen würdest. Plötzlich traute ich meinen Augen nicht, denn ich sah einen Schwarm von Tauben aus dem Tempel fliegen. Gleichzeitig vernahm ich Geschrei und polterndes Krachen. Schließlich sah ich, wie einige Händler Hals über Kopf aus dem Tempel flüchteten! Ich wollte schon hineingehen um nach dem Rechten zu sehen, vor allem aber weil ich mich um dich sorgte, Jesus. Da kamst du auch schon wieder heraus. Du hattest eine Peitsche in der Hand und warfst sie zornig und angewidert an eine der Tempelsäulen rechts neben dem Portal!"

„Josua wusste nicht wie ihm geschah, Jesus", fuhr Joseph von Arimathäa fort, obwohl er wusste, dass deine Botschaft vom Evangelium auch Strenge beinhaltet, und zwar dort, wo es aus erzieherischen Gründen notwendig ist. Als er wieder hierher kam, erzählte er mir alles. Josua berichtete mir auch von deiner Konfrontation mit Hannas und Kaiphas. Sie wollten dir eine rhetorische Falle stellen, haben sich dabei aber selber reingelegt und sich dadurch zum Gespött aller Umstehenden gemacht. Diese beiden Tempelhyänen sind weder intelligent noch weise, Jesus, aber dafür verfügen sie über eine gewisse Schläue. Dazu kommt der unbändige Drang nach Rache für die erlittene Schmach, was für mich wiederum bedeutet, dass du auf der Hut sein musst, Jesus. Denn wenn in der Hexenküche des Jerusalemer Tempels Hass und Schläue nach Anleitung des Rezeptes luziferischer Braukunst in gewaltigen Dosen richtig vermengt, und danach von diesem satanischen Gewürm im Priestergewand entsprechend eingesetzt werden, dann könnte das für dich in einer Katastrophe enden, Meister. Und dies würde ich liebend gerne verhindern!"

Darauf antwortete der Messias: „Du verfügst über eine große Weisheit, Joseph. Du vermagst auf sehr tiefgründige Weise das Ende von Entwicklungen im Voraus zu erkennen. Du siehst rechtzeitig die Schatten künftiger Ereignisse und begreifst sofort, von welcher Art die Dinge sind, auf deren Kommen die Schatten hingewiesen haben! In deinen Wunsch, dass es nichts gibt was du lieber tätest, als alles Übel von mir fern zu halten, Joseph, legtest du dein klares und ungetrübtes Wissen von der Unabänderlichkeit der schmerzhaften Umstände, mit welchen ich bald konfrontiert werde. Verlass dich darauf, Joseph, ich werde dieser schrecklichen Erniedrigung nicht ausweichen. Ich werde sie annehmen und werde keine Furcht haben, denn wo die Dunkelheit am schwärzesten ist, da ist der Anfang des Lichtes. Zum Zeugnis für die Welt und zur Verherrlichung des Himmels werde ich mich in die Schwärze dieser Nacht hineinfallen lassen, weil ich, gleich einem absolut vertrauensseligen Kinde, weiß, dass ich von dem heilenden Licht der Reinen Himmel aufgefangen werde!"

Maria-Magdalena bekam feuchte Augen als sie diese Worte hörte, und ihre Seele bekam zum 2. Mal bestätigt, dass sie den geliebten Messias nicht mehr lange in seinem irdischen Leib werde sehen können. Weinend, und mit bebenden Lippen, gelobte sie vor allen Anwesenden: „So wahr es ist, dass ich einmal ein Leben der Prostitution geführt habe, um möglichst viele Kunden aus der Jerusalemer Oberschicht für meine Kosmetikartikel zu bekommen, so wahr ist es aber auch, dass ich dieses Leben nicht mehr führe. Johannes der Täufer war derjenige, der mir die Augen öffnete, und dieser Mann aus der Wüste war es auch, der mir den Weg zu dir, Jesus, ebnete.

Ich bekenne mich zu dir, geliebter Meister! Was auch immer mit dir geschehen mag, Jesus, ich werde zu dir stehen.....Ich spüre, dass du bald in den Himmel zurückkehren wirst. Aber ich werde deinem Evangelium weiterhin dienen, so lange, bis auch meine letzte Stunde gekommen sein wird! Ich werde eine würdige Dienerin des Himmels sein, denn ich möchte so gerne, dass du stolz auf mich bist, wenn du mir dabei vom Himmel aus zusiehst!"

Diesen letzten Satz allerdings konnte Maria-Magdalena nur noch stammelnd und unter Tränen von sich geben. Schmerz und Angst, Liebe und Trauer um des Messias willen, hatten ihre Seele zu stark erschüttert!

Josua, der Hausverwalter, zeigte der jungen Frau, wie sehr er mit ihr fühlte. Während er einige gütige Worte sprach, füllte er einen Becher mit beruhigendem und bekömmlichem Granatapfelwein, und reichte ihn Maria-Magdalena: Hier nimm und trinke, geliebte Seele, es wird dir helfen. Und während sie von dem Wein trank, meldete sich Jakobus zu Wort, der Jakobus, der nicht nur vom Geiste her gesehen, sondern auch dem Fleische nach, der Bruder des Messias war:

„Maria-Magdalena, ich selbst habe häufig Menschen allzu vorschnell verurteilt, nur weil sie in Hinsicht auf Moral und Sexualität anders dachten und handelten als ich. Manchmal ertappte ich mich sogar dabei, dass ich insgeheim wünschte, sie mögen so bleiben wie sie sind, um ja nicht meine Meinung über sie ändern zu müssen. Aber als dann Jesus in der Öffentlichkeit und vor den Augen aller das Leben einer Frau rettete, die mehrmals Ehebruch begangen hatte, da erst ging mir ein Licht auf, und mir wurde mit einem Mal meine ganze Erbärmlichkeit bewusst!

Verstehe mich richtig, Maria-Magdalena, nicht dass ich selbst je auch nur einen Stein auf eine Prostituierte oder Ehebrecherin geworfen hätte, denn dies hätte ich nie im Leben getan, aber andererseits hätte ich auch nichts unternommen, einen solchen Menschen vor der Steinigung zu bewahren, möglicherweise auch dann nicht, wenn ich genau gewusst hätte, dass mir dies gelingt. Doch, wie gesagt, nur möglicherweise! - Vielleicht hätte ich auch anders gehandelt! Doch seit dem Tag, an welchem Jesus auf so wunderbare Weise das Leben dieser Ehebrecherin rettete, habe ich nie mehr einen Menschen vorschnell verurteilt, und ich werde es auch in Zukunft nicht tun! Die Worte, mit denen der Messias das Leben dieser Ehebrecherin rettete, und mit denen er eine fürchterlich wütende und mordgierige Volksmenge innerhalb von nur einer Minute komplett entwaffnete, dröhnen mir heute noch in den Ohren.

Zuerst hob Jesus einen Stein auf, trat damit dicht vor die Mordwütigen und zwang sie mit dem Blick seiner Augen den Stein genau anzuschauen. Während sie alle auf den Brocken starten, sagte Jesus mit der Gewalt, die ihm von oben gegeben wurde, folgende unvergesslichen Worte:

„Wenn sich auch nur einer unter euch befindet der ohne Sünde ist, dann möge er hervortreten, und vor den Augen aller den ersten Stein auf diese Frau werfen. Wer aber nicht ohne Sünde ist, der lasse es besser bleiben, denn für alles, was ihr tut, werdet ihr einst Rechenschaft ablegen müssen!"

Jesus hatte mit seinem Appell an das Gewissen der Männer absoluten Erfolg gehabt, denn einer nach dem anderen ließ den Stein fallen, den er schon in der Hand hatte, und verließ tief beschämt die Richtstätte. Auch der Gatte der Frau, dem zunächst danach gelüstete, die Hinrichtung einzuleiten, kam gleich darauf tief beschämt von seinem Vorhaben ab.

Jesus aber hob die weinende Frau hoch, sprach gütig mit ihr, und nahm ihr so die Angst. Dann empfahl er ihr nachhause zu gehen, ihr bisheriges Leben noch einmal gründlich zu überdenken, und ihr Leben in Zukunft der tätigen Nächstenliebe zu widmen.

Was ich damit sagen wollte, liebes Schwesterchen, ist dies, dass du zu den besten und wertvollsten Frauen gehörst, die es je auf Erden gegeben hat - und geben wird. Du, Maria-Magdalena, hast dir für alle Zeiten das Recht erworben, zusammen mit Jesus, dem Christus, mit dem also, der heute mitten unter uns ist, in einem Atemzug genannt zu werden!"

Während Jakobus diese letzten Worte sprach, legte Jesus zum Zeichen dafür, dass der Jünger recht gesprochen hatte, Maria-Magdalenas Hände in die Seinigen.

„Jakobus hat die Wahrheit gesagt, Magdalenchen", sprach Jesus, während er ihr liebevoll in die Augen schaute, „was er sagte, ist ihm von oben eingegeben worden!"

Jesus und seine Jünger übernachteten bei Joseph von Arimathäa. Am nächsten Morgen, kurz vor dem Aufbruch nach Bethanien, besprach man nochmal die momentane Einstellung der Jerusalemer Priesterschaft zu dem Wirken Jesu, für wie gefährlich diese den Einfluss des Messias auf das Volk hält. „Die Hohenpriester, vor allem Hannas und Kaiphas, fürchten sich vor nichts mehr als an religiösem und politischem Einfluss zu verlieren"., sagte der Fürst. „In dir, Jesus, sehen sie die größte Gefahr! Diese Gestalten der Finsternis grübeln Tag und Nacht darüber nach, wie sie dich packen können!"

„Die Sache mit dem Nachgrübeln, Joseph, hat sich inzwischen erledigt!", antwortete Jesus ruhig und gelassen. „Sie haben die Lösung ihres Problems in Judas bereits gefunden. Er wird sie zu mir führen, und dann werden sie mich haben, Joseph. Und wie ich es bereits gestern Abend sagte, werde ich nicht vor dem fliehen, was mich erwartet, denn meine Zeit hier auf Erden ist abgelaufen.

Sie wollten mich schon in den vergangenen Monaten mehrmals verhaften lassen. Gelungen ist es ihnen nicht, denn entweder war ich an einem Ort, den sie nicht in Erfahrung bringen konnten, oder es war eine große Menschenmenge um mich herum, die nicht eine Sekunde gezögert hätte, sie mitsamt der Tempelwache zu steinigen, wenn sie es gewagt hätten Hand an mich zu legen!"
„Und was Judas anbelangt", fuhr Jesus fort, „niemand hat das Recht ihm sein Verhalten verübeln. Er ist verblendet und immer noch all zu irdisch eingestellt. Er wird mich zu meinem Glück zwingen wollen, indem er hoffen wird, dass ich vor den Augen des Hauptmanns Jonathan und seinen Tempelsoldaten, die kommen werden um mich zu verhaften, ein gewaltiges Wunder wirke, dass ihnen Hören und Sehen vergeht. Danach, wird Judas denken, würde es keine nennenswerten Probleme mehr geben, die mich daran hindern könnten, König von Judäa zu werden!"
Dann fügte Jesus noch hinzu: „Maria-Magdalena verfügt über eine wunderbare Beobachtungsgabe und Menschenkenntnis, denn sie hat mir kürzlich im Hause des Lazarus den Menschen Judas genau so beschrieben wie er ist!"

„Ich nehme an, dass damit klar ist, warum Judas nicht mit hierher gekommen ist!", sagte Petrus. „Er sagte, er müsse noch einige Besorgungen tätigen, und wegen einer familiären Angelegenheit noch einige Zeit in der Stadt bleiben. Danach würde er gleich nach Bethanien zurückkehren!"

„Du weißt selbst, Jesus", meldete sich Joseph von Arimathäa nochmal mit pessimistischem und sorgenvollem Augenausdruck zu Wort, „dass sich unsere Gesetzesgelehrten noch nie mit den 10 Geboten des Propheten Moses alleine zufrieden gegeben haben. Diese Winkeladvokaten haben den 10 Geboten im Lauf der Zeit eine ganze Menge Zusätze und Ergänzungen beigefügt, wobei sie sehr darauf bedacht waren, ihr umfangreiches juristisches Beiwerk so zu formulieren, dass die einzelnen Paragraphen von den Richtern des Sanhedrin beinahe auf jede gewünschte Weise interpretiert werden können!

Klar und deutlich ausgedrückt heißt dies, dass die vielen Einzelteile des jetzigen Paragraphengestrüpps auch so definiert werden können, dass der Verbrecher plötzlich zum Wohltäter wird, und der wirkliche Wohltäter zu einem gefährlichen Demagogen, vor dem das arme und bedauernswerte Volk unbedingt bewahrt werden muss. Mir wird übel, wenn ich an diese Schlangenbrut nur denke!"

„Das jüdische Grundgesetz", führte Joseph seinen Kommentar fort, „verfügt inzwischen über 365 Verbote und 248 Gebote. Mir wird schwindlig wenn ich mir vorstelle, auf welch vielfältige Weise ein jeder dieser 613 Paragraphen ausgelegt werden kann. Vor allem der Paragraph 82 hat es in sich, Jesus! Er besagt z.B., dass auch ein an sich unschuldiger Mensch verurteilt werden darf, wenn die Richter erkennen, dass dies zum Vorteil des ganzen Volkes ist, denn das Wohl des ganzen Volkes hätte Vorrang vor dem Wohl des Einzelnen! Dabei geht es diesen Heuchlern um das Volk gerade am allerwenigsten! Sei also ja auf der Hut, Jesus, denn nicht einmal du ahnst, zu welch fiesen Tricks diese verseuchten Seelen fähig sind!"

Kapitel 14

DIE LETZTE NACHT IM HAUSE DES LAZARUS

Es war noch früh am Morgen, als sich Jesus, Maria-Magdalena und die Jünger, von Joseph und Josua verabschiedeten. Im Lauf des Tages kamen sie in Bethanien an und befanden sich nicht lange danach im Hause des Lazarus. Martha, Maria und Bethsabe, bereiteten der kleinen Gruppe eine Erfrischung. Kurz darauf kam Lazarus zurück. Er hatte mit verschiedenen Kaufleuten Geschäftsbesprechungen gehabt.

Es wurde nochmal ausführlich über die Erlebnisse berichtet, die Jesus und seine Jünger in Jerusalem hatten. Denen, die der Einladung des jüdischen Rates nicht Folge leisten konnten, übermittelte man dessen und Josuas herzlichen Grüße.

„Meine geliebten Brüder und Schwestern", begann Jesus, „es wird Zeit, dass wir Vorbereitungen für ein gemeinsames Abendmahl von ganz besonderer Art treffen! Ihr wisst alle schon längst, dass sich die religiöse und politische Lage in Jerusalem zu meinen Ungunsten zugespitzt hat. Ich will damit sagen, dass unser morgiges Abendmahl das letzte sein wird, das wir gemeinsam einnehmen werden. Aus diesem Grund soll es auf besonders feierliche Weise stattfinden!

Seid nicht traurig darüber, sondern bemüht euch lieber gemeinsam mit mir glücklich darüber zu sein, dass ich meine Himmlische Mission bald erfüllt haben werde...Martha, mein liebes Schwesterchen, warum weinst du? Freue dich doch mit mir darüber, dass ich bald vollendet habe, und dass die Zeit nahe ist, in welcher ich wieder an der Seite unseres Himmlischen Elternpaares, Urvater und Urmutter, sein darf, wie auch an der Seite meines Ewigen Duals, Christiana!"

Auch mit den anderen Frauen redete Jesus sanft und beruhigte sie. Die Männer schmerzte das Wissen vom nahen Heimgang Jesu genauso, aber sie konnten ihren Schmerz besser unter Kontrolle halten.

„Judas ist immer noch nicht hier!", ließ sich Johannes vernehmen. „Er wird wohl mit seinen Vorbereitungen noch nicht fertig sein, durch welche er Jesus zu dem irdischen Glück zwingen will, König von Judäa zu werden!",gab Philippus verbittert, und mit ein wenig Sarkasmus im Ton, zur Antwort!

Als Judas am späten Abend immer noch nicht gekommen war, sagte Bethsabe: „Judas werden wir wohl erst morgen zu Gesicht bekommen. Lasst uns daher zur Nachtruhe gehen. Maria und ich haben schon alles hergerichtet. Und wenn ihr alle zu Bett gegangen seid, dann bete ein jeder noch einmal für sich allein für unseren Messias - und für das, was er uns und der ganzen übrigen Menschheit an Großem hinterlassen wird!"

Kurz bevor die Lichter im Hause des Lazarus gelöscht wurden, sagte Jesus noch: „Du sollst gepriesen sein in Ewigkeit, geliebte, kleine Bethsabe...und glückselig all die Frauen, die so gut sind wie du!" Als Jesus dies sagte, hatten seine Augen einen Ausdruck Himmlischen Friedens - und als Bethsabe dies sah, strahlte sie vor Freude und erstarkte in ihrem Herzen.

Kapitel 15

DIE LISTE DER 24 ABENDMAHLAUSERWÄHLTEN

Am nächsten Morgen verließen einige Jünger und Jüngerinnen das Haus, um alles Nötige für dieses letzte gemeinsame Abendmahl zu besorgen. Später traf man sich im Hause eines anderen Jüngers, und unterhielt sich dort nochmal ausgiebig über die geistigen und moralischen Vorteile des Evangeliums. Danach begaben sich alle zum Hause Josuas. Das Haus lag im nordwestlichen Teil Bethaniens. Man hatte vereinbart, dieses letzte Abendmahl bei Josua zu feiern. Alle Anwesenden nahmen Platz an einem großen runden Tisch. Josua und einige der Frauen brachten den Wein, das Brot und die Früchte. Während dies geschah kam Judas. Damit war die Zahl der Abendmahlteilnehmer vollständig.

Mit Jesus waren es 25 Personen, welche diesem letzten Abendmahl beiwohnten. Neben jedem der 12 Apostel saß jeweils eine Apostelin. Bei den 24 Gästen des Messias handelte es sich um 12 Männer und 12 Frauen.

Die Männer:
01) Kephas, oder auch Simon Petrus, genannt, der Fels.
02) Andreas, Bruder des Petrus, (das Andreaskreuz mit den schräg übereinander gelegten Balken ist nach ihm benannt).
03) Jakobus, der Sohn des Zebedäus.
04) Johannes, Sohn des selben Zebedäus.
05) Philippus – Autor des Philippus-Evangeliums.
06) Bartholomäus, Sohn des Talmai.
07) Thomas, genannt der Zwilling.
08) Matthäus, Autor des Matthäus-Evangeliums.
09) Jakobus, der Kleine und leiblicher Bruder Jesu.
10) Judas Thaddäus, auch Lebbäus genannt.
11) Simon, der Zelot.
12) Judas Ischarioth, Schwager des Hohenpriesters Hannas (Anmerkung: Nach dem Ausscheiden des Judas Ischarioth trat als Ersatz Matthias an dessen Stelle).

Die Frauen:
01) Maria von Nazareth, die Mutter Jesu.
02) Maria-Magdalena von der Burg Magdalum bei Magdala.
03) Johanna, die Frau Chusas, eines Beamten des Herodes.
04) Susanna, eine Jüngerin unbekannter Herkunft, die Jesus ständig begleitete, und ihn auch finanziell unterstützte.
05) Maria, Tochter des Klopas.
06) Bethsabe, ehemalige Dienerin der Maria-Magdalena.
07) Maria, Kusine der Maria-Magdalena, und Schwester der Martha, wie des Lazarus.
08) Martha, Kusine der Maria-Magdalena, sowie Schwester der Maria und Bruder des Lazarus.
09) Maria, die Mutter des Johannes.
10) Salome, Schwester der Mutter Jesu.
11) Julia, eine römische Christin, die auch Paulus kennen lernte.
12) Eunike, eine Judenchristin aus Lystra, welche die Mutter des Paulusschülers Timotheus war.

Anmerkung zu Simon Petrus: Dieser Apostel wurde im Jahre 64 in Neros Kolosseum gekreuzigt. Man vermutet zwar, dass seine Gebeine unter der Peterskirche in Rom begraben liegen, doch sicher ist dies nicht.

Anmerkung zu Andreas: Er wurde auf Patros, Griechenland, gekreuzigt. Er überlebte 3 Tage am Kreuz. Seine letzten Worte waren: „Nimm mich an, o Christus Jesus, den ich sah, den ich liebe und in dem ich bin!"

Anmerkung zu Jakobus, dem Sohn des Zebedäus: Er wurde im Jahre 44 auf Befehl des Herodes Antipas enthauptet.

Anmerkung zu Johannes: Er starb im hohen Alter auf der Insel Pathmos in der Verbannung, wo er auch die Apokalypse schrieb.

Anmerkung zu Philippus: Er wurde in Ephesus auf Befehl eines römischen Prokonsuls gekreuzigt, dessen Frau später Christin wurde.

Anmerkung zu Bartholomäus: Er wirkte zuletzt für das Evangelium in der Türkei, am Südende des kaspischen Meeres. Dort fiel er in die Hände von heidnischen Räubern, die ihn bei lebendigem Leibe häuteten.

Anmerkung zu Thomas: Er starb nach einem langen ereignisvollen Leben in Mylapor, einem heutigen Vorort der indischen Stadt Madras.

Anmerkung zu Matthäus: Er starb eines friedlichen Todes, wohl nicht lange, nachdem er sein großes Matthäus-Evangelium geschrieben hatte. Seine Gebeine wurden in der Kathedrale von Salerno in Italien beigesetzt.

Anmerkung zu Jakobus, dem fleischlichen Bruder Jesu: Er wurde zwischen den Jahren 44 und 47 auf Befehl des Stadthalters, Caspius Farus, eine Felswand hinunter gestürzt. Auf dem Ölberg wurde er beerdigt.

Anmerkung zu Judas Thaddäus: Er starb ohne Gewalteinwirkung als Missionar in Nord-Persien. In Kalesia wurde er beigesetzt. Etwa 500 Jahre später wurde er exhumiert, und seine Gebeine zum Vatikan gebracht.

Anmerkung zu Simon dem Zelot: Nach Jesu Kreuzigung predigte er in Nord-Afrika. Dann ging er über die Alpen nach Frankreich. Im Jahre 60 setzte er über den Kanal nach England. Dort missionierte er die Briten und schimpfte über die Römer. Am 10. Mai 61 wurde er in Caistor, dem heutigen Lincolnshire, verhaftet und gekreuzigt.

Anmerkung zu Judas Ischarioth: Nachdem er sah, dass sein Plan, Jesus zu einem jüdischen König zu machen, fehl schlug, und er dem Messias stattdessen den Kreuzestod bescherte, hatte ihm sein Gewissen so grausam zugesetzt, dass er Selbstmord beging. Judas erhängte sich.

Kapitel 16

DAS ABENDMAHL

Jesus versammelte bei seinem letzten Abendmahl deshalb 12 Männer und 12 Frauen um sich, weil er dadurch zum letzten Mal demonstrieren wollte, dass das so ungeheuer wichtige geistige Gleichgewicht nur dann gefördert und erhalten werden kann, wenn Mann und Frau in Harmonie zusammen wirken. Jesus wollte dadurch noch einmal verdeutlichen, dass es die Frau ist, welche die geistige Brücke zwischen dem Leben im Himmel und dem Leben auf Erden bildet.

So hat Jesus auch in dieser Hinsicht genau das Gegenteil von dem gemacht, was die selbstherrlichen und patriarchalischen Pharisäer und Schriftgelehrten taten, die stets darauf bedacht waren, ihre eingebildete „geistige Überlegenheit" der Frau gegenüber dadurch zu demonstrieren, indem sie sie bei religionspolitischen und religions-philosophischen „Fachgesprächen" einfach ausschlossen. Dabei ist gerade die Frau bezüglich des feingeistigen Erkennens metaphysischer Einwirkungen auf alles Irdische, und in Bezug auf das Erfassen geistiger Vorgänge, die sich hinter der Grenze des rationellen Denkens ereignen, um einiges befähigter als der Mann.

Die sogenannten „reißenden Wölfe", die nach den Urchristen die Führung übernahmen, sorgten dann im Lauf der Zeit gründlich dafür, dass die vielen bildhaften Abendmahldarstellungen, die innerhalb vieler Jahrhunderte entstanden, immer nur Männer zeigen und keine einzige Frau. Es ist daher kein Wunder, dass die Christenheit, die in Bezug auf religiöse Erkenntnis und geistige Logik ohnehin „alles" kritiklos hinnimmt was ihr vorgesetzt wird, davon überzeugt ist, dass Jesus nur mit seinen männlichen Jüngern das Abendmahl gefeiert hatte.

Hätte man den Betrug an dieser Abendmahlszene nicht vorgenommen, dann hätte sich das patriarchalische Denken niemals so weit über die Weiblichkeit erheben können, wie es nun mal leider der Fall ist. Man hätte stattdessen bei allen wichtigen religiösen Anlässen, bei Entscheidungsfragen in Bezug auf Glaubensinhalte, bei der Verleihung von politischen und religiösen Ämtern, u.s.w., immer den notwendigen und gerechten weiblichen Anteil mit zu Rate gezogen, und hätte diesem das Recht zugebilligt, bei allen Entscheidungsfragen mitbestimmen zu dürfen!

Die Lichter im Saal waren angezündet. Das letzte Abendmahl konnte beginnen. Die Menschen in diesem Saal waren voll des Friedens. Ein Hauch von Himmlischem Glück lag in diesem Raum, ein kleines Stück paradiesischer Athmosphäre.

Mit der Nahrungsaufnahme verfuhr man nicht so, indem man sich gründlich satt aß, um für den Rest des Abends dann nichts mehr zu essen, sondern man nahm über den ganzen Abend verteilt kleinere Häppchen zu sich. Zwei Schüsseln einer besonders guten Saucenart befanden sich neben den Backwaren und Früchten auf dem Tisch.

Nachdem Jesus ein Dankgebet gesprochen hatte, nahm er etwas von dem Brot und von den Früchten, und sagte: „Nehmet und esset von dem Brot und von den Früchten, denn diese bedeuten meinen Leib, den ich dahingeben werde zum Wohle aller!" Dann nahmen alle zusammen etwas von dem Brot und von den Früchten zu sich.

Als man den ersten Bissen gegessen hatte, nahm Jesus einen Becher Rotwein in die Hand und sagte, während er dabei in die Runde blickte: „Nehmet von dem Wein und trinket davon, denn er bedeutet mein Blut, das zugunsten der Menschen vergossen werden wird!" Daraufhin tranken alle von dem Rotwein.

Während die 25 Menschen beisammen saßen und darauf gespannt waren, was Jesus als nächstes sagen würde, sprach dieser plötzlich mit ernster Stimme: „Einer von euch wird mich heute nacht verraten!" Dies sagte er, um die Reaktion des Judas zu testen, und nicht um die anderen damit zu überraschen, denn aufgrund der vorher gegangenen seltsamen Verhaltensweisen des Judas, und wegen dem, was man in Abwesenheit dieses Mannes bezüglich seiner Problemsituation bereits miteinander besprochen hatte, wussten sie alle schon längst, was Judas vor hatte, und damit auch, was Jesus mit diesen düsteren Worten beabsichtigte.....

Man wartete also ab, was Jesus nun als nächstes sagen würde. Aufgrund der heiklen Situation die entstanden war, konnte der Hauch der paradiesischen Athmosphäre, der in diesem Raum lag, minutenlang nicht richtig wahrgenommen werden, denn die Nerven der Jünger und Jüngerinnen wurden durch die Worte Jesu zwangsläufig stark angespannt.

Allein Judas war der Einzige, der mit der düsteren Aussage Jesu nichts anzufangen wusste. Er war der Einzige in der Runde, der nicht begriff, um was es hier eigentlich ging. Ungläubig schaute er von einem zum anderen, und als er schließlich Jesus ansah, war sein Gesicht ein einziges Fragezeichen.

Jesus hatte schließlich etwas von Verrat an seiner eigenen Person gesprochen, und dann auch noch behauptet, einer von den Jüngern sei der Verräter. Judas lag der Gedanke fern, dass er derjenige sein könnte, der gemeint ist, denn schließlich hatte er ja bis jetzt alles getan, damit Jesus problemlos König von Judäa werden könne - und dies hat doch nun wirklich nichts mit Verrat zu tun!....

Dann sagte Jesus: „Derjenige, mit dem zusammen ich das Brot in die Schüssel tauche, dieser ist es, der mich verraten wird!" War es Zufall oder Fügung, dass der stark grüblerisch veranlagte Judas ausgerechnet in diesem Augenblick für Sekunden abwesend war? Diesen Satz hatte er nämlich nicht gehört! Er hatte ihn deshalb nicht gehört, weil er darüber nachgrübelte, was Jesus mit dieser seltsamen Behauptung von dem „Verrat an seiner Person durch jemanden, der mit ihm das Brot in die Schüssel taucht", gemeint haben könnte. Was immer dabei Judas im Einzelnen dachte, können wir natürlich nicht wissen.

Jedenfalls nahm Jesus ein Stück Brot zwischen Daumen und Zeigefinger seiner rechten Hand, und tauchte es in dem Augenblick in die Tunke der am nächsten stehenden Schüssel, als Judas selbst gerade ein Stück Brot in sie hineintauchte. Judas betrachtete das Brotstück, das Jesus in der Hand hatte, noch bevor es in die Schüssel getaucht wurde, und blickte ihm nach, bis es darin verschwand. Als es wieder herausgezogen wurde, blickte er ihm wieder nach, bis es im Munde Jesu verschwand. Dann starrte er Jesus an, gespannt darauf, was dieser nun sagen würde.

Gleich darauf sprach Jesus zu ihm: „Was du zu tun beabsichtigst, Judas, das tue gleich!" Daraufhin stand Judas auf, nickte kurz und begab sich aus dem Haus. Sein Weg führte direkt zu Hannas, Kaiphas und dem Soldatenhauptmann Jonathan. Judas war zu diesem Zeitpunkt schon so verblendet, dass er auf dem Weg zu Hannas und Kaiphas immer noch nicht begriff, dass er gerade als Verräter gebrandmarkt wurde. Judas glaubte allen Ernstes, dass Jesus mit dem Ausspruch, „Was du zu tun beabsichtigst, das tue bald!", lediglich meinte, dass er sich beeilen solle, damit die Sache mit der Thronbesteigung Jesu auch ja reibungslos vonstatten gehen könne. Dies dachte er deshalb, weil er davon überzeugt war, dass Jesus genau wusste, was er, Judas, vor hatte.

Judas glaubte, er und der Meister verstünden sich, besonders bei so ungeheuer wichtigen Angelegenheiten wie die Vorbereitung zur Inthronisation Jesu, auch ohne große Worte. Immerhin hatte Judas im Verlauf der letzten Zeit diesbezüglich gegenüber Jesus hin und wieder eine kleine Andeutung gemacht. Dass Jesus stets nicht darauf antwortete, betrachtete Judas als Zustimmung, als einen stummen Hinweis des Messias darauf, dass diese Angelegenheit unter allen Umständen noch eine gewisse Zeit geheim gehalten werden musste.....

Als Judas gegangen war, sprachen Jesus und die Jünger noch einmal über das, was nun bald geschehen würde, und über den verblendeten Judas, der buchstäblich keine Ahnung davon hatte, was er anrichtete.

Das Abendmahl neigte sich allmählich seinem Ende entgegen. Da es aber das letzte Abendmahl war, gab ihm Jesus einen ganz besonders würdevollen Abschluss:

„Das größte und wichtigste Gebot", betonte er, „ist dies, dass ihr einander liebt, so wie euch unsere Himmlische Vater-Mutter-Gottheit schon immer geliebt hat. Nur in der gegenseitigen, bedingungslosen Liebe, werdet ihr wirklich wachsen. Nur über sie, die Königin aller Früchte des Göttlichen Geistes, werdet ihr auf eine Weise erstarken und zu Leistungen fähig sein, von denen sich nicht einmal die Intelligentesten und Weisesten dieser Welt eine Vorstellung zu machen vermögen!"

Kapitel 17

VOM GEISTIGEN PRINZIP DER DUALPARTNER

Nach einer kurzen Pause, die der Messias einlegte, damit das Gesagte von den Zuhörern auch entsprechend verarbeitet werden konnte, fuhr er fort: „...Und allen Frauen dieser Welt sage ich: Achtet, ehrt und liebt eure Männer. Wenn ihr sie also behandelt, dann werdet auch ihr so behandelt werden!... Und ihr Männer: Handelt nicht wie die Nationen, nicht wie die Pharisäer und Schriftgelehrten, denn sie unterdrücken die Frauen, und ehren sie nicht so, wie es unsere Vater-Mutter-Gottheit möchte. Sie sind nicht in der Lage, in der Seele der Frau die Weiße Rose zu erspüren, welche das Symbol der Himmlischen Liebe ist, womit sie auch nicht deren gewaltigen geistigen Wert zu erfassen in der Lage sind.

Keiner ist größer als der andere! Die Frau ist nicht größer als der Mann, und der Mann ist nicht größer als die Frau, bedenkt das wohl! Wenn sich aber eine Frau größer zu sein dünkt als der Mann, dann ist sie kleiner als er - und der Mann, der glaubt, größer zu sein als die Frau, ist in Wirklichkeit kleiner als sie!

Nicht jede auf Erden geschlossene Ehe ist auch in den Augen unserer Vater-Mutter-Gottheit eine gültige Ehe. Oft kommen solche Menschen nur deshalb zusammen, um Fehler aus vergangenen Zeiten aneinander gut zu machen, um sich auf diesem Wege als Kinder unserer Vater-Mutter-Gottheit zu begreifen, und um sich gegenseitig anzunehmen und lieben zu lernen, wenn auch in einem anderen Zusammenhang, als es bei Dual-Partnerschaften der Ewigkeit der Fall ist.

Bei Partnerschaften der Wiedergutmachung und des Voneinanderlernens kann es natürlich vorkommen, dass man dabei seinen Dual-Partner für die Ewigkeit wieder erkennt. Doch in vielen Fällen ist der Dual-Partner ein anderer! Bei den Dual-Partnerschaften der Ewigkeit handelt es sich um Geistige Ehen. Diese Geist-Ehen sind von der Hohen Geistigen Liebe durchdrungen, und sind daher die einzigen Ehen, die im Himmel geschlossen worden sind.

Natürlich werden vom Himmel auch solche Verbindungen zwischen Mann und Frau gesegnet, die nur auf Erden als Ehen gelten, sofern sie dem inneren Wachstum der Beteiligten auf irgendeine Weise dienen. Unsere Vater-Mutter-Gottheit segnet jede Art von Verbindung, wenn dabei edle Ziele verfolgt werden. Jedem Bündnis geht der Wunsch nach Kommunikation, Liebe und Verständnis voraus, denn alles was lebt, Menschen, Tiere und Pflanzen, will in Wahrheit lieben und geliebt werden.

Der männliche Geist vermag ohne den weiblichen Geist nichts zu bewirken, und der weibliche Geist nichts ohne den männlichen. Aber zusammen bilden sie ein vollkommenes Ganzes! Dabei ist es unerheblich, ob sich Mann und Frau im Fleische begegnen, ob sie im Fleische zusammenkommen oder nicht, oder ob nur einer von beiden auf Erden lebt, während sich der andere bereits seit kürzerer oder längerer Zeit im Himmel befindet, oder in einer der darunterliegenden, feinstofflichen Dimensionen. Dies ist nebensächlich, denn einzig wichtig ist, dass sie geistig miteinander in Verbindung stehen! Diese Verbindung bleibt immer bestehen, auch während der Zeit, in welcher beide keine Erinnerung mehr aneinander haben, was z. B. dann der Fall ist, wenn nur einer von Beiden zur Inkarnation bestimmt ist, während sich der andere auf einer geistigen Ebene zu bewähren hat, womit die Liebe zueinander erst wieder neu entdeckt, oder gar neu entwickelt werden muss!

Sehet mich! Auch ich vermag ohne Christiana, meinem weiblichen Dual, welches sich im Himmel befindet, nichts zu bewirken! Umgekehrt wäre auch Christiana ohne mich zu nichts imstande. Zusammen aber bilden wir ein vollkommenes Ganzes. Christiana wirkt durch mich - und ich wirke durch sie!

Ebenso benötigt auch unser Himmlischer Urvater unsere Himmlische Urmutter. Der Himmlische Urvater vermag nichts ohne die Himmlische Urmutter, und unsere Himmlische Urmutter wäre ohne den Himmlischen Urvater zu nichts fähig! Diese Form des „Voneinander abhängig sein in Liebe", wie es zwischen dem Himmlischen Urvater und der Himmlischen Urmutter der Fall ist, meine geliebten Brüder und Schwestern, sind die beiden notwendigen Vorbedingungen, durch welche das Geistige Gesetz der Himmel überhaupt erst zu wirken in der Lage ist! Es wird die Zeit kommen, in der es kein Leben mehr geben wird, das bis dahin noch nicht diesem wahrlich Göttlichen Ur-Beispiel gefolgt sein wird. Darauf könnt ihr euch verlassen!"

Kapitel 18

DIE 9 SELIGPREISUNGEN

Anmerkung: Der Christus erfüllt die geistige Bedeutung der Zahl 9, da diese die Erfüllung der geistigen Eigenschaften aller vorhergegangenen 8 Zahlen repräsentiert. Daher sprach er von 9 Seligpreisungen. Damit kann die 9. Seligpreisung auch als die Quintessenz der vorhergegangenen 8 Seligpreisungen bezeichnet werden, die der Christus aus diesen herausgefiltert hatte. Der wahre Inhalt der 9. Seligpreisung wurde nie in die Bibel aufgenommen.

Nach einem letzten Gebet wurde die Tafel aufgelöst. Dann gingen alle zusammen hinauf zum Ölberg. Der Mond am nächtlichen Himmel leuchtete ihnen auf ihrem Weg. Auf einem Flecken des Ölbergs, der besonders stark in die Strahlen des Mondlichtes eingetaucht war, nahmen die Männer und Frauen Platz.

Alle wussten, dass es sich nur noch um wenige Stunden handeln konnte, bis man Jesus verhaften würde. Die warme Nachtluft war durchdrungen von dem inneren Frieden und vom Pathos des tiefen Ernstes, welche auf dieser kleinen Lichtung von Jesus ausgingen. Ein Hauch von Heiliger Würde lag über dem kleinen Flecken. Die Anwesenden spürten die Kraft, die von dem Messias ausging. Sie spürten, wie diese Kraft alle Traurigkeit verdrängte, und stattdessen etwas von der Himmlischen Herrlichkeit in ihre Seelen zauberte.

Das war für Jesus der geeignete Augenblick noch ein letztes Mal an das zu erinnern, was er in den Jahren seines Wirkens immer wieder den Menschen predigte, indem er die neun Grundpfeiler, die 9 Seligpreisungen also, auf denen das Haus seines Evangeliums aufgebaut ist, nochmal zur Sprache brachte:

„Glückselig alle jene, welche wissen, dass sie geistig bedürftig sind und sich bemühen, im Geiste zu wachsen, denn ihnen gehört das Himmelreich!"

„Glückselig die Trauernden, denn sie werden dadurch getröstet werden, dass sie die Herrlichkeit der Himmel begreifen und lernen werden, dass es den Tod nicht gibt!"

„Glückselig, die keine Gewalt anwenden, denn sie werden die Erde als eine Stätte verwalten dürfen, welche ein Ebenbild des Himmlischen Paradieses sein wird!"

„Glückselig, die hungern und dürsten nach der Gerechtigkeit, denn sie werden gesättigt werden von unserem Himmlischen Vater und unserer Himmlischen Mutter, welche noch nie jemandem Ihre Hilfe versagten, der wirklich danach verlangte!"

„Glückselig die Barmherzigen, denn ihnen wird Barmherzigkeit erwiesen werden, denn wer gegenüber Menschen und Tieren barmherzig ist, hat es verdient, dass auch ihm Barmherzigkeit zuteil wird!"

„Glückselig, die reinen Herzens sind, denn sie werden Urvater und Urmutter schauen. Nur wer selbst rein geworden ist, kann Reines erfassen!"

„Glückselig, die Frieden stiften, denn sie werden Söhne und Töchter des Himmels genannt werden, da sie durch ihr Verhalten von dem harmonischen Zusammenwirken zeugen, welches von den Bewohnern der Reinen Himmel bis in alle Ewigkeit gelebt wird!"

„Glückselig, die um der Gerechtigkeit willen verfolgt werden, denn der Himmel wird ihre Rettung sein, da er alle jene beschützt, welche die Gerechtigkeit der Himmel lieben!"

„Glückselig die Liebenden, welche sich einst im Himmel als geläuterte Engel und Engelinnen, je ein Paar, wiederfinden werden, die von Anbeginn der Zeiten füreinander bestimmt waren, denn sie werden zu starken Säulen der Göttlichen Liebe, Gerechtigkeit und Barmherzigkeit werden, im Himmel - wie auf Erden!"

Nach jeder Seligpreisung ließ Jesus zwecks Verinnerlichung des Gesagten, stets eine kurze Zeit verstreichen. Dann erhob er sich und sagte: „Es wird Zeit, dass wir gehen. Ich möchte aber, dass nur die Männer mit mir kommen. Euch Frauen aber bitte ich, nachhause zu gehen.

Bleibet aber, wenn all die Dinge geschehen sind, die um meinetwillen geschehen müssen, vorerst beisammen, meine geliebten Brüder und Schwestern, denn bevor ich in den Himmel fahre, werde ich mich euch noch einmal zeigen. Doch es gibt jemanden unter euch, dem ich mich schon lange vorher auf ganz besondere Weise zu erkennen geben werde, doch möchte ich nicht, dass ihr jetzt schon erfährt, um wen es sich handeln wird. Vor allem aber bleibt stark bis ihr vollendet habt, was ihr vollenden müsst!"

Schweren Herzens trennten sich die Jüngerinnen von Jesus, und begaben sich - lautlos weinend - auf den Weg zum Hause des Lazarus.

Jesus und die Jünger aber machten sich auf den Weg zum Garten Gethsemane. Dort wurden die Jünger vom Schlaf übermannt, denn ihre Nervenanspannung war zu groß. Da überkam auch Jesus Angst, und er betete drei mal eine Stunde lang inbrünstig, wobei er Blut schwitzte. Dabei äußerte er die Bitte: „Mein Himmlisches Abba - Amma, wenn es irgend möglich ist, dann lasse diesen Kelch an mir vorübergehen – aber nicht mein Wille möge geschehen, sondern der Deinige!"

Wie die größte Geschichte aller Zeiten, das größte Ereignis, das je auf Erden stattfand, gezeigt hat, konnte und durfte dieser Kelch zum Wohle der Menschheit, ja, zum Wohle des gesamten Seins, nicht an dem Christus vorübergehen.....

Kapitel 19

MARIA-MAGDALENA UND PONTIUS PILATUS

Viele Stunden waren bereits vergangen. Maria-Magdalena wusste nicht, was mit Jesus in der Zwischenzeit geschehen war. Sie litt unter dieser Ungewissheit. Plötzlich wurde ihr eine Eingebung zuteil: Sie hörte in ihrem Innern ganz deutlich den Namen Pilatus fallen. In Verbindung damit sah sie das Gesicht dieses römischen Prokurators von Judäa vor ihrem inneren Auge.

Bis zu diesem Zeitpunkt war bereits viel geschehen. Jesus war längst gefangen genommen worden. Sein Verhör durch Hannas und danach durch Kaiphas war längst beendet, und den durch die Dornenkrone Geschmähten hatte man bereits dem Pilatus übergeben, der befugt war, nach römischem Recht zu urteilen.

Maria-Magdalena hielt es in Bethanien nicht mehr aus. Der tiefe Schmerz um den Messias machte sie stark für eine große Konfrontation, für ein Aufeinandertreffen mit Pontius Pilatus! Diesen Machtmenschen wollte sie dazu bewegen, Jesus frei zu geben.

Pilatus hatte zwar eine Villa in Cäsaräa, aber um seine Arbeit als Prokurator auch richtig erfüllen zu können, musste er häufig in Jerusalem sein. Aus diesem Grund hatte er in dieser Stadt noch einen zweiten Wohnsitz.

Früh am Morgen machte sich die Jüngerin auf den Weg zu Pilatus. Sie fand ihn im Atrium seines Hauses, unweit der Festung Antonia. Pilatus war erstaunt, als er sie über den Vorhof auf sich zu kommen sah. Der Prokurator erkannte an ihrem Schritt, dass hier ein Energiebündel an Frau mit einem offensichtlich enormem Selbstbewusstsein auf ihn zukam.

„Pilatus!", sagte Maria-Magdalena nach der üblichen Begrüßung. „Du bist im Begriff, den schrecklichsten Fehler deines Lebens zu machen. Man hat dir Jesus, den Nazarener, überliefert, damit du ihn zum Tode verurteilst. Schon seit längerer Zeit haben diese beiden teuflischen Hohenpriester, Hannas und Kaiphas, immer wieder versucht, Jesus hineinzulegen und das Volk gegen ihn aufzubringen. Diese beiden Mörder wollen, dass Jesus von allen Menschen gehasst wird! Lass dich nicht klein kriegen Jesus kreuzigen zu lassen, auch dann nicht, wenn man dir gegenüber mit Drohungen kommt, die den Verlust deines Amtes als Prokurator für Judäa beinhalten könnten!"

„Dein Mut und deine Entschlossenheit für diesen ungewöhnlichen Rabbi aus Nazareth einzutreten, imponiert mir, Maria-Magdalena!", antwortete Pilatus, „Ich kann einfach nicht glauben, dass ausgerechnet Galiläa in der Lage sein soll, Respektspersonen wie dich aus sich hervorgehen zu lassen, denn ich weiß, dass du aus Galiläa kommst, an deinem Dialekt habe ich es erkannt! Außerdem schätze ich, dass adliges Blut durch deine Adern fließt, dass du mit dem Geschäftsmann Lazarus verwandt bist, und wohl von der Burg Magdalum stammst! Habe ich recht?"

„Du hast richtig vermutet, Pilatus!", gab Maria-Magdalena zur Antwort. „Dann muss ich erst recht dein mutiges Eintreten für diesen außergewöhnlichen Lehrer geistiger Gesetzmäßigkeiten bewundern!", sagte Pilatus.

„Was wirst du in Hinsicht auf Jesus tun?", fragte Maria-Magdalena, um auf das zurückzukommen, was ihr am meisten am Herzen lag. „Wenn du Jesus rettest, dann wirst auch du gesegnet sein, Pilatus, denn Jesus hat im Auftrag der Göttlichen Allmacht gehandelt. Er zerstört nicht die Seelen der Menschen, wie es dir die Hohenpriester einreden wollen, sondern er ist ihr Erretter!"

„Maria-Magdalena", sagte Pilatus sichtlich bestürzt, „ich glaube auch nicht alles, was mir diese widerlichen Tempelnattern immer wieder als Wahrheit zu verkaufen suchen. In Bezug auf Jesus habe ich schon meine eigene Meinung - und darin unterscheide ich mich ganz gravierend von den Hohenpriestern - das kannst du mir glauben! Und was die Sache mit dem jüdischen Recht anbelangt, Maria-Magdalena, da haben die Juden in ihrem eigenen Land freie Hand.

Judäa wird zwar beherrscht vom Römischen Imperialismus, aber andererseits ist auch durch Rom gesetzlich festgelegt worden, dass die Juden ihre eigene Legislative und Exekutive haben dürfen. Und das heißt, dass die Juden jeden jüdischen Mitbürger zum Tode verurteilen dürfen, der sich im Sinne ihrer Gesetze des Todes schuldig gemacht hat. Nur wenn sie nichtjüdische Personen anklagen wollen, muss Rom davon in Kenntnis gesetzt werden! Jüdische Verbrecher geraten nur dann in die Mühlen der römischen Justiz, wenn Rom durch sie seine Imperialpolitik gefährdet sieht! Dies wissend wollen Hannas und Kaiphas den Nazarener als Staatsverbrecher Nummer 1 kreuzigen lassen. Sie sind schlau und gerissen, und haben sich ihre Argumente gut überlegt!"

„Und wie sieht es mit deinen Beziehungen zu Rom aus, wie weit reicht dein Einfluss?", fragte die Jüngerin. „Könntest du dort nicht etwas zu Gunsten Jesu erreichen?" „Ich glaube kaum!", gab Pilatus zur Antwort. „Tiberius ist nicht gerade verliebt in mich, wenn du verstehst was ich meine! Man wollte mich aus Rom weg haben - möglichst weit weg. Dabei hatte ich noch Glück, hier in Judäa einen Posten zu bekommen. Tiberius hätte mich genauso gut auch nach Gallien oder Germanien schicken können, und diese Gegend hätte mir ganz bestimmt nicht bekommen! Und nun sitze ich seit vier Jahren hier.

Realistisch betrachtet gibt es nur eine Möglichkeit Jesus zu retten, und die besteht in dem Versuch, das Volk und die Hohenpriester umzustimmen. Ich habe also größte Bedenken, ob ich zugunsten des Nazareners etwas erreichen kann. Aber bitte glaube mir, Maria-Magdalena, ich sähe Jesus lieber frei und unbehelligt, als ihn zum Tod verurteilen zu müssen!"

Dann erzählte Pilatus der Jüngerin von der Unterhaltung, die er mit Jesus in den Morgenstunden bereits unter vier Augen gehabt hatte: „Dieser Rabbi ist ein ungewöhnlicher Mensch, Maria-Magdalena! Er verfügt über eine innere Größe und Selbstachtung, für die ich absolut keine Worte habe. Die Menschheit hat schon viele außergewöhnliche Persönlichkeiten gesehen, und, obwohl ich es nicht beweisen kann, würde ich jeden Eid darauf schwören, dass es sich bei Jesus um eine Persönlichkeit handelt, die derart außergewöhnlich ist, dass es sie einfach nur einmal geben kann auf der Welt! Verstehst du? Einmal - und dann nie wieder! Selbst wenn die Menschheit bis in alle Ewigkeit bestehen würde! Ich glaube, dass dieser Rabbi aus Nazareth die größte Ausnahmeerscheinung aller vergangenen und künftigen Zeiten sein wird!"

Nach kurzem Nachdenken fuhr Pilatus fort: „Als ich diesen Menschen heute morgen fragte, worin er seine Hauptaufgabe sähe, antwortete er mir, dass er die Menschen zur höchsten Form der Wahrheit führen wolle, und dass diese über die Erkenntnis des Göttlichen Willens gefunden werden könne! Dann wollte ich von ihm wissen, was Wahrheit denn eigentlich sei? Ich versuchte ihm diese Frage im Befehlston zu stellen, aber es war wohl doch mehr eine Bitte, denn ich kam mir ganz und gar nicht groß vor gegenüber diesem Menschen. Er gab zur Antwort:

„Die Wahrheit, Pilatus, ist vielgestaltig und hat viele Gesichter. Ein Jeglicher kann sie in sich selbst finden. Dazu bedarf es keiner konfessionellen Reglementierung. Die Wahrheit, Pilatus, ist in dir genauso, wie sie in den Wänden ist, die dich umgeben. Suchst du sie im Grashalm, dann wirst du sie dort finden. Suchst du sie in den Palästen der Könige, wirst du sie finden - suchst du sie im Tal der Aussätzigen, wirst du sie finden - suchst du sie in den Kamelen, Pferden, Rindern und Schafen, wirst du sie finden - suchst du sie in den Vögeln des Himmels und im Gewürm des Feldes, wirst du sie finden - suchst du sie in den Religionen der Welt, wirst du sie finden, denn die Göttliche Wahrheit liegt in Allem, weil durch sie alles geworden ist, wie sich auch durch sie alle Lebensformen im ewigen Wandel der Zeiten weiter bilden und entwickeln werden, und damit ständig sich verbessernde Teilwahrheiten der einen unendlich gewaltigen Elementarwahrheit der Göttlichen Allmacht sind!

Aber, Pilatus, die Göttliche Wahrheit zwingt sich niemandem auf, sie bietet sich nur an. Ihre unendliche Größe zeigt sich darin, dass sie Platz hat für alle Religionen - und ihre unendliche Kraft zeigt sich darin, dass sie alle diese Religionen zu durchdringen vermag. Damit ist sie in der Lage, sich jeder Mentalität, jedem kulturellen Verständnis, und jedem Reifegrad, anzupassen. Sie tut dies mittels einer unendlichen Fülle von symbolischen Hinweisen, oder individuellen Wegweisern, damit ein jeder gemäß seiner Art und Mentalität zum Heil gelangen kann.

Wer aber sagt: Die Wahrheit wohnt nur in mir, aber nicht in den Anderen!, der hat sie noch nicht gefunden. Und wer sagt: Nur mein Weg ist der, welcher zur Wahrheit führt, alle anderen führen in die Irre!, dieser hat den Weg, der zur Wahrheit führt, noch nicht gefunden. Er irrt also herum. Wie also kann er wissen, ob der Weg, den die Anderen gehen, falsch ist, wenn er selbst noch nicht die Richtung gefunden hat?

Wahrlich, ich sage dir, Pilatus: Wer in seinem Geiste und in seinem Herzen den pulsierenden, strahlenden und leuchtenden Kern der Göttlichen Wahrheit erschlossen hat, wird erkennen, dass es, neben seiner eigenen Straße des Lebens, noch viele andere individuellen Lebensstraßen gibt, die von außen zu diesem Kern hin führen, und wahrlich, er wird nicht so vermessen sein, an der unendlichen Weisheit des Baumeisters dieser Straßen Kritik zu üben!"

„Dies alles, Maria-Magdalena, offenbarte mir dieser mehr als außergewöhnliche Nazarener!", fügte Pilatus hinzu, nachdem er die Worte Jesu sinngemäß wiedergegeben hatte. „Ich war innerlich total erregt", gestand Pilatus, „und ich dachte bei mir voller Hochachtung: Welch ein Mensch!

Ich, selbst ein Mann der Macht, begann zu zittern, als ich den Ausdruck seiner Augen sah, während er redete. Ich spürte, wie seine Ausstrahlung immer mehr Besitz von meiner Seele ergriff. So sehr ich einerseits verärgert war, dass angesichts meiner Konfrontation mit ihm mein eigenes Machtbewusstsein mehr und mehr zerbröckelte, so sehr wuchs aber auch meine Zuneigung zu ihm - und nun stehe ich da und sehe einem Prozess entgegen, an den ich wohl mein Leben lang denken werde!"

„Ich danke dir für die hohe Meinung, die du von dem Meister hast, und vor allem aber auch dafür, dass du Sympathie für ihn hast!", sagte Maria-Magdalena sichtlich bewegt. Daraufhin fand Pilatus nicht die passenden Worte und nickte daher nur kurz, während er die Jüngerin verständnisvoll anschaute.

Dann zog er die junge Frau zu sich hinein in die Schreibstube. Von einem wuchtigen und kunstvoll gearbeiteten Schreibtisch aus Zedernholz holte er eine kleine Pergamentrolle herunter, und zeigte sie seinem weiblichen Gast: „Dies, Maria-Magdalena, ist ein Brief meiner Gattin Klaudia. Hierin erzählt sie von dem Traum, den sie heute nacht gehabt hatte. Sie träumte von Jesus, und sie bittet mich inständig, ihn nicht zum Tode zu verurteilen, denn er sei der gerechteste Mensch auf Erden. Sollte ich ihn aber trotzdem zum Tode verurteilen, dann würden sich dunkle Schicksalswolken über meinem Haupte zusammenziehen!"

„Ich weiß, dass du tun wirst was du vermagst, Pilatus", sagte die Jüngerin, „aber ob deine Bemühungen, Jesus frei zu bekommen, mit Erfolg gekrönt sein werden oder nicht, hängt ja in Wahrheit vom Himmel ab, Pilatus - und die Entscheidung die der Himmel fällt, werde ich als seine Dienerin annehmen..... und noch etwas, Pilatus: Vermittle deiner Gattin die herzlichsten Grüße von mir, und sage ihr, dass sie vom Himmel gesegnet sein wird, weil ihr Herz erkannt hat, dass Jesus der gerechteste Mensch auf Erden ist, und dass sie dich angefleht hat, ihm zu helfen!"

Dann verabschiedeten sich die beiden Persönlichkeiten voneinander, deren Namen für Jahrhunderte, sogar für Jahrtausende, in die Weltgeschichte eingehen sollten.....

Kapitel 20

PONTIUS PILATUS
UND KLAUDIA PROKULA

Wegen politischer Diskrepanzen mit Rom bekam Pilatus einen Posten als Stadthalter in der Provinz Judäa. Dort wirkte er von den Jahren 26 bis 36 n. Chr. Es wird berichtet, dass er 6 Jahre nach der Kreuzigung Jesu nach Gallien strafversetzt wurde, weil er bei seinen Säuberungsaktionen viele Samaritaner grausam behandelt haben soll. In Gallien, westlich des Rheins, beging Pilatus Selbstmord, indem er sich erhängte.

Wenn ich jedoch diese Angaben einfach so stehen lassen wollte, dann würde ich zulassen, dass der Prokurator in einem schlechteren Licht verbliebe, als er es verdient hat. Gewiss, Pilatus war oft grausam und unerbittlich, aber angesichts der vielen Aufstände die es niederzuschlagen galt, ist dieses Vorgehen bis zu einem gewissen Grade zu verstehen. Einmal hatte er sogar eine Revolution nach kurzer Zeit beendet, die in großem Stil vorbereitet wurde. 2000 Männer und Frauen waren es gewesen, die er hat kreuzigen lassen.

Nun hat aber jedes Ding seine zwei Seiten. Für die gekreuzigten Menschen bedeutete dies, dass an ihnen das geistige Gesetz der Himmel auf schmerzhafte Weise zur Auswirkung kam. Dieses Gesetz aber lässt nichts geschehen, was nicht geschehen darf. Die 2000 Menschen hatten sich dieses Leiden selbst zuzuschreiben, denn es war für sie, gemäß dem ewigen Gesetz von „Saat und Ernte", die zu diesem Zeitpunkt notwendig gewordene Rückwirkung auf ihr eigenes Verhalten hin, welches sie in ihrem damaligen Erdenleben, und in den Erdenleben davor, an den Tag gelegt hatten. Ihre Kreuzigung wurde dadurch zu einem, wenn auch höchst qualvollen, Teil ihrer geistigen Erziehung.

Anmerkung: Der Unterschied zum Leiden Jesu bestand darin, dass Jesus den Kreuzestod freiwillig auf sich nahm, ohne ihn verdient zu haben, um so der Menschheit ein Zeichen dafür zu geben, zu was alles ein Mensch aus Liebe fähig sein kann. Über die freie Willensentscheidung, die jedem verliehen wurde, sind Entscheidungen möglich, hinter denen kein Muss steckt. Dies erklärt die Tatsache, dass Jesus nicht wegen eigener Sünden, und damit gegen seinen eigenen Willen, gekreuzigt wurde, sondern deswegen, weil er aus tiefer Liebe zu allem Leben gekreuzigt werden wollte. Niemand wusste besser als er selbst, welch ungeheure Kräfte gerade durch das wahrhaft grandiose Finale seines Wirkens, welches in seiner Kreuzigung gipfelte, zugunsten allen Lebens frei geworden sind. Wer dies begreift, und gemäß seinem Vermögen daraus auch die nötigen Konsequenzen zieht, leistet für sich und die gesamte Welt mehr, als er gegenwärtig zu ahnen in der Lage ist. Die nötige Kraft dazu wird er von oben erhalten.

Weiter mit Pilatus: Oft überhörte der Prokurator das Anklopfen des Gewissens an die Tür seines Herzens. Als er aber dann Jesus kennen lernte, gewann er Sympathie für diesen. Seine Unterhaltung mit Maria-Magdalena verstärkte sein Gefühl für den Nazarener. Der Traum, den seine Gattin bezüglich Jesu hatte, ging ihm ebenfalls lange Zeit nicht aus dem Kopf. Dies alles waren Erfahrungen, die Pilatus' Seele stark erschütterten. Dazu kamen eine Fülle von verwaltungs- und kriegspolitischen Problemen, wie auch die vielen Anschläge von antirömisch eingestellten, militanten Gruppen, denen Einhalt geboten werden musste. Um an dieser gewaltigen Gesamtproblematik selbst nicht zugrunde zu gehen, reagierte er gegenüber manchen Feinden grausam. Die zeitweilige Grausamkeit war für Pilatus' Seele gewissermaßen ein Schutzschild. Damit versuchte er Gefühle des Mitleids mit denen, die er zu bekämpfen hatte, von vorneherein auszuschalten. Dass sich eine solche Form von Selbstbetrug irgendwann rächt, dies hat sein Selbstmord in Gallien ja gezeigt.

Alle Bemühungen des Prokurators, Jesus zu retten, schlugen fehl, was seine Abneigung, die er gegenüber den Juden ohnehin schon hatte, noch verstärkte. Der verlorene Prozess um einen großen Menschen, den er sehr bewunderte und verehrte, die daraus sich ergebende Steigerung seiner Abneigung gegen die mordgierigen Hohenpriester und das von ihnen blutrünstig gemachte Volk, steigerten die seelische Belastung des Prokurators erheblich.

Angewidert sagte sich nämlich Pilatus während einer Prozesspause: „Zuerst ruft dieser entartete Pöbel Hosianna, und kaum ist dieses Wort verklungen, brüllt er: Kreuzigt ihn! Und Dieser pharisäische Tempelabschaum hat genau gewusst, wie die schlafende Bestie in der Volksseele geweckt werden muss: Man hält ihr einen verbalen Fleischfetzen unter die Nase, und zwar einen der stinkt und vor lauter Blut nur so trieft, dann wird das schlafende Untier zur reißenden Bestie!"

Pilatus hatte dies alles nicht verkraftet. Er wurde immer unausstehlicher. Dass der Prozess gegen Jesus nicht in seinem Sinne verlief, dass er aus diesem Grund die jüdische Priesterschaft und fast das ganze Volk gegen sich hatte, reduzierte sein Selbstwertgefühl. Dass Pilatus nicht in der Lage war, auf friedlichem Wege für Ordnung zu sorgen, darf ihm kein Mensch zur Last legen, denn der „gesamte" damalige Zeitgeist war nicht auf Frieden eingestellt - und war moralisch erheblich unterentwickelt.

Bis zu welchem Grad der Prokurator an dieser negativen Gesamtentwicklung selbst beteiligt war, dies wurde von den Augen des Himmlischen Geistes genauestens registriert. Der Himmel macht keine Eintragung zu wenig - und keine zuviel - womit man sich darauf verlassen kann, dass seine Urteile, wie auch die unterschiedlichen Formen seiner Erziehungsmaßnahmen, absolut gerecht sind! Die Menschen aber mögen sich hüten über irgend jemanden den Stab zu brechen – auch nicht über Pontius Pilatus!

Pilatus schien zu ahnen, dass es sich bei dem Prozess Jesu um ein Ereignis handelte, durch welche dem Menschheitsgeist neue Impulse gegeben werden sollten. Vielleicht ahnte er auch, dass sein Name aufgrund dieses Prozesses, der zum größten Justizskandal aller Zeiten werden sollte, auf höchst unrühmliche Weise mit in die Geschichte eingehen würde - vielleicht ahnte Pilatus, dass sein Name immer wieder im Zusammenhang mit Unheil und Justizverbrechen genannt werden würde.

Wie auch immer, da niemand die seelischen Zustände dieses Prokurators genau zu kennen vermag, welche dieser bei dem Prozess Jesu, wie auch in der Zeit danach, gehabt hatte, als er seiner inneren Verzweiflung durch verstärkte Grausamkeit Herr zu werden suchte, muss jede Äußerung über diesen Mann im Vorfeld der Spekulation verbleiben - und wie jeder weiß, verfügen Ergebnisse, die sich aus puren Spekulationen ergeben, nicht über die erforderlichen Qualitäten, über welche ein verlässlicher Wertmaßstab unbedingt verfügen muss!

Klaudia Prokula war die Enkelin von Augustus Cäsar. Im Jahre 16 heiratete sie Pontius Pilatus. Erst 10 Jahre später ging sie mit ihrem Mann nach Judäa. Die Ehe blieb kinderlos. Die ursprünglich sehr herrisch gewesene Frau begann sich später mehr und mehr für feingeistige Vorgänge zu interessieren.

Ihre anfängliche Herrschsucht war ein gar zu deutliches Zeichen dafür, dass sie seelisch „leer" war. Geist und Seele dieser Klaudia waren allerdings nicht gewillt, dieses erhebliche Defizit auf Dauer hinzunehmen. Sie sagten Klaudia den Kampf an, indem sie sie in Depressionen stürzten. Während dieser Zeit sollte sie dann auch noch eine stärkere Bekanntschaft mit ihrem Gewissen machen. Diese Therapie hatte gewirkt, denn Klaudia Prokula wurde zu einem ganz anderen Menschen. Sie entwickelte einen Sinn für innere Werte, also für etwas, für das sie vorher, wenn überhaupt, nur einen verächtlich machenden Kommentar übrig hatte.

Sie entwickelte die Begabung alles künstlerisch Dargestellte, wie auch die Menschen, an ihrer inneren Qualität zu erkennen, woran sie dann auch ihre Beurteilungen ausrichtete. Von da ab blieb ihr Blick auf Äußerlichkeiten „nicht" mehr haften. Durch ihre stärker gewordene Sensitivität und Empfindungsfähigkeit kam sie in die Lage, alle äußere Erscheinung nur noch an ihrer inneren mentalen Prägung zu messen. Wesen und Weltbild der Gattin des Pilatus hatten sich damit grundlegend geändert.....

So wuchs Klaudia Prokula im Verlauf der Jahre wie „Phönizia aus der Asche". Von der nächtlichen Stunde an, in welcher sie von Jesus träumte, begannen sich, unterstützt durch ihren anspruchsvoller gewordenen Sinn für höhere Ästhetik, und durch den vorher bereits eingeleiteten, charakterlichen Wandel, die entsprechenden Früchte zu zeitigen: Sie wurde zur Christin, zu einer Verfechterin des Evangeliums.....

Kapitel 21

DAS GRÖSSTE JUSTIZVERBRECHEN ALLER ZEITEN

Die Unterredung Maria-Magdalenas mit Pontius Pilatus fand am 14. Tage des Monats Nisan, im Jahre 30, statt. Dies war nach unserer heutigen Zeitrechnung ein Donnerstag. Die Jüngerin erkannte, dass ihre Unterredung mit dem Stadthalter erfolglos sein würde. Am nächsten Tag erhielt sie die Bestätigung dafür. Dieser Tag war der 15. des Monats Nisan:

Im Verlauf dieses Tages fand das größte und gewaltigste Ereignis statt, das es je gab - ein Ereignis von solcher Gewalt und Tragweite, dass die Göttlich-Geistigen Energien, die dadurch frei wurden, die Elementarkräfte des gesamten Kosmos neu ordneten und formatierten! Dieses schicksalsträchtige Datum des 15. Nisan ging als Karfreitag, den 7. April des Jahres 30, in die Weltgeschichte ein!.....

Die verzweifelten Versuche des Pilatus, Jesus frei zu bekommen, nutzten nichts. Das Volk und die Hohenpriester forderten die Kreuzigung Jesu. Sie bestanden auch dann noch unbarmherzig darauf, als Pilatus die Worte sprach, die später in der ganzen Welt bekannt werden sollten, und die er mit höchster Bewunderung und Hochachtung für Jesus ausgesprochen hatte: „Sehet, welch ein Mensch!"

Pilatus ließ Jesus in der Hoffnung geißeln, dass sich Volk und Priester damit zufrieden geben, und auf die Kreuzigung verzichten. Doch es nützte alles nichts. Das Mordgesindel wollte Jesus am Kreuze hängen sehen. Die Priester begründeten ihre Forderung, Jesus trotzdem kreuzigen zu lassen, damit, dass es in der gesamten römischen Rechtsprechung keinen einzigen Präzedenzfall gegeben habe, wonach irgendwann einmal ein zum Kreuzestod Verurteilter gleich nach der Auspeitschung, die gemäß dem Gesetz vor jeder Kreuzigung stattzufinden hatte, wieder freigelassen worden wäre.

Dann kamen sie mit einem 2. Argument: „Wenn du diesen Nazarener nicht dem Tode überantwortest, dann machst du dich zum Feind des Kaisers, denn dieser Jesus hat das Volk zum Widerstand gegen Rom aufgerufen. Wenn Tiberius erfährt, dass du diesen Volksaufwiegler freigelassen hast, dann wird er unerbittlich streng gegen dich vorgehen. Vielleicht hast du dann Glück, und landest als Verwalter in einem verwahrlosten und völlig verpesteten Provinznest am anderen Ende der Welt – vielleicht findest du dich aber auch in der Arena wieder wenn die römischen Spiele stattfinden, und darfst die hungrigen Löwen bewundern - selbstverständlich nicht als Gast - wenn du verstehst, was wir meinen.....

Damit war Pilatus am Ende. Aber nicht etwa in erster Linie wegen der Drohungen. Obwohl ihn diese natürlich auch belasteten, fürchtete er die Gewissensqual noch mehr, die ihm zweifelsohne schwer zusetzen würde, wenn er Jesus zur Kreuzigung freigäbe.

Nach einigen Minuten des Schweigens und nach einem letzten, aber vergeblichen Appell an das Volk, zum Geburtstag des Kaisers anstatt für den eingekerkerten Zeloten Barabbas, für Jesus die Freiheit zu erwirken, gab Pilatus nach. Während er Jesus den römischen Soldaten übergab, auf dass diese ihn kreuzigten, blickte er Hannas und Kaiphas lange in die Augen, und in seinem Blick lag die schrecklichste Form der Verachtung, zu der ein Mensch je fähig sein konnte. Dann zog sich Pilatus, körperlich und seelisch am Ende und auf das Tiefste erschüttert, zurück in seine Räume.

Pilatus überkam das Gefühl, dass nicht er es war, der die Zustimmung zur Kreuzigung gab, sondern eine ihm fremde geistige Kraft, die urplötzlich, für wenige Augenblicke, von ihm Besitz ergriff! Von woher und von wem kam diese geistige Kraft? Waren es satanische Kräfte, hinter denen nur dunkle Absichten steckten? Oder waren es Göttliche Kräfte, die Pilatus nur als Medium benutzten, um zur Durchführung kommen zu lassen, was durch den Himmel und vielleicht auch durch diesen Mann aus Nazareth selbst, ohnehin schon längst beschlossen war?.....

Niemand kann sagen, von welcher Art und Intensität die Gefühle waren, mit denen Pilatus fertig werden musste, nachdem er Jesus zur Kreuzigung freigegeben hatte, während sich doch gleichzeitig alles in ihm dagegen sträubte, und niemand kann sagen, wieviele Tage und Nächte er brauchte, bis er die Worte wenigstens einigermaßen seelisch verarbeitet hatte, die er sprach, während er in einem Wasserbecken seine Hände wusch:

„Schaut her, ihr Feiglinge! Ihr Armseligen! Alle miteinander! Ich, Pilatus, wasche hiermit vor eueren Augen meine Hände in Unschuld! Ihr seid die Schuldigen am Tode dieses Mannes! Nicht ich! Denn ich finde keine Schuld an ihm!"

Als sich die Soldaten anschickten Jesus abzuführen, gefror für Augenblicke den Fleisch gewordenen Teufeln des Jerusalemer Tempels, so wie einigen Soldaten und einem Teil des Volkes, das Blut in den Adern, denn in diesem Moment vernahmen sie plötzlich eine Unheil verkündende Prophezeihung aus dem Munde eines Unbekannten, den kein Mensch zu Gesicht bekam. Noch mehr als die Worte selbst beunruhigte sie die Tiefe der Stimme, deren Schärfe und die Sicherheit, mit welcher ihnen der Unbekannte seine düstere Vorhersage zu Gehör brachte: Die Worte lauteten:

„Wehe uns, wehe uns allen, denn sein Blut wird kommen über uns und unsere Kinder!.....“

Kapitel 22

DAS DRAMA DER KREUZIGUNG

Es war in der 5. Stunde, als man auf dem Hügel Golgatha, außerhalb der Mauern Jerusalems, im angrenzenden nordwestlichen Bereich, zunächst zwei andere Männer kreuzigte. Es handelte sich bei ihnen nicht etwa um zwei gewöhnliche Diebe, wie es die Evangelien fälschlicherweise berichten, sondern um Rebellen aus der terroristischen Vereinigung der Zeloten. Die Kreuzigung wurde von Rom nur dann angeordnet, wenn schwerste Verbrechen vorlagen, wie politischer Mord, Staatsrebellion oder Staatsverrat. Die beiden Zeloten hießen Cestus und Dysmas. Beide sympathisierten ursprünglich mit der Lehre Christi. Nachdem sie aber festgestellt hatten, dass sie Jesus für ihre all zu irdischen Zwecke nicht gewinnen konnten, sonderten sie sich wieder ab.

Zu Beginn der 6. Stunde wurde auch Jesus ans Kreuz geschlagen. Das Echo der Hammerschläge war bis weit ins Tal hinunter zu hören. Mit gewaltiger innerer Kraft ertrug Jesus die furchtbaren Schmerzen der Kreuzigung. Seine Arme wurden von zwei Soldaten ausgestreckt auf den Querbalken gedrückt, und mit Stricken daran befestigt, während ein Dritter durch jedes Handgelenk einen großen Nagel trieb. Unten wurde ein Pflock am Balken angebracht. Dann winkelte man die Beine Jesu etwas an, um seine Füße flach auf den Pflock zu bekommen. Schließlich wurde jeweils ein langer Nagel durch jeden Fuß in den Pflock getrieben. Anschließend wurde das Kreuz senkrecht aufgerichtet, und nachdem die Soldaten das Gleichgewicht genau ausbalanciert hatten, ließen sie es in ein vorher schon dafür ausgehobenes Loch hinunterfallen.

Etwa 5000 Menschen wohnten der Hinrichtung bei, Männer und Frauen. Rechts neben dem Kreuz standen Johannes, Maria, die Mutter Jesu, Maria-Magdalena, Maria, die Mutter der Apostel Johannes und Jakobus, Martha und Maria, die beiden Schwestern des Lazarus, Nikodemus, Simon von Kyrene, welcher das Kreuz Christi ungefähr ab dem Zeitpunkt trug, als die 1. Hälfte der Strecke bereits bewältigt war, die nach Golgatha führte, und Simon Petrus, der nach der Gefangennahme Jesu 3 mal geleugnet hatte, einer von dessen Jüngern zu sein. Wäre er aus Feigheit ferngeblieben, dann hätte ihn das Krähen des Hahnes über die Stimme seines Gewissens sein Leben lang verfolgt.

Anmerkung: Nach römischem Gesetz wurden zum Kreuzestod verurteilte Männer splitternackt ans Kreuz geschlagen. Diese Art von Strafverschärfung gab es deshalb, um die Gekreuzigten neben den fürchterlichen körperlichen Schmerzen auch noch die höchste Form der Erniedrigung erleiden zu lassen, indem man ihre Scham vor den Schaulustigen entblößte.

Auch Frauen wurden nackt gekreuzigt. Allerdings verfügte das Römische Gesetz in Bezug auf sie über einen Zusatzparagraphen, der es den Henkern verbot, eine zum Kreuzestod verurteilte Frau so an das Kreuz zu nageln, dass ihre Scham von den Schaulustigen gesehen werden konnte. Aus Rücksicht auf die Unverletzbarkeit der weiblichen Scham wurden die Todeskandidatinnen jeweils so gekreuzigt, dass sie sich während dieser Prozedur mit Brust, Bauch und Scham, zum Kreuz hingewandt befanden.

Unter den Männern war Jesus allerdings der Einzige, dessen Blöße verdeckt blieb. Pilatus und der Hauptmann Kornelius, an welchen der Befehl ergangen war, die Kreuzigung zu überwachen, sorgten dafür. Sie besprachen sich eigens zu diesem Zweck. Ausgerechnet an Kornelius, den Mann, der Christus in seinem Herzen verehrte, erging der Befehl, das Kommando bei der Kreuzigung zu übernehmen. Dies war für Kornelius eine schlimme Seelenqual. Aber er widersetzte sich nicht, er handelte gemäß seines Auftrages. Und dies war die Ursache der Seelenqual des Kornelius:

Vor wenigen Jahren heilte Jesus einmal einen Knecht des besagten Offiziers von seiner Krankheit. Der Messias erkannte in dessen Augen, dass der Hauptmann an ihn glaubte, und dass der Geist des Kornelius in Jesus den Göttlichen Christus erkannte, worauf Jesus dann sagte:

„Kornelius, du bist ein guter und weiser Mensch. Nicht viele Menschen sind so wie du. Und wisse, Kornelius, dass du Vieles von mir in dir hast, so wie ich Vieles von dir in mir habe. Wundere dich daher nicht, wenn du zu einem Zeitpunkt, der nicht mehr fern ist, auf eine Weise mit mir konfrontiert wirst, in welcher du große Herzensqual erleiden wirst - dies muss aber geschehen, Kornelius, denn dieser Schmerz geschieht zu deinem Heile!"

Kapitel 23

DIE GEWISSENSQUAL DES JUDAS ISCHARIOTH

An einem anderen Ende des Schauplatzes, weit entfernt von den Anderen, befand sich Judas. Judas litt fürchterlich als er mit ansehen musste, unter welch qualvollen Leiden sich der Messias befand. Das Gewissen des Judas wurde für ihn zu einem grausamen Folterknecht seiner Seele, als er sah, was er da angerichtet hatte. Unter fürchterlichen, nie gekannten seelischen Qualen, stürzte Judas, brüllend wie ein tödlich verwundetes Tier und dabei vezweifelt die Hände vor sein Gesicht haltend, davon.

Die unvorstellbare Verzweiflung, unter der dieser Mann litt, dürfte wohl kaum ein Mensch nachempfinden können, womit er auch nicht das Recht hat, Mutmaßungen über die Konsequenzen anzustellen, die Judas später aus seinem Verhalten ziehen musste. Nachdem er nämlich in den Tempel der Pharisäer gestürzt war, schleuderte er, rasend vor Entsetzen, die 30 Silberlinge, mit denen ihn die Hohenpriester für seinen „Verrat" bezahlt hatten, mit Wucht in den Tempel hinein. Mit schepperndem Krachen knallten die metallenen Geldstücke an die Wände.

„Ihr seid keine Menschen", brüllte Judas den Pharisäern ins Gesicht, „ihr seid die zu Fleisch gewordenen Gedankenexkremente des teuflischen Hasses!" Dann stürzte Judas wieder davon. In seiner Verzweiflung sah er nur noch einen Ausweg aus der Qual, und das war Selbstmord. Die letzten Worte des gequälten Mannes lauteten:

„Ich glaube nicht, dass mir der Himmel noch einmal verzeihen kann!" Diese Worte sprach er stotternd, mit bebenden Lippen, und weinend wie ein kleines Kind. Gleich darauf erhängte er sich.

Jedem Menschen steht es frei, den Menschen Judas deswegen zur Hölle zu wünschen. Wer diesbezüglich keine Skrupel kennt, sollte aber auch den Mut aufbringen, die Fülle seiner eigenen Fehler und Irrungen zuzugeben, die er im Laufe seines Lebens begangen hat. Nur derjenige, der frei ist von Sünde, hätte das moralische Recht, „den ersten Stein zu werfen", allein, wenn dem wirklich so wäre, dann würde gerade dieser das Verurteilen Anderer am allerwenigsten tun! Bevor jemand den Menschen Judas, oder irgend einen anderen, verurteilt, sollte er sich vergegenwärtigen, was Jesus in seiner Bergpredigt sagte:

„Richtet nicht, auf dass ihr nicht gerichtet werdet, denn mit dem Maße, mit dem ihr messet, werdet ihr gemessen werden, und mit dem Maße, mit dem ihr richtet, werdet ihr gerichtet werden!"

Und in einem aus Arabien stammenden, von Friedrich Rückert in die deutsche Sprache übersetzten, weisen Spruch, heißt es: „Verurteile den nicht, der strauchelt, vielleicht stützt er einst dich, wenn dir vor Gericht die Knie zittern!"

Kapitel 24

DER HEROISCHE SIEG ÜBER DAS LEIDEN AM KREUZ

Trotz all der Qual, die der Messias am Kreuz zu erleiden hatte, schrie er nicht vor lauter Schmerz. Innerhalb der 3 Stunden bis zu seinem physischen Tod war nur ganz selten mal ein leises Stöhnen zu hören. Vom Antlitz des Gekreuzigten ging etwas Heroisches aus; vom Blick seiner Augen ging ein Glanz aus, in welchem sich seine ungeheuren Göttlichen Kräfte spiegelten.

Kraftwellen des Göttlichen Geistes gingen von ihm aus, und drangen in die Gemüter der Umstehenden. Diese spürten, dass hier etwas Gewaltiges im Gange war. Viele reagierten ängstlich und unsicher, weil sie den gewaltigen Eindruck geistig nicht verarbeiten konnten, den der gekreuzigte Messias mit der Kraft seiner Ausstrahlung auf sie ausübte.

Niemand vermag zu ermessen, durch welch eine Hölle ein Mensch hindurch muss, wenn es gilt, entsetzliche körperliche und seelische Qualen zu überwinden. Es gehört ein gewaltiges Maß an innerer Kraft dazu, aus einem solch entsetzlichen Kampf als Sieger hervorzugehen. Im Falle des geohrfeigten, angespuckten, ausgepeitschten, dornengekrönten und schließlich gekreuzigten Christus, wirkten die urgewaltigen Kräfte von zwei einander entgegen gesetzten, gigantischen Elementen, mit unvorstellbarer Gewalt aufeinander ein: Der jedes Begreifen übersteigende, irrationale Schmerz, welcher sich, gleich einer kosmischen Feuerlawine, auf Körper und Bewusstsein des zur Marter Bereitseienden stürzte, und die unfassbaren Kräfte des Christusgeistes und der Christusliebe, welche den gesamten Kosmos in seinen Grundfesten zu erschüttern vermochten!

Der Christus ging aus diesem gewaltigen Kampf als Sieger hervor. Die gigantischen Schmerzwellen konnten den am Kreuz hängenden Messias nicht zur Kapitulation zwingen. Mit vereinten Kräften versuchten sie noch ein letztes Mal den Geist des Christus zu bezwingen, sein Gehirn durch den ungeheuren Druck, den sie auf es ausübten, zum Explodieren zu bringen, und ihn zu einem infernalischen Schmerzensgebrüll zu veranlassen.

Es gelang ihnen zwar für einen kurzen Augenblick seine Qual zu steigern, aber sie schafften es auch diesmal nicht, seinen Willen zu brechen, denn der Geist Christi kam ihnen zuvor. Mit größter Anstrengung schaffte er es, über die Schmerzattacken hinauszuwachsen. Und dies geschah so:

Der leidende Christus richtete in diesem Augenblick mit größter Anstrengung sein Haupt gen Himmel. In seiner Verzweiflung schickte er eine stumme Bitte hinauf zu Urvater und Urmutter.

Die Hilfsaktion fand blitzschnell statt. Aus den Tiefen der Unendlichkeit schossen mit unvorstellbar hoher Geschwindigkeit Göttliche Kraftimpulse auf direktestem Weg hinab auf Golgatha – und hinein in den am Kreuze hängenden Christus. Dies alles geschah in einem Sekundenbruchteil. Die grauenhaften Dämonen des Schmerzes mit ihren höllischen Fratzen mussten vor der Göttlichen Kraft kapitulieren, welche in diesem Augenblick Körper und Bewusstsein des Christus in ein einziges Himmlisches Lichtermeer verwandelten.

Urvater und Urmutter waren aber nicht alleine an diesem Wunder beteiligt, denn Christiana, die engelhafte Verkörperung der Ewigen, Reinen Liebe, welche als weibliches Dual des Christus in Ewiger Liebe an dessen Seite steht, war ebenfalls an diesem Wunder beteiligt. Als sich das Göttliche Licht wie Balsam im Bewusstsein des Christus ausbreitete, sah der Messias auch das strahlende Antlitz seines Himmlischen Duals vor seinem geistigen Auge. Er sah - Christiana - und sein Geist trank aus der Fülle ihrer schmerzstillenden Liebe.....

Stets, wenn Jesus für sich allein war, oder für sich allein betete, verwendete er nicht die Anrufung „Himmlischer Vater", sondern die aramäische Form für Vater-Mutter: „Abba-Amma". Auch gegenüber seinen Jüngern und Jüngerinnen sprach er oft von „Abba-Amma". In der Öffentlichkeit jedoch sprach er vom „Himmlischen Vater", weil die Mehrheit der Menschen noch lange nicht so weit war, sich neben dem Himmlischen Vater auch eine Himmlische Mutter vorzustellen. Die Pharisäer und Schriftgelehrten taten alles, damit es bei der Anrede „Himmlischer Vater", „Herr", oder „Gott", blieb. Ihnen war das patriarchalische Denken heilig. Die Annahme einer „Himmlischen Mutter" war für sie daher eine Unmöglichkeit.

So hatte Jesus kurz vor seinem physischen Tod am Kreuz nicht allein seinen „Himmlischen Vater" angesprochen, wie es in den Evangelien fälschlicherweise heißt, sondern auch seine „Himmlische Mutter". Er begann seine Anrufung mit „Himmlisches Abba-Amma". Er konnte nicht anders, als im Erleiden des tiefsten Schmerzes auch seine „Himmlische Mutter" in die Frage mit einzubeziehen, die er in einem kurzen Augenblick der Schwäche geäußert hatte: „Himmlisches Abba-Amma" - warum hast du mich verlassen?"

Es ist ein vom Geist des Himmels durchdrungenes Naturgesetz, dass ein Mensch im Zustand höchster Not zuerst nach dem Menschen ruft, der ihm am Vertrautesten ist - und dies ist, (unter der Vorbedingung, dass die Liebe echt, tief und von einem gewaltigen gegenseitigen Urvertrauen beseelt ist), in aller Regel beim Mann die Mutter, oder die eigene Frau, und bei der Frau der Vater, oder der eigene Mann.

Dass Menschen in höchster seelischer Not umgekehrt reagieren, indem der Mann nach dem Vater ruft und die Frau nach der Mutter, kommt natürlich auch vor. Dies liegt aber für gewöhnlich in den viel zu großen mentalitätsmäßigen Differenzen begründet, die es zwischen dem Mann und seiner Mutter, (oder Gattin), gibt, oder in den allzu großen Diskrepanzen zwischen der Tochter und ihrem Vater, (bzw. Gatten).

Beim Ruf des Mannes nach der Mutter oder der eigenen Frau, wie auch beim Ruf der Tochter nach dem Vater oder dem eigenen Mann, meldet sich das in den Urgründen des Geistes verankerte Bedürfnis nach Harmonie zwischen dem Männlichen und dem Weiblichen wieder zu Wort, über welche allein die Befreiung aus aller Qual, (natürlich in Verbindung mit Ur-Vater und Ur-Mutter), möglich ist, womit sich wiederum bestätigt, dass der männliche und der weibliche Geist nichts sind und nichts bewirken können, solange sie getrennt voneinander wirken, jedoch alles sind und alles bewirken können, wenn sie harmonisch zusammen wirken!

Auch in dem am Kreuz hängenden Messias kam dieses Naturgesetz, wenn auch auf einer ganz anderen Ebene und in einem ganz anderen Zusammenhang, zur Auswirkung. Zwischen seiner Erdenmutter, Maria von Nazareth, seinem geistigen Dual Christiana und seiner himmlischen Ur-Mutter, bestand während des Zeitraums seiner Kindheit eine geistige Verbindung, die sich mit dem Zeitpunkt, von dem ab er sich als der Christus erkannte, entsprechend veränderte, d.h. die geistige Verbindung zwischen dem

Messias und seiner irdischen Mutter brach zwar nie ab, doch sie verlagerte sich zugunsten seines Göttlich-geistigen Duals und seiner Göttlichen Ur-Mutter, wofür die geistige Liebe zu Maria-Magdalena den notwendigen Übergang bildete.

Dies bedeutet: Wenn Jesus z.B. als Kind in große Not geraten wäre, dann hätte er mit Sicherheit nach seiner irdischen Mutter gerufen. Am Kreuz aber war er längst nicht mehr das Kind, sondern der vollendete, aber leidende Christus. Damit war er weit davon entfernt, im Schmerz nach seiner Erdenmutter zu rufen. Stattdessen rief er nach seiner Himmlischen Mutter, in deren unmittelbarer Nähe er innerlich zu diesem Zeitpunkt ja schon längst wieder war, rief aber auch nach seinem Himmlischen Vater, indem er mit „Abba-Amma" Urvater und Urmutter anrief. Dabei konzentrierte sich allerdings sein Bewusstsein mehr auf den Amma-Anteil. Angenommen, Christiana wäre in fleischlicher Gestalt auf Erden erschienen, und hätte später die Kreuzigung auf sich genommen, dann darf davon ausgegangen werden, dass bei ihrer Abba-Amma-Anrufung der Abba-Anteil ein stärkeres Gewicht gehabt hätte.

Da, wie der Christus, auch Christiana eins ist mit Urvater und Urmutter, sah der am Kreuz hängende Christus gleichzeitig auch sein geistiges Dual. Dies geschah über einen entsprechenden, und genau auf die Situation Christi abgestimmten, Strahlungsvorgang der obersten Göttlichen Sphäre. Damit nahm der Messias die schmerzlindernde Liebe seines Ewigen Geist-Duals, Christiana, durch die Kräfte von Urvater und Urmutter, in sich auf. Kurz nach seiner grandiosen Schmerzüberwindung sprach Jesus voll Innigkeit und Herzensliebe und von Göttlich-heroischem Geiste angetrieben, die Worte: „Himmlisches Abba-Amma, vergib ihnen, denn sie wissen nicht, was sie tun!"

Die Masse der etwa 5000 Schaulustigen konnte nicht glauben, was sie da eben hörte. Auf das Tiefste erstaunt fragten sie sich gegenseitig: „Wie kann ein Mensch, der auf solch entsetzliche Weise gequält und erniedrigt worden ist, noch zu solch heroischen Worten fähig sein?" Ein Schaudern überkam sie alle.....

Zuvor hatte sich noch etwas anderes ereignet: Von den beiden anderen gekreuzigten Männern war Dysmas derjenige, der am Kreuz sein Tun bereut hatte, und schließlich im Erleben der starken Kreuzigungsqualen Jesus darum bat, er möge doch seiner gedenken, wenn er in sein Reich gekommen sei. Jesus hatte Dysmas daraufhin Mut gemacht, indem er ihm versicherte, dass er noch am selben Tage in Himmlische Gefilde eingehen werde. Mit diesem Versprechen hatte Jesus dem leidenden Dysmas angezeigt, dass all seine Schuld mit dieser Kreuzigung abgetragen sei. Nachdem Dysmas die Verheißung Jesu vernommen hatte, wichen Schmerz und Qual von ihm. Dann fiel er ins Koma, starb aber noch nicht.

Seiner Seele jedoch genügte es, sich weit über den Hügel von Golgatha hinaus zu erheben. Im Emporsteigen warf seine Seele einen letzten Blick in die Tiefe, bevor sie sich auf höhere Sphären einzustellen begann. Sie blickte auf die an den Kreuzen hängenden Leiber. Über dem Kreuz Christi sah sie die strahlende Gestalt des Himmlischen Christus und der Himmlischen Christiana, ein Strahlungsbild ihrer Geistleiber also. Aber nicht nur dies, plötzlich lächelte ihr auch ihr eigenes geistiges Dual von oben entgegen. Glückselig darüber, dies alles geschaut haben zu dürfen, löste sich die Seele des Dysmas, nur kurze Zeit nach dem Leibestod Christi, vollends von ihrem irdischen Körper, und begab sich hinauf in ihre ewige Heimat.

Dies allerdings nahmen die 5000 Schaulustigen nicht wahr. Was sie vernahmen, waren lediglich die von den Kreuzen gesprochenen Worte. Anders war es allerdings bei Maria von Nazareth, Maria-Magdalena, Petrus und Johannes. Diese vernahmen im Geiste, was sich den irdischen Augen entzog. Sie schauten mit – und was sie schauten, verwahrten sie in ihren Herzen.....

Maria-Magdalena, Maria von Nazareth, Johannes, Petrus und die anderen, hielten bis zum Schluss am Kreuze aus. Sie alle hatten die Schmerzen, die Jesus erleiden musste, mitgelitten. Doch als sie am Antlitz des Messias erkannten, dass er Schmerz und Qual auf Göttliche Weise überwunden hatte, da fühlten auch sie sich erleichtert und in ihre Seelen zog Himmlischer Frieden.

Um 5 Uhr nachmittags kam das Ende. Jesus spürte, dass es nur noch wenige Augenblicke dauern würde. In diesen letzten Sekunden sprach er die Worte: „Es ist vollbracht! In Deine Hände, mein Himmlisches Abba-Amma, befehle ich meinen Geist....."

Diese Worte hatten die Umstehenden noch verstanden, nicht aber was danach folgte, denn Jesus brachte nicht mehr die Kraft auf, diese letzten Worte für die Umstehenden hörbar zu machen. Ganz leise und unter größter Anstrengung kamen sie über seine Lippen. Wenn diese Worte von den Umstehenden auch keiner mehr hören konnte, so vernahmen sie aber dennoch die Bewohner der Reinen Himmel – und diese freuten sich gar sehr darüber. Die Worte lauteten:

„.....Und zu Dir, meine Himmlische Christiana, kehre ich zurück, damit unsere Ewige und Höchste Liebe strahlend alles Sein erfüllt, und auf dass jedes Leben, das nach unserer Liebe dürstet, ewiglich von ihr trinken kann....." Gleich darauf verließ die größte Persönlichkeit, welche die Geschichte der Menschheit aufzuweisen hat, ihre irdische Hülle.....

Kapitel 25

MARIA-MAGDALENA UND DER HAUPTMANN KORNELIUS

Im selben Augenblick verdunkelte sich der Himmel. Ein großes Gewitter kam auf, gewaltige Blitze erhellten mit krachendem Donnern den Himmel, und die Erde begann in ihren Grundfesten zu erzittern. Der Vorhang im Tempel, hinter dem sich das Allerheiligste befand, riss von oben nach unten entzwei. Dies war ein symbolischer Hinweis darauf, dass sich in diesem Augenblick die Geistkräfte des Göttlichen Christus-Christiana-Duals durch Urvater und Urmutter für alle Zeiten zugunsten allen Lebens verstärkt in dessen Bewusstseinstiefen hineingesenkt hatten, deren Wurzeln im Äther des Geistigen Kosmos liegen.

(Anmerkung zu dem Erdbeben: Es ist belegt, dass sich zu dieser Stunde in Nicäa ein Erdbeben von gewaltigem Ausmaß ereignete. „Im 4. Jahr der 202. Olympiade", schrieb Phlegon, „hatte sich eine große Finsternis über Europa und Asien gesenkt, für welche die Astronomen keine Erklärung fanden!" Tertullian schrieb, „dass römische Aufzeichnungen von einer tiefen Finsternis berichten, die den zusammengetretenen Senat in Angst und Schrecken versetzt, und große Unruhe in der Stadt hervorgerufen haben soll. Der Himmel wäre wolkenlos gewesen und es hätte keinen Sturm gegeben.

Aus den Berichten von griechischen und ägyptischen Astronomen ist zu erkennen, dass die Dunkelheit so gewaltig war, dass sich selbst die skeptischsten Männer der Wissenschaft zu fürchten begannen. In panischer Angst strömte das Volk durch die Straßen der Städte. Alle Tiere begaben sich auf die Flucht. Trotzdem war von einer Sonnenfinsternis nirgends die Rede. Sie wurde weder von Astrologen erwartet, noch waren Astronomen und Mathematiker in der Lage, sie im Voraus zu berechnen. Es war, als hätte sich die Sonne im All verloren. Zum selben Zeitpunkt ereigneten sich viele Erdbeben in aller Welt. Einige von ihnen waren entsetzlich in ihren Auswirkungen!"

Auch in den Aufzeichnungen der Majas und Inkas ist diese nahezu weltweite Naturkatastrophe erwähnt, wobei in diesem Zusammenhang der Unterschied in der Sonnenzeit zu beachten ist). Alle Anwesenden flüchteten, weil sie glaubten, das Ende der Welt sei gekommen. Nur die wenigen Getreuen des Messias verharrten noch eine Weile am Kreuz: Maria-Magdalena, Maria, die Mutter Jesu, Petrus und Johannes.

Plötzlich sah Maria-Magdalena, wie sich aus dem Halbdunkel der gegenüberliegenden Seite ein Mann heraus begab, und festen Schrittes auf das Kreuz zulief, an dem der Messias hing. Er war nicht geflüchtet wie die anderen, aber er war aufs Höchste erregt durch all das Unfassbare und Unglaubliche, das er in den vergangenen Stunden hier erlebt hatte. Er hatte mit dem Messias gelitten, er hatte die Worte, welcher dieser vom Kreuz herab sprach, in seinem Geiste aufgenommen wie eine verdurstende Seele vom Wasser des Lebens trinkt.....

Vor dem Kreuz sank der Mann auf die Knie, umklammerte mit zitternden Händen den senkrechten Balken, und verharrte in dieser Stellung eine Weile. Dass es donnerte, blitzte und krachte, dass es in Strömen goss, und dass die Erde immer noch im Innern erzitterte, davon schien der Mann keine Notiz zu nehmen. Dann erhob er sich langsam und umfasste mit beiden Händen die Füße des Messias. Seine Augen blickten zu dem Christus empor, dessen Haupt auf die Brust herabgesunken und dessen Augen gebrochen waren. Dann stammelte der Mann weinend die Worte: „Wahrhaftig! Du bist der Sohn unserer allmächtigen Vater-Mutter-Gottheit!"

Maria-Magdalena traute ihren Ohren nicht, als sie dies mit anhören durfte. „Ein römischer Soldat", dachte sie, „bekennt sich vor dem Kreuze zu dem Messias! - Der einzige von den Soldaten, der nicht vor Angst geflüchtet ist!"

Die Jüngerin wartete noch eine Weile, bis sich die Erschütterung des Mannes gelegt hatte. Erst dann wollte sie mit ihm ins Gespräch kommen. Auch spürte sie, dass er weinte. Ihr Feingefühl und ihr Anstand ließen es nicht zu, dass sie jetzt schon zu ihm ging. Sie wollte nicht, dass sich dieser Mann ihretwegen seiner Tränen schämen musste. Zudem hatte sie noch mit ihrem eigenen Schmerz zu kämpfen.

Nach einer Weile merkte Maria-Magdalena, dass jetzt der Augenblick günstig sei, den Mann anzusprechen. „Sei gegrüßt, fremder Mann", sagte die Jüngerin, als sie bei ihm stand. „Ich bin Maria-Magdalena, eine der Jüngerinnen des Messias! Dein Bekenntnis zu Jesus habe ich vernommen, es ging mir durch Mark und Bein - und - es hat mich glücklich gemacht! Darf ich erfahren, wer du bist?"

„Das darfst du, Maria-Magdalena, denn alle, die sich zu dem Messias bekennen, zu denen bekenne auch ich mich, denn sie sind es wert! Ich bin ihnen Freund und Bruder! Ich heiße Kornelius, Maria-Magdalena, und ich lebe derzeit in Cäsarea an der Ostküste des Mittelmeers. Dort habe ich als Hauptmann Befehlsgewalt über 100 Soldaten. Ich hatte schon vor längerer Zeit mit

Jesus zu tun. Einmal hatte er mir einen meiner Diener geheilt, der im Sterben lag. Jesus konnte ihn heilen, weil mein Diener und ich völliges Vertrauen zu ihm hatten. Wenn Jesus durch unsere Gegend zog um zu predigen, nahm ich jede Gelegenheit wahr ihn aufzusuchen, um ihn hören zu können. Stets dankte ich dem Himmel, wenn ich zu diesen Zeitpunkten nicht gerade wichtige militärische Pflichten zu besorgen hatte.

Ich habe mich viel mit der Philosophie der Griechen und Römer beschäftigt, aber, Maria-Magdalena, je mehr ich mich damit befasste, um so mehr wurde mir klar, dass alle Philosophie der Welt nicht mehr ist als Verpackung. Sie ist dem Stock eines Blinden vergleichbar, der nicht mehr gebraucht wird, wenn der Blinde mit ihm sein Ziel ertastet hat.

Der Christus aber, Maria-Magdalena, ist mehr als die Verpackungsmentalität der Philosophie, er ist ihr Inhalt - der Christus ist mehr als nur Blindenstock, er ist das Ziel selbst, zu dem hin man sich bewegen muss. Dies, Maria-Magdalena, ist der Grund, weshalb ich Jesus, den Christus, liebe!"

Maria-Magdalena war begeistert von den Worten des Kornelius. Spontan gab sie ihm einen Kuss auf die Wange. Dann sagte sie zu ihm: „Kornelius, auf dich wird noch Großes zu kommen, du wirst noch vieles zugunsten des Evangeliums leisten! Du wirst aber auch noch viel Kummer und Leid erleben, denn Menschen wie dir wird man das Leben schwer zu machen suchen, aber nichts wird dich niederzwingen können. Auf Menschen wie dich, Kornelius, ist der Himmel stolz, denn du bist ein Teil des Salzes, durch welches vielen Menschen die Botschaft des Evangeliums richtig schmackhaft gemacht werden wird!"

Kornelius und Maria-Magdalena hatten sich vorher nie gesehen. Auch während der Vorbereitung und während des Vollzugs der Kreuzigung, hatten sie sich nicht gesehen, denn die Angehörigen und Freunde Christi durften erst dann nahe an das Kreuz herantreten, nachdem das Urteil vollstreckt war, und sich der Hauptmann mit einigen seiner Soldaten wieder entfernt hatte.

Kornelius und die Jüngerin mochten sich auf Anhieb, und als sie sich gegenseitig in die Augen sahen, war ihnen, als würden sie sich schon seit Ewigkeiten kennen. Der Göttliche Geist hatte es so gefügt, dass sie sich ausgerechnet in der tragischsten Stunde aller Zeiten, hier, vor dem am Kreuz hängenden Leichnam des Messias, begegnen sollten.

Mitfühlend wie Kornelius war, schenkte er der blonden Galiläerin seinen dunkelblauen Umhang, denn sie trug bei diesem schrecklichen Unwetter nur ein leichtes Gewand. Er hätte es nicht ertragen, diese edle Frau ohne diesen Wetterschutz einfach so gehen zu lassen. Er war ein Mann, und er war als Soldat ziemlich abgehärtet, er hatte es gelernt mit jedem Unwetter und jeder Kälte fertig zu werden! Maria-Magdalena nahm diesen Wetterschutz dankend an, denn sie wusste, wie glücklich sie ihn damit machte. Welche Rolle dieser dunkelblaue Umhang bald spielen würde, das ahnte zu diesem Zeitpunkt keiner von den beiden Menschen.....

Als sie sich voneinander verabschiedeten, wussten sie in ihren Herzen, dass sie sich in diesem Leben nicht mehr begegnen sollten. Aber sie ahnten, dass sie der Geist Christi wieder zusammenführen würde. Vielleicht in einem anderen Zeitalter, oder droben in der höheren Welt, wo der Christus wohnt? Keiner grübelte darüber nach. Für beide war es am wichtigsten, dass der andere den Schutz des Himmels nie verlieren möge, alles andere war nebensächlich!

Es hatten sich zwei Charaktergrößen voneinander verabschiedet, welche sich durch ihre Eigenschaften des Edelmutes und des Herzensadels zu Ausnahmeerscheinungen in der menschlichen Gesellschaft machten - die eine Seltenheit war ein Römer, die andere eine Galiläerin.....

Der Hauptmann Kornelius hatte die Galiläerin nie vergessen. Er hütete die Erinnerung an sie sein ganzes Leben lang wie einen kostbaren Schatz - und Maria-Magdalena vergaß nie in ihrem ganzen Leben das Antlitz des Mannes, der mitten im schrecklichen Wüten der entfesselten Naturgewalten direkt vor dem Gekreuzigten stand, und ihn verherrlichte. Für die Galiläerin war das Verhalten des Mannes am Kreuz Christi ein gewaltiges Beispiel unerschütterlichen Glaubens. Sie verwahrte sein Bild für immer in ihrem Herzen.....

Kapitel 26

DER KAMPF UM DEN LEIB CHRISTI

Maria-Magdalena hatte gleich nach ihrem Gespräch mit Pontius Pilatus eine entsprechende Botschaft an Joseph von Arimathäa abgesandt. Doch anscheinend kam die Botschaft nicht schnell genug an, sonst wäre der Ratsherr, noch bevor Pontius Pilatus den Messias zur Kreuzigung freigab, an dem Ort gewesen, an welchem der Prokurator gegen die Hohenpriester und das Volk einen verzweifelten Kampf um die Freilassung Jesu führte.

Der Fürst von Arimathäa machte sich nach Erhalt der Botschaft sofort auf den Weg. Doch leider kam er zu spät. Hätte er die Botschaft schneller erhalten, dann hätte er noch Zeit gehabt, Pontius Pilatus in seinem verbalen Kampf gegen Hannas und Kaiphas zu unterstützen.

Mit aller Wahrscheinlichkeit wäre Jesus dann noch zu retten gewesen, denn der Ratsherr und heimliche Jünger Jesu war den Hohenpriestern nicht nur in Hinsicht auf die Erkenntnisse in den Bereichen der Religionsphilosophie überlegen, sondern auch in Bezug auf die Interpretation und Auslegung komplizierter juristischer Fachfragen.

Während Joseph von Arimathäa mit Maria-Magdalena und den anderen Jüngern das Problem mit dem Leichnam Jesu besprach, kamen sie zu dem Schluss, Pontius Pilatus um die Herausgabe des Leibes zu bitten. Man brauchte die amtliche Genehmigung des Stadthalters. Dieser gab nur zu gern dem Ratsherrn die Erlaubnis dazu. Wenn er auch Jesus nicht retten konnte, so wollte er doch zumindest dafür sorgen, dass er nicht verscharrt würde wie ein Verbrecher, sondern dass er von den Menschen ein würdiges Begräbnis erhielte, von denen er am meisten geliebt wurde.

Bevor jedoch der Ratsherr um die Herausgabe des Leichnams bitten konnte, waren Hannas und Kaiphas schon bei Pilatus, um ihn entsprechend zu bearbeiten. Sie sagten zu ihm: „Es könnte sein, Pilatus, dass dich die Jünger des Nazareners um die Auslieferung von dessen Leichnam bitten. Es geht nämlich schon seit einiger Zeit das Gerücht um, dass Jesus am dritten Tage, vom Zeitpunkt seines Todes an gerechnet, von den Toten würde auferstehen! Verstehst du, was wir damit sagen wollen, Pilatus? Wenn die Jünger den Leichnam erst haben, dann werden sie ihn verschwinden lassen, und dann unter dem Volk die Lüge verbreiten, Jesus sei auferstanden!"

„Wenn die Jünger dem Leichnam dessen, den ihr ermordet habt, ein würdiges Begräbnis bereiten wollen, dann werden sie ihn auch kriegen, ihr Natterngezücht!", sagte Pilatus.

Als Hannas und Kaiphas sahen, dass sich Pilatus davon keineswegs abbringen lassen würde, und stattdessen nahe daran war, ihnen die Faust ins Gesicht zu donnern, beschwichtigten sie ihn, indem sie sagten: „Nicht doch, Pilatus! Sieh mal, wir denken doch auch an dich, denn stell dir vor, wenn das Volk plötzlich von nichts anderem mehr spricht, als von dem „Auferstandenen", dann wird niemand mehr aus unserem jüdischen Volk auf uns und unsere Gesetze hören. Das könnte zu Aufständen führen, wie wir sie noch nie in der Geschichte Israels hatten.

Rom würde darin eine ernsthafte Gefahr für sich selbst sehen, und dich, Pilatus, würde man im ganzen Imperium als den größten Trottel aller Zeiten ansehen - und du weißt doch, mit welcher Vorliebe Tiberius gerade solche auf den Speisezettel der Löwen setzt, die für die Arena bestimmt sind! Nicht wahr?

Aber wir wollen ja nicht so sein, und dir ein wenig entgegenkommen. Du kannst den Leichnam des Nazareners ruhig von seinen Jüngern bestatten lassen. Du wirst aber so gut sein, dessen Bestattung von deinen Soldaten überwachen zu lassen, ehe die Anhänger des Nazareners kommen, um ihn abzuholen!"

Pilatus stimmte zu, denn gegen die Argumente, die er zu hören bekam, gab es nichts einzuwenden. Sie hatten ihr Gewicht. Für ihn war es am wichtigsten, dass die Jünger den Leichnam ihres Meisters bekamen.

Kapitel 27

BEISETZUNG UND BEWACHUNG DES LEIBES

Am späten Abend ließ Joseph von Arimathäa den Leichnam Jesu vom Kreuz herunterholen. Er musste in etwas eingeschlagen werden, denn alle hatten das Gefühl, ihrem geliebten Messias noch mehr Leid zu bereiten, wenn sie dessen Leib für die Dauer des Transports so ganz ohne Schutz lassen würden.

Da nahm Maria-Magdalena den dunklen Umhang von ihren Schultern und sagte: „Diesen Umhang nehmen wir, denn jetzt weiß ich, dass ich ihn zu diesem Zweck bekommen habe!" Nachdem man den Leichnam Jesu in diesen Umhang eingehüllt hatte, fügte die Jüngerin noch hinzu: „Ich habe diesen Wetterschutz von dem Mann erhalten, der am Kreuze die Füße des Messias umfasste, und ihn unter Tränen verherrlichte. Um meinen Körper vor dem Unwetter zu schützen, schenkte er ihn mir. Aber weder ich, noch dieser römische Hauptmann Kornelius, dessen Namen ich nie vergessen werde, wussten zu diesem Zeitpunkt, für wen dieser Umhang von Anfang an bestimmt war! Auch weiß ich, dass dieser Mantel ein symbolischer Hinweis darauf ist, dass durch alle Jünger und Jüngerinnen in Zeiten der Not und Gefahr ein besonders starkes Maß an Göttlichen Kraftwellen fließen wird!"

Zu dem Apostel Johannes und dem Ratsherrn Joseph gewandt, schloss Maria-Magdalena mit den Worten: „Ich weiß, dass mein Name und der dieses großartigen Römers in Verbindung mit dem Evangelium und über viele Zeitalter hin auf besondere Weise miteinander verknüpft bleiben werden!"

Dann trug man den Leichnam zu einem Felsengrab, das sich auf dem großen Grundstück des Joseph von Arimathäa befand, auf dem dieser auch sein Landhaus stehen hatte. Maria-Magdalena nahm von dem Alabasteröl, mit dem sie bereits in Kapernaum, im Hause des Anwalts Simon, Haupt und Füße des Messias salbte. Damit rieb sie die sterblichen Überreste Jesu ein. Die Jünger halfen ihr dabei. Auch wurde der Leichnam in Binden eingewickelt, und danach mit allen Ehren und mit aller Liebe bestattet. Jeder von den Anwesenden sprach ein paar zu Herzen gehende Worte. Dann gingen sie alle aus der Gruft heraus, und begaben sich in das Haus des Ratsherrn.

Vor dem Grab aber befanden sich jene römischen Soldaten, die Pilatus aufgrund der Forderungen der erpresserischen Hohenpriester dazu abkommandiert hatte, es zu bewachen und einbruchsicher zu machen. Mit vereinten Kräften wälzten sie einen gewaltigen Stein vor den Eingang. Einer von den Soldaten sagte: „Wer weiß, vielleicht verfügt dieser Tote tatsächlich über göttliche Kräfte!" „Wenn das stimmt", sagte ein zweiter, „dann haben wir diesen Steinkoloss umsonst vor den Eingang gewälzt, und haben umsonst geschwitzt, denn dann wird dieser Tote einfach durch den Stein hindurchspazieren, und sich dabei in aller Seelenruhe die Bandagen vom Leibe wickeln!"

Ein dritter fügte hinzu: „Bis vor Kurzem hätte ich noch meinen Bauch geschüttelt vor Lachen, wenn mir einer gesagt hätte, dass er so etwas für möglich hält, aber nachdem ich die Geschichte über diesen Mann aus Bethanien gehört habe, von dem inzwischen ganz Judäa weiß, dass er von diesem Jesus zum Leben erweckt worden ist und dass dieser Tote, von Kopf bis Fuß in Bandagen eingewickelt, aus seiner Gruft spaziert sein soll, da bin ich mir nicht mehr so sicher, ob die Geschichten, die sich um diesen toten Nazarener ranken, alles nur Märchen sind!"

„Wenn dieser Jesus tatsächlich über göttliche Kräfte verfügt, und durch den Stein hindurchläuft als gäbe es ihn nicht", sagte ein anderer, „dann kann uns kein Militärgericht der Welt dafür bestrafen, denn wie sollen wir, die wir aus Fleisch und Blut sind, einen Geist an dem hindern können was er vorhat?...Aber es könnte natürlich auch sein, dass alle diese Wundergeschichten, die man diesem Jesus nachsagt, nur Fantastereien sind. Und wenn dies zutrifft, dann müssen wir acht haben auf die Anhänger dieses Toten, damit diese nicht kommen und ihn stehlen, um hinterher behaupten zu können, der Tote sei auferstanden!"

Die Soldaten beschlossen schichtweise Wache zu halten, damit immer ein Teil ein wenig schlafen konnte, denn falls es den Anhängern Jesu einfallen sollte, sich wie Diebe in der Nacht heranzuschleichen, um den Leichnam zu stehlen, dann sollten sie eine böse Überraschung erleben!

Es dauerte nur wenige Stunden, bis die gesamte Wache von einer bleiernen Müdigkeit befallen wurde. Der Geist des Himmels hatte dies durch eine Lichtgestalt bewirkt, die sich den Soldaten zeigte. Von dieser ging ein gleisendes und fluoreszierendes Leuchten aus, welches die gesamte Grabstätte und deren Umgebung in sich einhüllte.

Die Lichtgestalt war in strahlendes Weiß gekleidet. Nachdem die Soldaten eingeschlafen waren, wälzte sie den großen Stein von dem Eingang der Gruft hinweg. Außerdem erzeugte dieser gewaltige und strahlende Diener des Lichtes im Auftrag des Himmels unterhalb der Felsengruft eine kleine Erderschütterung. Unter der Stelle, wo der Leichnam Jesu lag, sackte die Erde nach unten. Die sterblichen Überreste des Messias versanken in der Tiefe. Danach schloss sich die Erde wieder. Die Felsengruft selbst blieb unbeschädigt.

Kapitel 28

MARIA-MAGDALENA ERLEBT DIE AUFERSTEHUNG

Am nächsten Morgen machte sich Maria-Magdalena auf den Weg zur Gruft. Sie wollte hinein um zu beten. Sie wollte auch deshalb hinein, um noch ein letztes Mal, ohne das Beisein der Anderen, Abschied nehmen zu können. Durch die gewaltigen Erlebnisse der vergangenen Monate, und durch das schreckliche Leid, welches sie um Jesu willen hat erdulden müssen, war die Jüngerin inzwischen so geläutert, dass Sensitivität und Wahrnehmungsfähigkeit ihres Bewusstseins eine enorme Steigerung erfuhren. Auf diese Weise wurde die Sehkraft ihres geistigen Auges so geschärft, dass sie ätherische und feinstoffliche Erscheinungen wahrnehmen konnte.

Als sie nämlich den Feldweg hinunterlief, der zur Gruft führte, kam ihr eine Gestalt entgegen die hell leuchtete und von überirdischer Schönheit war. Daher brauchte die Jüngerin nicht länger als eine Schrecksekunde, bis sie erkannte, dass diese Lichtgestalt niemand anders war, als der auferstandene Messias. Voll überströmenden Glücks beschleunigte sie ihren Schritt, denn alles in ihr drängte darnach, den geliebten Christus zu umarmen.

Dieser jedoch hielt sie davon ab, indem er sagte: „Du darfst mich nicht berühren, geliebte Maria-Magdalena! Du bist zwar sehr gereift im Geiste, aber trotzdem wärest du nicht in der Lage, die Berührung meines Leibes zu ertragen, denn er ist nicht mehr von fleischlicher, sondern von geistiger Art! Gehe aber hin zu den anderen Jüngern und Jüngerinnen und sage ihnen, dass ich mich ihnen zeigen werde, damit sie erkennen, dass ich, so wie es der Prophet geweissagt hat, auferstanden bin. Sorge dich aber nicht darüber, wenn einige der Jünger an deiner Nachricht zweifeln werden, denn die Zweifel werden sich bald legen. Ich will dir aber auch die Namen derer nennen, die nicht eine Sekunde zweifeln werden:

Unter den Männern sind es zwei: Johannes, der mit seiner Fähigkeit des geistigen Schauens und Begreifens allen anderen überlegen ist - und Petrus, der mich nach meiner Gefangennahme nicht aus Böswilligkeit, sondern aus Angst drei mal verleugnet hatte. Petrus hat sehr darunter gelitten. Dadurch wurde sein Herz so gründlich geläutert, dass dieser feurige Jünger niemals mehr auch nur den geringsten Zweifel an all den Dingen haben wird, die mich betreffen, und von denen ich zu ihm gesprochen hatte! Und von den Frauen, Maria-Magdalena, wird keine einzige an der Botschaft zweifeln, die du ihnen von mir überbringen wirst! Wenn du nun hingehst zu meinen Brüdern und Schwestern und ihnen ausrichtest, worum ich dich gebeten habe, dann warte ab, bis sich die Unstimmigkeiten gelegt haben, die du dabei heraufbeschwören wirst, und sage ihnen dann, dass sie sich nach Galiläa aufmachen sollen. Sie sollen sich in Tiberias, im Hause des Johannes, einfinden, denn dort werde ich ihnen erscheinen."

Kapitel 29

EINIGE JÜNGER ZWEIFELN AN DER AUFERSTEHUNG

Maria-Magdalena tat, worum sie der Messias gebeten hatte. Sie begab sich in das Haus des Lazarus, wo sich fast alle Jünger und Jüngerinnen der Elite befanden. Es geschah so, wie es Jesus vorhergesagt hatte: Einige meldeten ihre Zweifel bezüglich der Auferstehung an und äußerten sogar die Vermutung, Maria-Magdalena fantasiere, sie sei überarbeitet und brächte daher Fantasie und Realität durcheinander - und alles was sie bräuchte, wäre dringende Bettruhe! Danach, meinten sie, sei alles wieder in bester Ordnung! Aber diese Zweifler hatten nicht mit Petrus und Johannes gerechnet - und am allerwenigsten mit den Frauen.....

Petrus und Johannes hatten die Skeptiker so gewaltig in die psychotherapeutische Argumentenzange genommen, dass am Ende alle Zweifel beseitigt waren. Jedes zweiflerische Wort wurde so gründlich durch den verbalen Fleischwolf gedreht, dass keines die Prozedur überlebte!

Und dann die Frauen: Als diese die Worte hörten, die Zweifel an der Auferstehung und an Maria-Magdalenas Gesundheitszustand anmeldeten, verwandelten sie sich in wahre Amazonenkämpferinnen des Geistes. Nun, am Ende war alles so, wie es sein sollte: Die zum Tode verurteilten Worte des Zweifels, die „Delinquenten" also, wurden der Reihe nach „hingerichtet" und Petrus, Johannes und die Frauen, waren die Vollstrecker.....

Am nächsten Tag machte sich die Gruppe auf den Weg nach dem Land Galiläa. Schließlich kamen sie nach einigen Tagen in der Stadt Tiberias an. Johannes geleitete sie zu seinem Haus. Dort bereitete man sich auf das Kommen des Messias vor. Man wartete auf den Tag an dem dieser der Gruppe, so, wie er es ihr durch Maria-Magdalena hat ausrichten lassen, erscheinen wolle.....

Kapitel 30

CHRISTI ERSCHEINUNG UND HIMMELFAHRT

An einem der Tage in den letzten sechs Wochen vor seiner Himmelfahrt kam der Messias. Die Jünger und Jüngerinnen befanden sich im Hause des Johannes gerade beim Essen. Plötzlich stand der Messias vor ihnen. Mit seinem Ätherkörper kam er durch die geschlossene Tür. Zunächst reagierten die Gäste des Johannes erschrocken, aber gleich darauf erkannten sie, wer da vor ihnen stand. Keiner dachte mehr ans Essen, denn die Freude den Messias wiederzusehen, und die dadurch gegebene Bestätigung der Wahrhaftigkeit seiner Auferstehung machten sie überglücklich, und so etwas wie eine euphorische Stimmung zog ins Haus.

Bevor Jesus wieder aus dem Haus verschwand, teilte er ihnen noch mit, wann und wo er sie zum letzten Mal sehen wolle. Er sagte ihnen, dass dies der Tag sein werde, an dem sie ihn in diesem Leben zum letzten Mal sehen würden, und dass seine an diesem Tag stattfindende Himmelfahrt zu Urvater, Urmutter und seinem geistigen Dual, Christiana, für lange Zeit seine letzte große Demonstration zur Verherrlichung des Himmels sein werde!

Es war der 40. Tag nach seiner Kreuzigung, als sich die Jünger und Jüngerinnen zum Berge Hattim begaben, der nordwestlich von Tiberias lag, und höchstens eine Stunde vom Hause des Johannes entfernt. Die Gemüter der Männer und Frauen waren aufs Höchste erregt. Sie befürchteten, dass sie das, was gleich kommen würde, geistig wohl schwer würden ertragen können. Plötzlich stand der Messias vor ihnen. Sein Ätherkörper strahlte ein helles Licht aus, und nie für möglich gehaltene Empfindungen eines tiefen Himmlischen Friedens erfasste die Gemüter der Jünger und Jüngerinnen.

Da begann der Christus zu sprechen: „Mir ist alle Gewalt im Himmel und auf Erden gegeben worden. Gehet daher hin und macht Jünger aus Menschen aller Nationen, und tauft sie mit dem Feuer des Geistes im Namen der allmächtigen Vater-Mutter-

Gottheit, im Namen des Sohnes und der Tochter, und im Namen des durch sie zu allen Zeiten wirkenden, Heiligen Geistes! Und wisset, dass ich mit euch sein werde alle Tage, bis zum Abschluss des Weltzeitalters, denn das Evangelium vom Reich der Himmel hat heute nicht sein Ende gefunden - sondern seinen Anfang!"

Als der Christus dies gesagt hatte, entschwand er, in eine Wolke Himmlischen Lichtes eingehüllt, gen Himmel. Am Firmament erstrahlten in Göttlichem Glanze - das Kreuz der Wahrheit - und die weiße Taube.....

Kapitel 31

DIE WEIBLICHEN JÜNGER KOMMEN INS RECHTE LICHT

Die nächsten Tage verbrachten die Jünger und Jüngerinnen im Hause des Johannes. Sie brauchten eine gewisse Zeit, um die, durch den Heimgang des Messias nun völlig veränderte Situation, entsprechend zu meistern. Man stärkte sich gegenseitig durch Ermunterungen. Wenn auch der Christus nicht mehr unter ihnen weilte, so war aber dennoch die Kraft seines Geistes ständig gegenwärtig. Diese ist ihnen als Vermächtnis geblieben. Mit der Kraft dieses Geistes ausgerüstet, waren die Jünger und Jüngerinnen schließlich auch gewillt, das Evangelium vom Reich der Himmel in alle Welt hinauszutragen.

Damit geschah, was gemäß den geistigen Gesetzen geschehen musste: Im Verlauf der Zeit löste sich ein Apostel nach dem anderen von der Gruppe, um dem Ruf zu folgen, das Evangelium in ferne Länder zu tragen, damit, wie es Jesus kurz vor seinem Abschied mit feurigem Herzen sagte, „Menschen aus allen Nationen zu Jüngern werden!" So mancher Apostel ahnte beim Abschied von seinen Brüdern und Schwestern, dass er ihnen in diesem Leben wohl nie mehr begegnen würde.....

Es waren aber nicht nur Jünger, welche mit Kraft für das Evangelium kämpften, und sogar bereit waren, notfalls ihr Leben dafür zu opfern. Auch die Jüngerinnen taten alles was in ihren Kräften stand, um dem Evangelium der Nächstenliebe zum Sieg zu verhelfen. Mit Großem Mut und eisernem Willen verbreiteten sie auf ihre Weise die Himmelsbotschaft, mittels dieser die Menschen aller Nationen miteinander versöhnt werden sollten. Auch diese wahrhaft großen Frauen waren bereit, notfalls alles zu opfern, und damit auch ihr Leben, wenn sie sonst keine andere Möglichkeit gesehen haben würden, die Macht der Christus-Botschaft zu demonstrieren. Ruth-Elisabeth und ihre Tochter Anna-Maria, über deren Begegnung mit Jesus ich in Kapitel 12 berichtete, sind ein Beispiel dafür.

Anmerkung: Über die großen Leistungen der Jüngerinnen berichtet das Neue Testament so gut wie nichts, was ebenfalls ein Beweis dafür ist, wer bei dessen Übersetzungen, Verfälschungen und redaktionellen Glättungen federführend war, und wer beim Verschwindenlassen von kompletten Briefen und Niederschriften, mit denen zusammen das Neue Testament erst zu einem vollkommenen Ganzen geworden wäre, sein schändliches Denken und Handeln unter Beweis stellte: Die am patriarchalischen und machtsüchtigen Denken orientierte Institution der Kirche, deren psychopathischer Grundgeist auch im Entwurf von Frauenfeindbildern führend voranging! Größenwahn, Scheinheiligkeit und Scheinfrömmigkeit sind ihre Attribute.....

Die mutigen Jüngerinnen haben es, genauso wie ihre männlichen Glaubensgenossen, verdient, als Mahnmale und Meilensteine wahrer Christlichkeit angesehen zu werden, als Orientierungspunkte gelebter Nächstenliebe - und damit auch als weibliche Apostel des Christus-Evangeliums!

Kapitel 32

DIE ERLÄUTERUNG DES MUSTERGEBETS

Der Begriff der Doxologie bezieht sich auf alle Gebetsformen, denen eine formelhafte Struktur zugrunde liegt. Doxologische Gebete sind nicht nur in der Bibel zu finden, sondern auch in den Heiligen Büchern nicht-christlicher Religionen.

Die Vermittler solcher Gebete waren selten darauf bedacht, die Empfänger zu litaneienhaftem Beten zu verleiten. Vielmehr ging es ihnen darum, den Menschen eine Richtschnur in Hinsicht darauf zu geben, über welche Inhalte ein Gebet verfügen sollte, was von seiner Wichtigkeit her zuerst angesprochen, und was danach folgen sollte. Die Menschen sollten schließlich keine auswendig gelernten Sätze heruntersagen, sondern Gebete sprechen, welche ihre Herzen erfüllen.

Als der Messias den Jüngern gesagt hatte wie sie beten sollten, verhielt er sich genauso. Er sagte ihnen nicht, dass sie seine, aus neun Punkten bestehende Gebetsrichtschnur, einfach nur herunterzusagen brauchen. Er erklärte ihnen nicht nur die Inhalte, über die ein gottgefälliges Gebet verfügen muss, und in welcher Reihenfolge diese schwerpunktmäßig zur Sprache gebracht werden sollten. Er legte vor allem großen Wert darauf, dass der Betende seine eigene Formulierung findet.

Die Kirchenführer „kennen" zwar das sogenannte Mustergebet Jesu, und wissen wohl auch, dass es Jesus abgelehnt hatte, dass die Menschen diese Gebetsrichtschnur Wort für Wort in Monotonie heruntersagen, allein, sie selbst tun das Gegenteil: Bei „allen" ihren Gottesdiensten werden die selben Worte litaneienmäßig ins Leere gesprochen.

Allerdings „wissen" diese Kirchenführer nur von einem Teil des Mustergebetes, da wichtige Inhaltsangaben fehlen, Inhalte, die wohl schon sehr frühzeitig beim Übersetzen von handschriftlichen Überlieferungen weg gelassen, oder später, nach ursprünglicher Aufnahme und Übersetzung für das biblische Gesamtwerk, wieder entfernt wurden. Aber der Grund dafür lag wie immer darin, das machohafte Wesen „göttergleicher" Patriarchenseelen weit über alles Weibliche dominieren zu lassen.

Die meisten Kirchenfürsten von heute handeln wie die Pharisäer und Schriftgelehrten der Tage Christi, die nicht nur öffentlich – sondern vor allem auch lange - leeres Zeug heruntergeredet haben, mit der einen Absicht, vor den Augen der Menschen, koste es was es wolle, zu glänzen. Die Vertreter der Kirchen orientieren sich „nicht" an dem, was Jesus empfohlen hatte:

„Und wenn du betest, sollst du nicht sein wie die Heuchler, denn sie lieben es, in den Synagogen und an den Ecken der Straßen stehend zu beten, damit sie von den Menschen gesehen werden. Wahrlich, ich sage euch, sie haben ihren Lohn dahin.....Wenn ihr aber betet, sollt ihr nicht plappern wie die von den Nationen, denn sie meinen, dass sie um ihres vielen Redens willen werden erhört werden, denn unser Himmlisches Abba-Amma weiß, was ihr bedürfet, noch ehe ihr darum bittet!"

Ein weiterer wichtiger Punkt ist der, dass auch bei dem Mustergebet etwas ganz wichtiges unterschlagen wurde: In ihm wird nämlich nur dem männlichen Teil der Göttlichen Dual-Allmacht Anbetung zuteil, und nur an diese eine Hälfte sind die im Mustergebet enthaltenen Bitten gerichtet.

Wer dieses Buch bis jetzt aufmerksam und vorurteilsfrei gelesen hat, und wer in den Geist Christi nur ein klein wenig hineinzutauchen vermag, wird wissen, dass alles Übel in der Welt nur auf die permanente Verletzung des geistigen Gleichgewichts zurückzuführen ist, was seinen Ursprung in der alleinigen Akzeptanz eines männlichen Gottes hat, obwohl es zu allen Zeiten immer wieder besonders begnadete Männer und Frauen gab, die darauf hinwiesen, dass es Gott und Göttin gibt, Urvater und Urmutter, oder Abba-Amma, wie Jesus immer wieder sein Himmlisches Elternpaar, (wenn auch nicht öffentlich), auf aramäisch anredete. Auf welche Weise Maria-Magdalena und Johannes die Bedeutung von Ur-Abba und Ur-Amma erklärten, als sie mit vielen Jüngern, und solchen, die es werden wollten, das berühmte Mustergebet des Christus besprachen, versuche ich nun hier wiederzugeben. Die Männer und Frauen dieser Zusammenkunft versammelten sich dazu eigens im Hause des Petrus. Das war in Bethsaida, am am Nordende des Galiläischen Meeres, am See Genezareth also:

An einem frühen Herbstabend war es so weit. So voll wie an diesem Abend war das Haus des Petrus noch nie gewesen. Während die Männer und Frauen etwas aßen und tranken, beobachteten sie, wie sich die beiden Hauptpersonen des Abends, Johannes und Maria-Magdalena, wegen des Mustergebets miteinander besprachen. Die Gesichter dieser beiden Menschen strahlten eine Würde aus, über welche sich ihre Herzensbildung, ihre Fähigkeit zur Reinen Liebe, und die hohe Qualität ihrer Geistesbildung, für alle Anwesenden unüberspürbar und unübersehbar, zum Ausdruck brachten.

Als das Abendessen beendet war, brachte jeder sein persönliches Geschirr hinaus in die Küche, und reinigte es auch selbst, die Männer ebenso wie die Frauen. Hier ging es nicht zu wie bei den Pharisäern, Schriftgelehrten und anderen patriarchalischen Gruppen, bei denen allein die Frauen alle „niedrige" Arbeit zu verrichten hatten, damit den Männern diese „Schande" erspart bleibt, denn das Evangelium des Christus hatte im Verlauf der Zeit die Menschen im Hause des Petrus nicht nur das genaue Gegenteil von dem gelehrt, was die sogenannten „Götterherren" auf der Erde praktizierten, sondern auch den dazu notwendigen Wandel in ihren Herzen bewirkt.

Als Ruhe im Hause eingetreten war, sagte Johannes: „Einige von euch waren dabei, als uns der Messias seine wunderbare Gebetsrichtschnur unterbreitete und erklärte, als er noch im Fleische unter uns weilte. Dieses Mustergebet war ihm so heilig und wichtig, dass er nicht nur einmal, sondern viele Male mit uns darüber sprach. Er tat es am Berge Hattim, hier in Galiläa, am Ölberg bei Jerusalem, und an einigen anderen Orten. Besonders großen Wert legte er auf die Einhaltung der von ihm gegebenen Gebetsinhalte, wie auch darauf, in welcher Reihenfolge sie der Betende zur Sprache bringen soll. Das Wichtigste und Heiligste soll zuerst angesprochen werden. Danach folgen dann die anderen Punkte."

Da meldete sich Taddäus zu Wort: „Mir war damals aufgefallen, wie sehr Jesus daran gelegen war, dass man in seinen Gebeten nicht nur Gott ansprechen soll, sondern auch die Göttin an seiner Seite, sein ihm ebenbürtiges Dual. Damit hatte ich – und das gebe ich gerne zu – anfänglich große Schwierigkeiten. Immerhin bin ich so erzogen worden, dass es nur einen männlichen Gott gibt, und dass der männliche Teil der Menschheit der weitaus wichtigere sei, da nur dieser Qualitätsvolles zu leisten vermag, wogegen Frauen zu nichts anderem zu gebrauchen sind, als zu Handlangerarbeiten, wie auch dazu, um als Gebärmaschine ihrem „Herrn" im Bedarfsfall zur Verfügung zu stehen.

Natürlich wollten die Männer in den meisten Fällen Söhne zeugen, auf dass ihr Stolz und ihre Kraft in diesen weiter lebe. Wenn es geklappt hatte, kamen sie sich in den meisten Fällen fast so groß vor, wie der von ihnen verherrlichte „Herr der Heerscharen". Vater einer Tochter zu werden wurde oft als Schande angesehen, und es gab nicht wenig Fälle, wo Väter daraufhin Selbstmord begingen! Und heute begreife ich, wie gewaltig der Geist des Satans das Denken dieser Leute steuerte, und auf welch perfekte Weise er deren Sinn für Gerechtigkeit und Rechtsempfinden eine andere Richtung gab! Er brauchte es nur so zu steuern, dass das Männliche über das Weibliche die Herrschaft übernimmt, damit in der Folge daraus nur an einen männlichen Gott geglaubt wird. Damit war der Ansatz zu dem Ungleichgewicht in der Welt mit allen seinen grauenhaften Begleiterscheinungen geschaffen. Mehr brauchte der satanische Geist nicht zu tun, denn alles, was danach kommen sollte, würde sich zwangsläufig daraus ergeben!"

Daraufhin ergänzte Maria-Magdalena: „Hätte man das Beten zu unserem höchsten Gott und unserer höchsten Göttin nie aufgegeben, wäre auch heute noch nicht nur jedermann von der Existenz dieser Doppelgottheit überzeugt, sondern die Männer und Frauen würden sich auch gegenseitig den nötigen Respekt und die gebührende Achtung schenken. Dies wäre keineswegs nur eine äußerliche Handlung, sondern es käme aus tiefstem Herzen, und hätte außerdem schon längst in allen Bereichen der menschlichen Entwicklung die entsprechenden Früchte gezeitigt. Wir hätten es im wahrsten Sinne des Wortes mit lauter Königen und Königinnen zu tun, deren Herzen von Göttlichem Adel wären, auf denen fortwährend der Segen und die Liebe von Urvater und Urmutter ruhen würde!"

„Vielen Dank für diese Worte, du Königin der Herzen und der Weisheit!", meldete sich Johannes zu Wort. Achtungsvoll blickte er dabei in Maria-Magdalenas Augen. Dann fuhr er fort: „Damals, im Hause des Ratsherrn, Joseph von Arimathea, sagte der Messias zu uns, dass Ur-Abba nur in Verbindung mit Ur-Amma als Quintessenz des ganzen Seins Geltung haben kann, und dass nur über die Wiederanerkennung beider Teile als einander ergänzende und ewig zusammengehörende Duale höchster Instanz, die Menschengeister zu hoher Veredelung gelangen können.

Dann aber fügte der Messias hinzu, dass er in der Öffentlichkeit leider nur vom „Vater im Himmel" sprechen könne, da der Volksgeist noch lange nicht so weit sei, auch an die „Mutter im Himmel" zu glauben. Dann sagte Jesus noch, dass die Menschen in Hinsicht auf geistige Nahrung seien wie kleine Säuglinge, die noch der Milch bedürfen, da sie herzhafte und handfeste Nahrung niemals würden verdauen können!"

Dann ergriff Maria-Magdalena wieder das Wort: „Bei einem kurzen Aufenthalt in Bethanien sagte mir Jesus, die Zukunft der Welt voraussehend, dass die Zeit nicht mehr fern sei, in welcher reißende Wölfe in seine Herde eindringen, und seine Botschaft vom Evangelium auf eine solch subtile Weise verfälschen werden, dass alle jene, die sich in den Zeiten danach bei der Konfrontation mit seiner Botschaft, oder mit dem was davon übrig sein wird, darum bemühen, sie tiefgründig zu erfassen, sehr bald auf den Hauch der Geringfügigkeit stoßen werden, in welchen man alles Weibliche bis dahin eingelullt haben wird, während sie gleichzeitig die männliche Würde mit viel Macht und Stolz kunstvoll verpackt vorfinden werden."

„Wir, die wir heute abend hier versammelt sind", führte Johannes den Gedanken fort, „wissen noch, welchen Inhalt das Mustergebet, das uns Jesus gab, wirklich hat. Es beginnt mit einer Eröffnung, welche die Pharisäer und Schriftgelehrten wahrlich zu Tobsuchtsanfällen veranlassen muss, wenn sie es erst einmal hören, denn nichts ist ihnen heiliger als ihr Jahwe, ihr Patriarchengott und „Herr der Heerscharen". So jedenfalls reden sie. In Wirklichkeit ist ihnen aber nur eines heilig: Sie selbst! Wenn sie sagen, sie beten Jahwe an, dann huldigen sie in Wirklichkeit nur einer vergrößerten Ausgabe ihrer eigenen Person.

Das Mustergebet aber fordert nicht nur die Anbetung von Ur-Vater, sondern auch die von Ur-Mutter. Es beginnt daher mit den Worten: „Unser Geistiger Vater und unsere Geistige Mutter, die Ihr Eins seid von Ewigkeit zu Ewigkeit, und thront über den Himmeln: Ihr lenkt seit undenklichen Zeiten in Liebe die Geschicke allen Lebens. Geheiligt sei daher Euer Name!" „Warum diese Worte am Anfang des Mustergebetes stehen", fuhr Johannes fort, „liegt darin begründet, dass sie, vor allen anderen Inhalten, unbedingte Priorität genießen!"

„Dies bedeutet", ließ sich Maria-Magdalena vernehmen, „dass die Qualitäten unseres Denkens und Handelns, wie auch deren sichtbaren Auswirkungen, von der Stabilität und der Wesensart unseres geistigen Fundamentes abhängen. Wenn wir erreichen wollen, dass alles, was wir tun, Ewigkeitswert erhalten, und vom Himmel freudig angenommen werden soll, dann muss uns die All-Liebe von Urvater und Urmutter täglich durchströmen. Wenn wir mit Sicherheit sagen können, dass dem so ist, dann kommen wir erst gar nicht auf den Gedanken, in unseren Gebeten zuerst die uns betreffenden Wünsche aufzuzählen, um dann, wenn überhaupt, Ehrung und Heiligung von Urvater und Urmutter sozusagen als „Postskriptum" der Form halber beizufügen.

Ihr seht also selbst, liebe Freunde und Freundinnen, wie wichtig es ist, wenn wir zuerst alles das im Gebet zur Sprache bringen, was Urvater und Urmutter direkt betreffen. Hier müssen allerdings das Herz und die Liebe die Wortführer sein, sonst wird die Verbindung zwischen uns und unseren Himmlischen Eltern erst gar nicht hergestellt. Erst wenn wir Ihnen auf rechte Weise Ehrung gezollt und Ihre Heiligung bestätigt haben, sollten wir Ihnen unsere eigenen Wünsche und Bedürfnisse ins Herz hineinlegen. Wenn wir so vorgehen, werden wir stets wissen, was wir zu wünschen haben, und nicht Dinge und Zustände herbeiwünschen, die für unsere geistige Entwicklung entweder überhaupt nie – oder nocht nicht – förderlich sind!"

Da meldete sich Johanna, die Frau des Chusa, der ein Beamter des Herodes ist, zu Wort: „Ich bewundere euere klaren und meisterhaften Erklärungen, Johannes und Maria-Magdalena. Ihr seid wahrhaftig vom Göttlichen Geist inspiriert. Die Geistkräfte des Christus und der Christiana wirken in euch!

In Hinsicht auf euere Erläuterungen bezüglich der Heiligung von Urvater und Urmutter, welche Vorrang vor allen anderen Angelegenheiten hat, kann ich mir in meinem Geiste gut vorstellen, wie all die Dinge, die wir tun, oder mit denen wir in Berührung kommen, von einer Schönheit und Ästhetik beseelt werden, wenn wir es mit unserer Liebe zu Urvater und Urmutter wirklich ernst meinen, und dies auch täglich unter Beweis stellen. Denn wenn unsere Gedanken und unsere Liebe rein sind, wie sollen es da die anderen Dinge in unserem Leben schaffen, davon unberührt zu bleiben? Wie wollen sie es fertig bringen in sich selbst leer und wertlos zu sein, wenn wir ständig pfleglichen Umgang mit ihnen haben, und uns dabei stets vom Geist der Himmel leiten lassen? Oder hat das Echo irgend einer Stimme, die sich je in einem Tal vernehmen ließ, schon mal etwas anderes hören lassen, als das, was die Stimme rief?"

„Dies war ein sehr gutes Beispiel, Johanna!", sagte Johannes. „Ich wünschte, alle Menschen wären in der Lage von den einfachen Naturgesetzen, wie wir sie täglich auf unterschiedlichste Art erfahren, auf die geistigen Gesetze zu schließen, durch die in Wirklichkeit Urvater und Urmutter ständig auf sich selbst hinzuweisen suchen. Die Menschen bräuchten dann nicht mehr zu tun, als ihr Leben danach auszurichten. Sie würden sich dadurch viel Leid ersparen. Gleichzeitig würde die Liebe unter den Menschen wachsen, ihre Weisheit, wie auch ihre seelischen Kräfte, würden ständig zunehmen, und ihr Bewusstsein würde sich fortwährend vertiefen!"

„Kommen wir nun zum nächsten Punkt des Mustergebets", fuhr Maria-Magdalena fort. „Auch dieser Punkt bezieht sich noch auf Urvater und Urmutter selbst, und lautet: „Euer Reich komme und Euer Wille geschehe auf Erden, wie er im Himmel bereits geschehen ist!"

Wir, die wir heute hier versammelt sind, sind in besonderem Maße dazu verpflichtet, unseren Teil dazu beizutragen, dass dieser Himmlische Plan so schnell wie möglich auf Erden verwirklicht wird. Denn wenn wir Kinder von Urvater und Urmutter sein wollen, dann müssen wir auch bereit sein, Ihnen hier auf Erden – und später natürlich auch in höheren Regionen – treu zu dienen. Das heißt, wir müssen tun, was in unseren Kräften steht. Nur im Sinne des Mustergebets zu beten, ansonsten aber die Hände in den Schoß zu legen und darauf zu warten, dass Urvater und Urmutter alles tun, dies wäre Betrug und Verrat an Ihnen. Wir würden in Verbindung damit auch uns selbst betrügen, wie auch alles andere Leben, ohne Ausnahme!

Nur wer selbst etwas leistet, wer den Mut und die Kraft aufbringt gemäß seinen Möglichkeiten Veränderungen herbeizuführen, die dem Göttlichen Heilsplan von Urvater und Urmutter entsprechen, hat ein Recht darauf entsprechend belohnt zu werden, was dann auf jeden Fall auch vom Himmel aus in die Wege geleitet wird.

Die Verwirklichung des Reichs der Himmel auf Erden hängt also auch von uns ab. Damit erfüllen wir den Willen von Urvater und Urmutter. Um deren Willen in die Tat umsetzen zu können, benötigen wir natürlich ein entsprechendes Maß an Willensstärke, wie auch das Wissen darüber, was zur Erlangung paradiesischer Zustände auf Erden alles gehört. Dies erfahren wir, wenn wir uns regelmäßig im Gebet mit Urvater und Urmutter verbinden, und wenn wir uns täglich darum bemühen, gegenüber unseren Mitmenschen und gegenüber den Tieren Nächstenliebe und Gerechtigkeit zu üben. Dazu gibt es keine Alternativen!"

Dann nippte Maria-Magdalena an einem kleinen Becher mit erfrischendem Traubensaft und bat Johannes, mit der Deutung des Mustergebets fortzufahren.

„Mit dem, was bis jetzt besprochen wurde, liebe Freunde und Freundinnen", fuhr Johannes fort, „ist der wichtigste Teil des Mustergebets geklärt: Die Heiligung von Urvater und Urmutter genießen Priorität, wie auch der Wunsch, dass deren Reich einst kommen und sich Ihr Wille auf Erden durchsetzen wird!

Jetzt erst kommen unsere Wünsche und Bedürfnisse an die Reihe. Sie bilden den zweite Teil des Gebets. Der Messias begann ihn mit den Worten: „Unser täglich Brot gebt uns heute, damit wir Euch weiter durch Wort und Tat preisen können!"

Wenn wir ruhigen Gewissens sagen können, dass wir den ersten Teil dieses Gebets so weit erfüllt haben, wie wir es vermögen, dann werden wir auch von Urvater und Urmutter entsprechend belohnt werden. Wir werden dann erhalten, was wir verdient haben, bzw. zu jedem Zeitpunkt das bekommen, was wir benötigen, unser tägliches Brot, und was wir sonst noch zum Leben brauchen.

Wie euch wohl aufgefallen ist, beendete der Messias den angefangenen Satz, „Unser täglich Brot gebt uns heute", mit den Worten: „damit wir Euch weiter durch Wort und Tat preisen können!" Diese Ergänzung ist sehr wichtig, denn bliebe es beim ersten Teil des Satzes, dann wäre nur unsere Forderung angesprochen. Doch in Verbindung mit dem wichtigen zweiten Teil, den Jesus gleich hinzufügte, wird das Gleichgewicht zwischen Geben und Nehmen angesprochen. Das heißt also: „Unser täglich Brot gebt uns heute", ist das, was von Urvater und Urmutter kommt, und „damit wir Euch weiter durch Wort und Tat preisen können!", ist das, was wir Ihnen dafür geben, bzw. zum Teil schon gegeben haben.

Hätte Jesus den zweiten Teil dieses Satzes weg gelassen, dann würde das, was wir erbitten, nämlich unser täglich Brot, an Gewicht gewinnen, während der Inhalt des zweiten Teils, in welchem wir Urvater und Urmutter als Gegenleistung versprechen, Sie in Wort und Tat für Ihre Gaben zu preisen, in unseren Herzen mit der Zeit immer mehr an Bedeutung verlieren würde. Wer beim Beten von der Motivation beseelt ist, dass Geben glücklicher macht als Nehmen, zeigt, dass er sich über die Niederungen des satanischen Herrschaftsbereichs hinausgehoben hat, womit er für dunkle Geister nicht mehr fassbar sein wird.

Solche Jünger und Jüngerinnen brauchen sich wirklich keine Sorgen um den heutigen Tag zu machen, oder um den morgigen, denn der Himmel wird für sie sorgen. Damit wird sich erfüllen, was Jesus mehrmals besonders hervorhob. Die meisten von euch haben ihn diese Worte schon sprechen hören. Sie lauten: „Trachtet aber zuerst nach dem Reich der Himmel und nach dessen Gerechtigkeit, und wahrlich, alles andere, was ihr zum Leben benötigt, wird euch hinzugefügt werden!"

Alle Anwesenden im Hause des Petrus bedankten sich für die Ausführungen des Johannes, wohl wissend, dass er vom Göttlichen Geiste beseelt war. Maria-Magdalena schaute Johannes an, und während sie lächelte und in seine Augen schaute, erkannte der spätere Autor des Johannes-Evangeliums und der Apokalypse, wie sehr Maria-Magdalena von seinen Worten ergriffen war, und wie leicht es ihr war, ihm in seine Höhen zu folgen. Zum wiederholten Male stellte er fest, in welch Respekt abverlangenden Höhen sich der Geist der Maria-Magdalena befand, der Geist der schönen Frauengestalt, von dessen Himmlischen Qualitäten er überzeugt war.

Etliche der Gäste erhoben ihre Becher, um einen Schluck daraus zu trinken. Bethsabe erkannte, dass die Becher von Johannes und Maria-Magdalena leer waren, und füllte sie erneut. Dann fuhr die einstige Dame der hohen Gesellschaft zwischen Jerusalem und Magdala mit der Erläuterung des Mustergebetes fort:

„Als nächstes, liebe Brüder und Schwestern, trug Jesus in seinem beispielhaften Gebet diese Bitte an Urvater und Urmutter heran:

„Und vergebt uns unsere Schuld, wie auch wir unseren Schuldnern vergeben haben, und weiterhin vergeben werden! Gebt uns die Chance, unsere noch vorhandene Schuld zu begleichen!"

Jesus sprach hier in erster Linie von der moralischen Schuld, denn allem üblen Verhalten ging stets die Verletzung des gesunden Rechtsempfindens voraus, und die Verdrängung des damit verbundenen Gewissens, von dem wir inzwischen alle wissen, dass es in Wirklichkeit nichts anderes ist, als die Geistige Nabelschnur zwischen dem Himmel und uns. Über diese können wir, so wir uns nicht dagegen verschließen, pausenlos mit Urvater und

Urmutter in Verbindung bleiben. Tun wir das in rechtem Maße, dann werden wir die zur positiven Gestaltung unseres Lebens notwendigen Informationen, die wir ohne Unterlass aus dem Himmel erhalten, auch auf rechte Weise zur Anwendung bringen. Und da, aus was für persönlichen Gründen auch immer, niemand von uns frei von moralischer Schuld ist, sollten wir auch so stark und mutig sein, uns zu selbiger zu bekennen!"

An dieser Stelle legte Maria-Magdalena eine kleine Pause ein, worauf sich Jakobus zu Wort meldete: „Wir sollten allerdings darauf achten, dass wir dabei keine Schuldkomplexe in uns entwickeln, die wir ein Leben lang nicht mehr los werden, denn dadurch verschlimmern wir unsere Lage nur, statt sie zu verbessern. Das Bekennen zu unserer Schuld muss selbstverständlich stattfinden, aber nicht, damit wir uns daran festhalten, sondern um uns dadurch den helfenden Kräften des Himmels besser öffnen zu können. Das ist die beste Gewähr dafür, dass wir uns geistig und moralisch, wie auch im Umgang mit unseren Mitmenschen, verbessern!"

„Das ist es, worauf wir hinaus wollten, Jakobus!", bestätigte Johannes. „Wir müssen nämlich der Tatsache eingedenk sein, dass die Vergebung der Schuld nur dadurch bewirkt werden kann, indem wir unermüdlich an uns arbeiten, und auch unsererseits all denen vergeben, die sich an uns irgend wann versündigt haben. Je mehr wir unser Leben, unser Denken und unsere Arbeit auf Urvater und Urmutter ausrichten, um so schneller tragen wir dadurch noch vorhandene Schuld ab. Nur wer sich in diesem Sinne regt, wird gesegnet werden.

In Bezug auf die Begriffe „Saat und Ernte", die Jesus oft verwendet hatte, kann auch gesagt werden, dass Derjenige, der gottgefällige Saat ausstreut, im entsprechenden Verhältnis dazu Loslösung von einstiger Schuld als Ernte erfahren wird! Wenn es also in der Gebetsrichtschnur des Messias heißt, „...und vergebt uns unsere Schuld, wie wir vergeben unseren Schuldnern", dann ist dies nur über unsere persönliche Leistung, in Verbindung mit den Geistkräften von Urvater und Urmutter, möglich, die wir zu diesem Zweck erhalten!

Die Vergebung unserer Schuld liegt also in uns selbst. Von der Art wie wir denken und handeln hängt es ab, ob wir noch vorhandene Schuld auslöschen, oder ob wir sie vermehren. Wenn wir unseren Schuldnern ehrlichen Herzens vergeben, dann sorgen die Gesetze des Himmels in der Folge daraus für gerechten Ausgleich, indem sich alles das für uns zum Guten wenden wird, was wir sonst, früher oder später, auf höchst schmerzhafte Weise zu spüren bekommen würden!"

Damit war auch dieser Punkt des Mustergebets ausführlich besprochen. Johannes nahm einen Schluck aus seinem Becher, ebenso einige der Jünger und Jüngerinnen. Einwände auf das, was bis jetzt gesagt wurde, gab es keine. Es wäre auch ziemlich unwahrscheinlich gewesen, wenn auch nur einer dabei gewesen wäre, der an dem gezweifelt hätte, was die beiden Hauptpersonen der Versammlung, Johannes und Maria-Magdalena, an klaren und logischen Erläuterungen brachten, denn beide waren auf besondere Weise vom Geist der Himmel erleuchtet.

Nach einer kurzen Pause meldete sich Maria-Magdalena wieder zu Wort: „Liebe Brüder und Schwestern, nun kommen wir auf den vorletzten Teil des Mustergebets zu sprechen. Er lautet:

„Und führet uns sicher in der Versuchung, durch welche uns Satan und Satana immer wieder zu fangen suchen, und helft uns mit den Kräften Eures Himmlischen Geistes hierbei einen Ausweg zu finden, damit uns die Loslösung von allem was böse ist, gelingen möge!"

Wenn wir uns stets vergegenwärtigen, worin der große Unterschied zwischen den Mächten des Himmels und denen der Finsternis besteht, dann werden wir auch um so wachsamer in Hinsicht darauf sein, was wir an Empfindungen, Gefühlen und Gedanken zulassen. Wer sein inneres und äußeres Leben in diesem Sinne gestaltet, bietet den Mächten der Finsternis keine Möglichkeit, ihn in ihrem Sinne zu versuchen. Sie werden sich wütend und unverrichteter Dinge wieder zurückziehen müssen. Denn ihr müsst bedenken, liebe Freunde und Freundinnen, Satan und Satana können uns zwar zu nichts zwingen, doch sie vermögen es meisterhaft zu locken und sich den Anschein von gut wollenden Engeln zu geben!"

In diesem Augenblick meldete sich Maria von Nazareth zu Wort: „Jesus sagte mir einmal in früheren Jahren, dass die Eigenschaft der Versuchung auf zweierlei Weise gedeutet werden kann, dass für sie das selbe gelte, wie für alle anderen Dinge auch, dass sie ebenfalls ihre zwei Seiten habe, eine gute und eine schlechte, denn so, wie sich Satan und Satana ständig bemühen, die Menschen durch irdisches Blendwerk zu versuchen, um sie von den Verpflichtungen abzulenken, die sie gegenüber dem Himmel haben, so bemühen sich auch Urvater und Urmutter Ihrerseits stets, in den Herzen der Menschen die Sehnsucht nach dem Himmel zu wecken, indem Sie, wann immer es möglich ist, nicht nur Bilder der Reinen Liebe, der inneren Stärke, des Erbarmens und der Hilfsbereitschaft in ihren Seelen erzeugen, sondern auch ahnungsvolle Bilder von den Schönheiten des Himmels, von dessen erquickenden Geistkräften, und von der unsagbaren Seligkeit, die dort vorherrscht, die jeder bis in alle Ewigkeit erleben darf, der im zweifellos harten Kampf gegen die Mächte der Finsternis als Sieger hervorgeht. Dieser Art von Versuchung erliege ich gerne, denn sie ist Göttlich, und ihr Ziel ist ewiges Heil. Außerdem wird die Sehnsucht nach dem Himmel zweifellos größer, je stärker das Dunkel hier auf Erden Druck auf unsere Seelen ausübt.

Als die Zeit kam, von der ab ich die Botschaft meines ältesten Sohnes immer besser verstand, und von wo ab ich die Eingebungen und Visionen aus dem Himmel immer stärker erlebte, da konnte ich nicht mehr anders, als nur noch für das Evangelium zu leben. Dies, liebe Brüder und Schwestern, waren „Versuchungen", denen ich gerne erlag, „Verlockungen" durch Urvater und Urmutter, denen zuliebe ich von ganzem Herzen, und bis in alle Ewigkeit, im Zustand des „Erlegenseins" verbleiben werde!"

„Du bist eine großartige Frau, Maria", sagte Johannes daraufhin, und ein respektvoller Ton lag in seinen Worten. Dass auch der Rest der Abendgesellschaft genauso dachte und empfand, das war an dem Hauch festzustellen, der in der Luft lag, und an dem Geist, der das Haus des Petrus erfüllte.

„Wäre Salomon jetzt hier", sagte der spätere Evangelist Markus zu Maria von Nazareth, „würde er dich genauso rühmen, wie die von ihm in seinem Buch der Sprüche beschriebene, wackere Frau, deren Wert er weit über alle Reichtümer der Welt stellte!"

Dann ergriff Johannes wieder das Wort: „Wer vom Geist des Himmels geführt wird, braucht Tod und Teufel nicht zu fürchten, denn er wird in der Stunde der teuflischen Versuchung von unseren Himmlischen Eltern geführt werden. Andererseits aber müssen wir Prüfungen unterzogen werden, damit wir daran reifen. Wie sollten wir sonst in die Lage kommen, paradiesische Seligkeit zu erlangen? Ihr müsst bedenken: Die Versuchung durch Satan und Satana, und die Prüfungen, die uns auferlegt werden, sind zweierlei Dinge, denn sie unterscheiden sich in der Charakteristik und in der Motivation derer, von denen sie kommen.

Satan und Satana benötigen die dunklen Geistkräfte der Menschen, um ihre Prinzipien zu erhalten. Daher sind sie ständig darauf bedacht, den Menschen alles das auszutreiben, was mit Liebe und Gerechtigkeit zu tun hat. Je größer die Distanz zwischen den Menschen und dem Himmel, um so mehr Kräfte gewinnen Satan und Satana, und dadurch auch um so mehr Macht.

Bei Urvater und Urmutter ist das genaue Gegenteil der Fall. Die Prüfungen, die sie uns auferlegen, sind von dem Herzenswunsch beseelt, uns reif werden zu lassen für den Himmel. Wenn wir die Prüfungen mit der festen Überzeugung annehmen, dass wir die nötigen Kräfte vom Himmel erhalten, um sie meistern zu können, dann werden wir spüren, wie die wohltuenden Kräfte von Urvater und Urmutter in uns hineinfließen, und unseren Geist, unser Herz, und unseren Körper stärken.

Es mag sein, dass während dieser Prüfungen manche Härtesituationen auftreten, welche in dem einen oder anderen von uns Versagensängste aufkommen lassen könnten. Aber auch hiervor brauchen wir keine Angst zu haben, denn Urvater und Urmutter werden uns zwar manchmal hart prüfen, aber mit der Prüfung werden sie auch einen Ausweg schaffen! Darum sorgt euch nicht, von welcher Art die Belastungen sein werden, die wir in der Zukunft noch zu erwarten haben. Sorgt euch nicht darum, ob es sich um Versuchungen aus den Dimensionen des geistigen Dunkels handelt, von da aus man uns sowieso nur schaden will, oder um Prüfungen des Himmels, dessen Bestreben einzig darin besteht, uns geistig reifen zu lassen, denn Urvater und Urmutter wollen, dass wir alle, ohne Ausnahme, die große irdische Reifeprüfung, einschließlich aller Zwischenprüfungen, zu Ihrem und zu unserem Wohlgefallen, bestehen. Dies bedeutet auch gleichzeitig die Erlösung von allem Übel!

Damit kommen wir auch schon zum neunten und letzten Teil des Mustergebets. Er bildet die Quintessenz aus den Inhalten der vorhergegangenen acht Abschnitte, und bezieht sich auf unser allerhöchstes Ziel: Das Erlangen der ewigen Seligkeit, was nur in Verbindung mit einem vollwertigen und gereinigten Geist möglich ist. Er lautet:

„Bereitet und erzieht uns, damit wir würdig werden für unsere ewige Heimat, für den Himmel, und damit wir würdig werden, einst für immer in Eurer Nähe sein zu dürfen!"

„Mit diesen Worten", sagte Johannes, „bringen wir klar und unmissverständlich zum Ausdruck, dass wir zu jeder Zeit bereit sind, mit den Göttlichen Gesetzen in harmonischem Gleichklang zu leben. Wir wissen, dass uns diese Gesetze über eine Vielfalt von symbolischen Hinweisen stets rechtzeitig warnen, wenn wir aufgrund unserer Unvollkommenheit im Begriff sind, die Orientierung am Wesentlichen zu verlieren. Diese Gesetze wollen uns helfen, damit wir nicht auf einen Irrweg abgleiten. Wenn wir aber deren Hinweise missachten, dann müssen wir damit rechnen, dass uns dies schmerzhaft treffen wird. Aber auch dann brauchen wir nicht zu verzweifeln, denn was immer wir erleben werden, geschieht zu unserem Heil. Vergesst das nie!"

Den Gästen war es anzusehen, dass ihnen Johannes aus dem Herzen gesprochen hatte. Bethsabe und Johanna standen auf, um alle leer gewordenen Frucht- und Weinbecher nochmal aufzufüllen, und um einen kleinen Imbiss für alle vorzubereiten. Nachdem diese Pause beendet war, ergriff Maria-Magdalena noch einmal das Wort:

Kapitel 33

DIE PSEUDOPSYCHOLOGIE DER GNADE

„Mir scheint es für den heutigen Tag, und in Zusammenhang mit den bereits besprochenen Punkten, sehr wichtig, das Thema der „Gnade" einmal einer genaueren Betrachtung zu unterziehen.

Manche von euch tun sich noch etwas schwer damit, den Begriff der Gnade aus ihrem Gedankengut zu streichen. Doch nachdem, was wir bis jetzt durch die richtige Deutung des Evangeliums bereits wissen, wäre es angebracht, sich von diesem Begriff allmählich zu lösen. Er ist ein Produkt patriarchalischer Priesterschaften, und dient dazu, das Volk geistig einzuschläfern, und um es in völlige Abhängigkeit von sich zu bringen.

Sie sagen: Was der Mensch an bösen Dingen tut, ist sein Verdienst, und was er an Gutem verrichtet, dies sei allein Gottes Werk, womit der Mensch zwangsläufig auf die Gnade Gottes angewiesen sein muss. Dies ist – und da kann ich nichts anderes sagen – die Folge eines genialen und zugleich höchst raffinierten Schachzugs des Strategenpaares der Boshaftigkeit, Satan und Satana.

Doch darüber möchte ich nicht sprechen, sondern über das, was jedem Menschen, wie klein er gemessen an der Größe unserer Himmlischen Eltern auch immer sein mag, aus der Sicht des Himmels zusteht.

Der früher oder später ins geistige Abseits führende Begriff der Gnade, muss, wenn wir Wert auf Gerechtigkeit und Gleichgewicht in allen Dingen legen, unbedingt durch das Wort Verdienst ersetzt werden. Wenn wir Übles getan haben, dann werden wir schmerzhafte Erfahrungen machen, und bräuchten auf die Gnade des Himmels, falls es sie gäbe, gar nicht zu hoffen, denn wie sollten wir sonst aus Fehlern lernen können?

Und wie sieht es aus, wenn wir Gutes getan haben? Die Antwort ist im Grunde ganz einfach! Dadurch, dass wir von Urvater und Urmutter die Fähigkeit zur freien Willensentscheidung erhalten haben, sind wir voll verantwortlich für alles, was wir tun. Das heißt, es wird alles das auf uns zurückkommen, wofür wir die Ursache gegeben haben. Wir werden nicht für etwas bestraft, und nicht für etwas belohnt werden, an dessen Ursache wir nicht beteiligt waren. Für etwas belohnt zu werden, was wir nicht getan haben, wäre im wahrsten Sinne des Wortes unverdiente Gnade. Aber diese gibt es nicht, denn wer die Fähigkeit zur Eigenverantwortung mitbekommen hat, ist gemäß den Gesetzen des Himmels angehalten, sich alles selbst zu erarbeiten und zu verdienen, was er an guten Dingen empfangen will. Die Kraft dazu erhält er von oben. Die Verleihung dieser Kraft hat auch nichts mit Gnade zu tun, denn sie dient lediglich als Werkzeug, mit dem die gedanklichen Vorstellungen in die Tat umgesetzt werden können.

Wo der Mensch unter Einsatz seiner Kräfte und Möglichkeiten etwas gottgefälliges geleistet hat, da ist eindeutig die Situation des Verdienstes gegeben. Hinzu kommt, dass kein Mensch mehr erhält, als ihm zusteht!"

„Der Überzeugung bin ich auch!", meldete sich Philippus zu Wort, denn nichts ist einleuchtender als die Tatsache, dass man nun mal nicht mehr erhalten kann, als was man verdient hat. Jedes Maß darüber, wie auch jedes Maß darunter, würde für den betreffenden Menschen übel ausgehen. Die Pharisäer und Schriftgelehrten aber verwenden in ihrer Scheinheiligkeit sehr gerne den Begriff der Gnade. Damit, und mit Worten die Ähnliches aussagen, füllen sie tagtäglich die Gehirne der ihnen blind Ergebenen ab. Dadurch werden die Menschen mit der Zeit zu kritikunfähigen und willenlosen Kreaturen des satanischen Geistes gemacht, die am Ende zu allem Ja sagen, was aus dem Munde ihrer Führer kommt.

Unter diesen Abhängigen gibt es viele Menschen, die sehr viel leisten, dabei aber ständig das Gefühl haben, nichts geleistet zu haben und damit auch nichts wert zu sein, weil sie dies von einer satanischen Priesterschaft so gelehrt worden sind. Ich weiß, wovon ich rede, denn ich habe selbst schon Menschen gesehen, die auf diesem Wege sogar den letzten Rest an Selbstachtung verloren haben.

Ich kann nur sagen, dass es bedauernswerte Menschen sind, regelrechte geistige und moralische Ruinen, ein Schachzug Satans und Satanas, der, zugegebenermaßen, höchsten Respekt verdient hätte, wenn das Resultat nicht so traurig wäre!"

„Auch das ist Verdienst", ergänzte Maria-Magdalena, „denn diese Menschen haben im Verlauf ihrer vergangenen Inkarnationen, einschließlich ihres jetzigen Erdenlebens, das ihnen vor langen Zeiten anvertraute Pfund so verwendet, dass sie jetzt zu unfreien Menschen werden mussten, zu Menschen, von denen sich das Licht des Himmels so weit zurückzog, dass sie kaum mehr in der Lage sind, Recht von Unrecht, und die Wahrheit des Himmels von den Lügen der Welt unterscheiden zu können. Sie stehen unter einem großen seelischen Druck, und haben das Gefühl, als ob ihre Seelen in einem dunklen Verließ wären. Dies alles dient jedoch ihrer Läuterung. Es gibt keinen Menschen, dem die Straße des Himmlischen Lichtes für immer verwehrt bleibt. Jeder von ihnen erhält zum geeigneten Zeitpunkt eine weitere Chance, geistig zu wachsen!"

„Und was die Pharisäer und Schriftgelehrten anbelangt", fuhr Johannes fort, „sie werden eines Tages ähnlich betrogen werden, denn wer Menschen zu geistigen Trotteln macht, wird Ähnliches bei sich selbst erleben, wenn die Zeit für ihn gekommen ist. Er kann sogar noch Schlimmeres erleben, doch dies hängt davon ab, was er sich in der Zeit dazwischen noch an üblen Verhaltensweisen angeeignet haben wird!"

Dann meldete sich Petrus zu Wort. Mit einem Gemisch aus Ernst und leichter Ironie sagte er: „Was ich bis jetzt gehört habe, hat meinen Verdacht nur bestätigt, nämlich, dass die Jerusalemer Tempelfürsten in Wahrheit nicht intelligent sind, sondern eben nur schlau, verschlagen und gerissen! Denn durch ihr ewiges Gerede von Gnade, eigener Unwürdigkeit, und Ähnliches mehr, wodurch sie ja die Menschen nicht zu Gott und Göttin führen, sondern von sich selbst auf Gedeih und Verderb abhängig machen wollen, zeigen sie ja gerade, wie unfähig sie sind, die Gesetze des Himmels zu begreifen. Nichtmal einen Hauch von Wissen haben sie davon. Sie sind buchstäblich zu dumm um zu begreifen, dass ihr armseliges Verhalten eines Tages auf sie zurückkommen wird. Sie führen Tag für Tag bei den Gutgläubigen Gehirnwäsche in ihrem Sinne durch, ohne zu ahnen, auf welch höchst qualvolle Weise ihre eigenen Gehirne eines Tages in die Mangel genommen werden!"

„Indem sie den Menschen zugunsten ihrer Religionspolitik jedes Selbstwertgefühl zu nehmen suchen", fügte Maria von Nazareth hinzu, „tun sie das genaue Gegenteil von dem, was der Messias sagte, denn er betonte ausdrücklich, „dass niemand sein Licht unter den Scheffel stellen soll!", denn ob jemand sein Licht darunter stellt, oder ob er es zu hoch oben anbringt, ist in beiden Fällen eine Verletzung der Göttlichen Gesetze.

Im ersten Fall haben wir es mit geheuchelter Bescheidenheit zu tun, und im zweiten mit unverhüllter Überheblichkeit. Beide Vorgehensweisen laufen jedoch auf das Gleiche hinaus: Sie bewirken ein Hinausbegeben aus der Gemeinschaft mit unseren Himmlischen Eltern, mit Christus und Christiana und all den anderen hohen Himmlischen Geistern!"

„Zu dem Thema „Gnade" muss ich noch etwas hinzufügen!", ergriff Johannes wieder das Wort. „Wir wissen, dass alles Verdienst ist. Doch es gibt Situationen des inneren Erlebens, die uns plötzlich so sehr von Liebe und Glückseligkeit erfüllen, dass wohl jeder von uns in diesem Augenblick Urvater und Urmutter aus vollem Herzen für diese „Gnade" danken würde.

Der Grund, weshalb wir in einem solchen Fall so reagieren, liegt in der gewaltigen Differenz begründet, die sich zwischen unseren alltäglichen Gefühlen, und diesem unvorhergesehenen, plötzlich aufwallenden und unsagbaren seligen Empfindens befindet. Unser Geist und unsere Seele erleben dies in Form eines Himmlischen Rausches. Und obwohl sich die Sensitivität unserer Sinne in einem solchen Moment extrem steigern, wird unser Bewusstsein trotzdem nicht in der Lage sein, dieses Erlebnis in seiner ganzen Fülle auch nur einigermaßen zu begreifen. Das ist der Grund, weshalb wir in einem solchen Fall unwillkürlich von „unverdienter Gnade" sprechen!

Ein solches Erleben hat aber in Wirklichkeit nichts mit Gnade zu tun, denn es handelt sich hier, wie bei allen anderen Erfahrungen auch, nur um die gesetzmäßige Reaktion der Göttlichen Gesetze auf unser vorhergangenes Verhalten. Wir haben damit sozusagen auf einen Schlag all die guten Gedanken und Taten, oder wenigstens einen sehr großen Teil davon, belohnt bekommen, die wir in den vergangenen Zeiten gedacht, bzw. begangen haben, und von denen wir ohnehin nur einen winzigen Bruchteil in Erinnerung haben. Daran könnt ihr die Doppeldeutigkeit der Worte erkennen, die uns der Messias mehrfach zu Gehör brachte, die da lauten: «Wer Wind sät, wird Sturm ernten!»

Was das in Hinsicht auf das gelebte Evangelium bedeutet, müsst ihr euch so vorstellen: Schon ein einziger kleiner Akt gelebter Barmherzigkeit vermag sich im Nu auf Tausende von Menschen auszuwirken, und diese zu ähnlichem Tun anzuregen. Dazu kommt, dass sich die vielen geistigen Kräfte, die dadurch frei werden, auch im geistigen Kosmos verbreiten und vermehren, und zwar zur Freude der Bewohner aller positiven und lichten Dimensionen, die es in diesen Höhen gibt!

Dann noch ein weiterer Punkt: Was wir im ersten Augenblick als unverdiente Gnade ansehen, soll uns ferner dazu ermutigen, weiterhin unermüdlich an der Entwicklung unseres Geistes zu arbeiten. Die Kraft, die wir hierfür von oben benötigen, durchflutet uns dabei stärker.Dass wir in Verbindung damit in allen Bereichen unseres Lebens noch mehr leisten müssen als zuvor, leuchtet wohl jedem ein. Wir müssen also für diese vermeintliche Gnadengabe einiges leisten.

Ihr müsst nämlich bedenken: Urvater und Urmutter sind gerecht, eine unverdiente Gnadengabe aber wäre ungerecht, und würde uns nicht einmal helfen, denn durch die fehlende Eigenleistung hätten wir nicht die Voraussetzung dazu, die Gnadengabe nutzbringend umzusetzen. Stattdessen würde das Gegenteil eintreten: Der Rückschritt! Der Himmel hat also gar keine andere Wahl, er muss uns solche wunderschönen Erfahrungen verweigern, wenn wir die erforderlichen Vorbedingungen dafür nicht geleistet haben, die sich aus positiven Eigenleistungen aller Art ergeben, wozu auch Selbstzucht, Selbstachtung, und vor allem gelebte Nächstenliebe gehören.

Es hat mit Überheblichkeit nichts zu tun, wenn wir uns im Zustand der natürlichen Würde zu der Überzeugung bekennen, dass wir es als Verdienst ansehen, wenn sich uns der Himmel ab und zu etwas stärker öffnet. Wenn wir uns so verhalten, dann stellen wir, um an deine Worte, Maria von Nazareth, nochmal anzuknüpfen, unser Licht auf den Scheffel, also dahin, wohin es gehört, und stellen es nicht darunter oder hängen es weit darüber. Der Missbrauch der Geistigen Gesetze und die Lästerung von Urvater und Urmutter beginnen erst dann, wenn wir anfangen, uns daraufhin über unsere Nächsten zu erheben, und alle natürliche Bescheidenheit über Bord werfen!" „Vielen Dank für Deine treffenden Worte!", sagte Maria-Magdalena, deren Herz von den Ausführungen des Johannes freudig bewegt wurde.

An den Gesichtern der Gäste und an den Kommentaren, die nach den Erklärungen des Johannes aus den Reihen der Jünger und Jüngerinnen kamen, merkte sie, dass man das, was bis jetzt besprochen wurde, beanstandungslos angenommen hatte. Dann fuhr sie fort:

„Zu dem Thema Gnade möchte ich noch einen wichtigen Punkt anführen: Erfahrungsgemäß tendieren in patriarchalischen Religionssystemen erzogene Menschen, die bei allem, was sie an guten Dingen erhalten, stets von der unsagbaren Gnade Gottes sprechen, zur geistigen Degeneration, da sie ihre eigenen Leistungen, welche ja den jeweiligen Gewinnen stets vorausgingen, immer weniger zu schätzen wissen.Das Feuer ihres Geistes ebbt dadurch zwangsläufig mehr und mehr ab. Dies hat ferner zur Folge, dass sie schneller zur Verurteilung ihrer Mitmenschen bereit sind, als Menschen, die geistig gesund und unverkrampft sind, und die über ein entsprechendes Maß an Göttlichem Licht in Geist und Herz verfügen.

Wenn diesem unfreien Verhalten vom Himmel aus nicht rechtzeitig Einhalt geboten werden würde, dann würde es eines Tages keine Menschen mehr geben, die zu freudigen Erregungen fähig wären, deren Herzen vor Freude zu hüpfen vermögen, wenn ihnen etwas Schönes gelungen ist, sondern sie würden zu gefühllosen Maschinen, zu seelischen Wracks werden.

Es ist von Urvater und Urmutter so gewollt, dass jede von Ihnen kommende Gabe als Folgeerscheinung einer Leistung verstanden werden soll, die von dem Menschen erbracht worden ist, dem die Gabe zuteil wird, und nicht als eine Gnadengabe, denn gerade in der Freude und in dem Wissen, für erhaltene Belohnungen auch eigene Leistungen erbracht zu haben, liegt in ganz besonderem Maße die Chance verankert, die Erschließung des Himmel in sich selbst Stück für Stück durchzuführen. Daher, liebe Brüder und Schwestern: Die eigene Leistung und die darauf erfolgende Belohnung sind es, die uns dem Himmel näher bringen – und nicht die unverdiente Gnade, denn Urvater und Urmutter geben nichts, wenn wir es uns nicht verdient haben!"

Johannes fuhr fort: „Erinnern wir uns an den Abschnitt im Mustergebet, der da lautet: "Unser täglich Brot gebt uns heute, damit wir Euch auch weiter durch Wort und Tat preisen können!" Wenn alles, was bis jetzt gesagt worden ist, richtig verstanden wurde, dann wisst ihr, dass auch die Nahrung, die wir täglich erhalten, Verdienst ist. Alle Menschen auf der Welt, sogar jene, die außer sich selbst, sonst kaum jemanden auf der Welt „als der Gnade Gottes wert seiend" ansehen, haben sich verdient, was sie erhalten, und damit auch ihr tägliches Brot, denn es gibt keine Ernte ohne Saat, keine Wirkung ohne Ursache. Sie erhalten dies alles, und andere Dinge mehr, weil auch sie nicht verloren gehen dürfen. Was irgend diese erhalten, haben sie sich auf irgend eine Weise in früheren Leben, und zum Teil auch in diesem, verdient.

Was sie jetzt aus dieser Belohnung, oder gesetzmäßigen Rückwirkung, machen, ist natürlich eine andere Angelegenheit. Wenn sie sich nicht rechtzeitig dazu entschließen geistig zu wachsen, dann werden ihnen vom Himmel irgendwann alle die Dinge vorenthalten werden, von denen sie jetzt ausreichend, oder gar im Überfluss, haben. Sie werden dann eine Zeit lang mit nichts oder mit sehr wenig auskommen müssen. Auch dies wird dann Verdienst sein. Was auch immer sie diesbezüglich erfahren müssen dient letztlich ihrer Läuterung.

Wenn jemand sehr viel in einem Erdenleben erhält, mit einem Wort, wenn er reich ist, dann ist natürlich auch dieser Zustand auf sein Denken und Verhalten in vergangenen Leben zurückzuführen. Allerdings hat er die Aufgabe, sein ihm anvertrautes Gut nutzbringend für Viele zu verwenden. Verhält er sich so, dann entspricht er den Göttlichen Gesetzen. Wenn er aber alles zum Leidwesen seiner Nächsten verschwendet, wird irgend wann der Tag kommen, wo er selbst bettelarm sein wird!"

Da meldete sich Maria-Magdalena wieder zu Wort: „Wenn wir vom ersten Teil des Mustergebets sagen können, dass wir ihn nach bestem Vermögen erfüllen, wenn auch nur in kleinen Raten, wenn wir dies also wirklich sagen können, dann werden wir auch den Rest dieses Gebets so verstehen, wie er verstanden werden muss! Wenn wir also sagen:

„Unser Geistiger Vater und unsere Geistige Mutter, die Ihr Eins seid von Ewigkeit zu Ewigkeit, und thront über den Himmeln, Ihr lenkt seit undenklichen Zeiten in Liebe die Geschicke allen Lebens, geheiligt sei daher Euer Name!", - und wenn wir ferner mit brennendem Herzen sagen können: „Euer Reich komme, Euer Wille geschehe, im Himmel, wie auch auf Erden", dann beweisen wir ja dadurch, dass wir unser Soll erfüllen. Damit haben wir auch das Recht, „um unser täglich Brot zu bitten", da wir es ja dann verdient haben.

Niemand freut sich mehr als Urvater und Urmutter selbst, wenn Sie Ihre Kinder für deren eigenen Leistungen belohnen dürfen, statt unverdiente Gnade an ihnen üben zu müssen, denn Sie wollen, dass sich die Menschen in Ihrem Bilde entwickeln. Deren Bild können sie aber nur über die eigene Leistung immer ähnlicher werden, denn nur diese macht innerlich immer reifer und bewusstseinsstärker.

Gesetzt den Fall, es wäre nach den Geistigen Gesetzen möglich, dass der Mensch nur durch Gnade, oder vorwiegend nur durch diese, in den Himmel gelangen könnte – ich sage euch, er würde da oben ein gar trauriges Bild abgeben! Seine Liebe zu allem Leben wäre nicht echt genug, da die erforderliche gnadenfreie Eigenleistung fehlen würde, durch die allein es ihm möglich wäre, eine Bewusstseinstiefe zu erlangen, aus der echte Liebe zu wachsen vermag.

Wenn auch alles Verdienst ist, was wir erhalten, liebe Freunde und Freundinnen, so entbindet uns dies natürlich nicht davon, Urvater und Urmutter im Gebet für Ihre Hilfen zu danken, denn durch von Herzen kommende Dankesworte bestätigen wir Ihre Größe, und zeigen Respekt vor Ihrer großen Liebe, welche Sie zu allem Leben haben. Das Dankeschönsagen gilt natürlich auch gegenüber Menschen, die uns aus ehrlicher Freundschaft oder Liebe etwas schenken, oder uns in irgendeiner Notlage ihre Hilfe geben. Dadurch bekunden wir ihnen gegenüber unsere Achtung und die Liebe, die wir für sie haben.

Natürlich ist einem erhaltenen Geschenk ebenfalls irgendwann ein entsprechendes Verhalten des Menschen vorhergegangen, der es bekommen hat, worauf die Gesetze des Himmels die Übergabe des Geschenks in die Wege zu leiten begannen.

Doch wie es mit allen Dingen und Ereignissen ist, welche vom Himmel in die Wege geleitet werden, damit sie erfahren werden können, so ist es auch mit einem erhaltenen Geschenk:

Die erhaltene Gabe, oder sagen wir einmal, Hilfe in größter Not, dient nicht nur dem Zweck, dass der Betreffende einfach nur gesetzmäßig erhält, was er verdient hat. Nein, das wäre zu wenig! Der höhere Grund hierfür liegt darin, dass sich der Helfende und Derjenige, dem geholfen wird, in ihren Herzen näher kommen, denn sobald dies geschehen ist, hat sich beiden der Himmel um ein weiteres Stückchen geöffnet!"

Kapitel 34

ÜBER DIE VERANTWORTUNG GEGENÜBER DEN TIEREN

„Wer das bisher Gesagte richtig verstanden hat, also mit Geist und Herz", fügte Maria von Nazareth hinzu, „wird wissen, dass das Dankeschönsagen auch gegenüber den Tieren gilt. Sie sind ebenfalls Geschöpfe von Urvater und Urmutter, und damit unsere Mitgeschwister. Sie tragen, ebenso wie wir, ihren Teil zur Umsetzung des Göttlichen Heilsplans auf Erden wie im Himmel bei. Sie tun dies ohne Murren und leben sich stets mit ihrem ganzen Herzen in all die Handlungen hinein, wofür sie vom Himmel bestimmt sind.

Es dürfte uns, die wir die Gesetze des Himmels besser kennen als der größte Teil der Menschen, doch leicht fallen, den Tieren, mit denen wir häufig Umgang haben, ab und zu ein liebevolles Dankeschön für die Beiträge zu vermitteln, die sie zu unseren Gunsten immer wieder leisten. Wenn wir ihnen unser Dankeschön Im richtigen Tonfall sagen, und sie dabei noch zärtlich streicheln, dann könnt ihr euch darauf verlassen, dass sie verstehen, was wir ihnen mitteilen wollen. Sie verstehen unser Dankeschön an sie auf ihre Weise, und sie verstehen sicherlich nichts anderes als das, was wir ihnen sagen wollen, oder gar das genaue Gegenteil, denn wenn wir sie so behandeln, wie es der Wunsch von Urvater und Urmutter ist, dann werden sie spüren, dass wir sie lieben, und sie werden spüren, dass wir froh sind, dass es sie gibt.

Das gilt für den Hund wie für die Katze, für das Rind wie für die Ziege, für das Schaf wie für das Schwein, für das Kamel, wie für das Pferd, und für den Esel, wie für das Federvieh, kurzum: Es gilt für alle Tiere, ob groß oder klein. Natürlich können wir nicht mit allen Tierarten Umgang haben, die es auf der Welt gibt, aber wir können sie alle in unsere Gebete mit einschließen. Ihr könnt euch darauf verlassen, dass sich der Himmel darüber freuen wird, und den von uns erbetenen Segen für die Tiere zum rechten Zeitpunkt für sie zur Auswirkung kommen lässt.

Doch alle jene die meinen, sie würden sich lächerlich machen, wenn sie die Tiere in ihre Gebete mit einschließen, die glauben, sie hätten allen Grund sich zu schämen, wenn sie vor den Ohren aller für die Rechte der Tiere eintreten, sollten sich einmal gründlich Gedanken darüber machen, was Urvater und Urmutter unter wahrer Größe verstehen. Wenn sie dahintergekommen sind, sollten sie als nächstes versuchen herauszubekommen, wer in Bezug auf Ehrlichkeit, Hilfsbereitschaft, Hingabe, bedingungslose Liebe, u.s.w., der Größere ist: Sie selbst, obwohl sie sich ständig darum bemühen so unvollkommen wie nur möglich zu sein, oder nicht eher die Tiere, die stets mit ihren ganzen Kräften darum bemüht sind, die ihnen vom Himmel verliehene Wesensart so vollkommen wie nur möglich zu leben?

Was ich in Bezug auf die Tiere gesagt habe, musste ich zur Sprache bringen, denn ich weiß, dass uns allen, wie wir hier versammelt sind, sehr viel am Wohl der Tiere gelegen ist, da wir ja alle wissen, dass der Göttliche Heilsplan erst dann erfüllt ist, wenn auch alle Tiere ihr Heil im Himmel gefunden haben, und der Himmel wird nicht eher Ruhe geben, bis auch das letzte von ihnen eingesammelt ist, unabhängig davon, ob es eines von denen ist, die in den Augen der Welt zu nichts anderem taugen, als abgeschlachtet zu werden, oder nicht!"

„Du gehörst wirklich zu den edelsten Frauen, welche die Welt je gesehen hat, Maria von Nazareth, sagte Johannes, sichtlich ergriffen von den Worten, die er aus ihrem Munde vernehmen durfte, und, wie konnte es anders sein, auch Maria-Magdalena und der Rest der ganzen Versammlung stimmte ihm zu. Dies konnte er nicht nur einigen respektvollen Zurufen entnehmen, sondern auch in den Gesichtern aller Versammelten lesen.

Dann fuhr er fort: „Ich möchte euch allen bei dieser Gelegenheit mitteilen, was der Messias selbst einmal in Bezug auf die Tiere und unser Verhalten ihnen gegenüber gesagt hatte. Er äußerte sich diesbezüglich uns allen gegenüber zwar öfter, doch damals, im Hause des Ratsherrn, Joseph von Arimathea, wo Jesus und ich an einem späten Abend zu Gast waren, sprach er folgende schwergewichtige Worte:

„Die Tiere sind Spiegelbilder unserer Seelen. Wer Tiere missbraucht, missbraucht sich selbst; wer keine Ehrfurcht vor diesem Leben hat, schadet sich selbst: Er verliert alle Ehre, Schamgefühl und Selbstachtung, und beleidigt darüber hinaus Urvater und Urmutter, die alles Leben, und damit auch das der Tiere, aus Liebe schufen, denn die Tiere sind ein Teil des Himmels, ohne diese das Paradies niemals vollständig werden könnte!"

„Diesen Worten gibt es absolut nichts hinzuzufügen", beendete Johannes dieses Thema, „sie sind unumstößlich und für alle Zeiten gültig!"

Nun meldete sich Maria-Magdalena nochmal zu Wort: „Ich glaube, dass wir für heute genug über die Bedeutung der Botschaft Christi und sein Mustergebet gesprochen haben. Bevor wir jedoch zum geselligen Teil übergehen, hätte ich gerne, dass die neun Punkte des Mustergebets nochmal vorgetragen werden. Johannes und ich haben sie alle aufgeschrieben. Dich, liebe Bethsabe, möchte ich bitten, nach vorne zu kommen, und die neun Gebetsabschnitte vorzulesen. Möchtest du das tun?"

Kapitel 35

BETHSABE LIEST DAS MUSTERGEBET VOR

„Aber gerne", gab Bethsabe zur Antwort, ich habe heute ohnehin noch kein einziges Wort gesagt, denn ich habe bis jetzt „nur" zugehört!" Dann stand Bethsabe auf, begab sich nach vorne zum Tisch, und ließ sich von Johannes das Stück Pergament geben, worauf das Mustergebet geschrieben stand. Dann wandte sie sich den Gästen zu und begann zu lesen:

1
«Unser Geistiger Vater und unsere Geistige Mutter, die Ihr Eins seid von Ewigkeit zu Ewigkeit, und thront über den Himmeln:
2
Ihr lenkt seit undenklichen Zeiten in Liebe die Geschicke allen Lebens. Geheiligt sei daher Euer Name!
3
Euer Reich komme zu uns herab, auf dass wir es in unseren Herzen verwirklichen.
4
Euer Wille möge dadurch auf Erden geschehen, ganz so, wie er im Himmel bereits geschehen ist.
5
Unser täglich Brot gebt uns heute, damit wir Euch weiter durch Wort und Tat preisen können!
6
Und vergebt uns unsere Schuld, wie auch wir unseren Schuldnern vergeben haben und weiterhin vergeben werden! Gebt uns die Chance, unsere noch vorhandene Schuld zu begleichen.
7
Führt uns sicher in der Versuchung, durch welche uns Satan und Satana immer wieder zu fangen suchen.
8
Helft uns mit den Kräften Eures Himmlischen Geistes, damit wir uns von allem Übel lösen können.
9
Bereitet und erzieht uns, damit wir würdig werden für unsere ewige Heimat, für den Himmel, und damit wir für würdig empfunden werden, einst für immer in Eurer Nähe sein zu dürfen!»

Die Gäste des Petrus saßen danach noch einige Stunden beisammen, um ein wenig lustig zu sein, und um sich über alle möglichen Dinge zu unterhalten. Dabei aßen und tranken sie noch etwas. Erst spät in der Nacht wurde die niveauvolle Feier beendet. Die Männer und Frauen, die in der Nähe wohnten, verabschiedeten sich. Alle anderen, deren Wohnungen weiter weg lagen, übernachteten im Hause des Petrus. Zum Glück war es groß und geräumig genug.....

Kapitel 36

ZWEI GROSSE FRAUEN ÜBER REINKARNATION

Maria-Magdalena und Maria, die Mutter Jesu, verstanden sich zwar schon von Anfang an gut, doch jetzt war die Zeit gekommen, in der sie sich gegenseitig noch tiefer in die Seelen drangen. Während diesen Wochen erkannte ihr Geist, dass sie sich schon seit langen Zeiten kennen.Eines Abends saßen die beiden Jüngerinnen, die schon wenige Jahrhunderte später zu den berühmtesten Frauengestalten in der Geschichte der Menschheit gehören sollten, in Eintracht beieinander. Durch dieses einträchtige Beisammensein verstärkten sich die Kräfte ihres Geistes, womit sie beide empfangsfähig wurden für ein Bild aus einer längst vergangenen Zeit, in welcher sie beide lebten. Tragische Schicksalsverkettungen hatten sie damals nach vielen Jahren zusammengeführt.

Wie ein aus den Tiefen des Alls blitzschnell heraufsteigender und sofort wieder verschwindender Blitz, nahmen die beiden Frauen dieses Bild aus der Ur-Vergangenheit wahr. Dabei drang ein kosmisches Rauschen an ihr geistiges Gehör. Für den Bruchteil einer Sekunde erkannten die beiden Jüngerinnen mit ihren geistigen Augen ganz klar eine Szene, die 1500 Jahre zurücklag. Es handelte sich um eine Kerkerszene aus Griechenland. Das Bild zeigte einen Kerker, in welchem sich zwei junge Frauen befanden. Die eine war inhaftiert und die andere war die Besucherin der Eingekerkerten.

Die Mutter Jesu erkannte sich selbst als Elektra, Tochter des Agamemnon wieder, welche die Eingekerkerte besuchte. Maria-Magdalena dagegen erkannte sich in der Eingekerkerten selbst wieder - und zwar als die Prophetin Kassandra, Tochter des Priamos und der Hekuba, des letzten Königspaares von Troja. Maria, die Mutter Jesu, hatte damals als Elektra viel von Kassandra, der jetzigen Maria-Magdalena, über die geistigen Gesetze des Himmels gelernt. Dies war mit einer der Hauptgründe, weshalb sich die beiden Frauen in ihren Herzen so nah waren. Stets wenn sie beisammen waren, signalisierten sich ihre Seelen gegenseitig ein sehr tiefliegendes und bedingungsloses Urvertrauen, dessen Saat einst, nach dem Fall Trojas, in einem der finstersten Kerker des hellenistischen Mykene ausgestreut wurde.

Kapitel 37

ZU GAST BEI JOHANNES
VERSORGUNG DER PFERDE

Eines Tages wurden Johannes, Maria von Nazareth, Maria-Magdalena und Bethsabe, die Botschaft überbracht, dass sie Besuch aus Jerusalem bekämen. Es würde sich dabei um den Fürsten Joseph von Arimathäa und um dessen Verwalter Josua handeln.

Darüber freute man sich natürlich sehr, denn dieser jüdische Fürst gehörte zu den besten Freunden des Messias - und vor allem - er glaubte an ihn! Der Ratsherr ließ Johannes auch ausrichten, dass er doch bitte auch Petrus und seinen Gästen Bescheid geben sollte, damit sie ebenfalls rechtzeitig anwesend sein können.

Der Ratsherr besaß nicht nur Pferde, sondern auch Wagen für die unterschiedlichsten Anlässe. Für den Besuch im galiläischen Tiberias, im Hause des Johannes, suchte sich Joseph einen kleinen schlichten Reise-Wohnwagen aus, der von zwei braunen Pferden gezogen wurde, denn er wollte unterwegs so wenig wie möglich auffallen. Josua lenkte die prachtvollen Hengste.

An einem Nachmittag kamen die beiden Männer an, und von den Menschen im Hause des Johannes wurden sie mit Freuden empfangen. Man teilte ihnen mit, dass Petrus durch einen Boten hat ausrichten lassen, dass er mit seinen Gästen, Philippus, Martha und Johanna, erst am Abend kommen könne.

Während sich Josua und Amos etwas erfrischten, gedachten Johannes und die Frauen auch der Pferde, die sicherlich noch müder, hungriger und durstiger waren als der Ratsherr und sein Verwalter, denn schließlich waren es ja diese treuen Tiere gewesen, die körperlich einiges leisten mussten, und nicht diese beiden „Zweibeiner", die während der ganzen Fahrt bequem hinten im Wagen saßen!

„Wenn Jesus von Nächstenliebe und Barmherzigkeit sprach, fügte er oft hinzu, dass auch die Tiere ein Anrecht darauf hätten!", sagte Johannes zu den Frauen, während er mit einem Striegel, mit einem Lappen und einem Eimer Wasser bewaffnet, zu den Pferden ging. Die Mutter Jesu, Maria-Magdalena und Bethsabe, taten es ihm nach.

„Was wäre das für eine Liebe", erwiderte Bethsabe, „die sich nur einem Teil der Göttlichen Geschöpfe schenkt, und dem anderen nicht? Es wäre alles andere als Liebe, es wäre Eigensucht!" Und während sich nun alle daran machten, die Pferde zu versorgen, antwortete Maria-Magdalena auf Bethsabes Argument: „So ist es!, denn wer behauptet, dass er zwar die Menschen liebe, aber für die Tiere derlei Empfindungen nicht aufbringen könne, der liebt niemanden!" Da erinnerte sich Maria von Nazareth an ein Ereignis aus längst vergangenen Zeiten, und begann aus ihrer Erinnerung zu erzählen.....

Kapitel 38

ALS JESUS EINER KATZE DAS LEBEN RETTETE

„Als Jesus 13 Jahre alt war musste er miterleben, wie einige Jugendliche seines Alters eine Katze mit Stöcken schlimm verprügelten. Mein Sohn war so entsetzt und schmerzerfüllt bei diesem Anblick, dass er jeden Hieb, den die Katze bekam, selbst zu bekommen glaubte. In seinem Schmerz packte ihn ein gewaltiger Zorn.

Er stürzte auf die brutalen Jugendlichen zu, packte sie am Kragen, riss sie von der Katze weg, und hob gleich darauf das leidende Tier zu sich hoch an die sichere Brust. Die Jugendlichen waren nicht geflüchtet, sie blieben stehen und sahen den 13-jährigen Jesus erstaunt an. Für sie muss er geisteskrank gewesen sein, denn es ging nicht in ihre Köpfe hinein, dass er wegen eines solch „nutzlosen" und „erbärmlichen" Tieres einen solchen Aufstand machen konnte.

Mein Sohn aber, auf den ich damals richtig stolz war, näherte sich den Jugendlichen. Dabei hielt er die Katze auf den Armen. Mit flammenden Augen schaute er die Halbwüchsigen an und sagte zu ihnen:

„Wie würdet ihr wohl reagieren, wenn man euch so zusetzen würde? Wisst ihr nicht, dass es ein Gesetz im Himmel gibt, das jeden Menschen gemäß seinen Taten richtet? Haben euch euere Väter nicht gelehrt, dass eine jede Gemeinheit im Göttlichen Gedächtnis verwahrt bleibt bis sie gesühnt worden ist? Ihr könnt für euch selbst nur dann Mitleid und Barmherzigkeit erhoffen, wenn ihr dazu selber fähig seid, und wenn ihr in Zukunft niemals mehr irgendeinem Tier ein Leid zufügt, wie ihr es mit dieser Katze getan habt. Denkt daran – euer ganzes Leben lang!"

Kapitel 39

JOHANNES WÜRDIGT MARIA VON NAZARETH

„Ja!", sagte Johannes, „So war Jesus gewesen, von Kind an; das war sein Charakter! Bis zu seinem letzten Atemzug war er so, und ich sage euch, wenn es je ein Göttlicher Bote oder Wahrheitsbringer verdient hat, Christus genannt zu werden, dann war es dein Sohn, liebe Maria! Sei dem Himmel dankbar dafür, dass unter allen Frauen, die es auf der Erde gibt, du diejenige warst, welche der Himmel dazu auserwählt hatte, den Christus neun Monate tragen zu dürfen.

Dir, Maria, wurde die Freude zuteil, ihn zur Welt bringen zu dürfen. Als er in jener Nacht in dem Stall zu Bethlehem zur Welt kam und er aus der Geborgenheit deines Leibes genommen wurde, da durftest du seinen ersten Schrei hören, du durftest ihn stillen, und ihm während seiner Knabenjahre die Tränen seiner Schmerzen trocknen, und seine Freudentränen küssen. Du hast ihm mit aller Liebe, zu der eine Mutter fähig sein kann, die

Treue gehalten bis zu seinem qualvollen Tod am Kreuz. Standhaft hast du vor dem Kreuz ausgehalten, Stunde um Stunde, und hast alle seine Schmerzen mit erlebt.

Nichts und niemand hätte dich vom Kreuz wegholen können, keine Macht der Welt! Niemand vermag zu ahnen, Maria, was in dir vorgegangen war, als dein Sohn, dein eigen Fleisch und Blut, qualvoll leidend am Kreuze hing, denn als er geboren wurde hattest du seinen ersten Schrei gehört, und kurz bevor er verschied, seinen letzten!"

Am Abend saß die ganze Gruppe im Hause des Johannes beisammen. Man hatte alles Notwendige erledigt, die Pferde waren versorgt und in einem geräumigen Stall untergebracht, und nun konnte man zu guten und tiefgründigen Gesprächen übergehen. Man trank dazu einen guten Wein, den Johannes stets von einem in der Nähe lebenden Weinhändler bezog, und saß dabei im Wohnzimmer, welches sich im östlichen Teil des Hauses befand, durch dessen Fenster man somit zum See Genezareth hinüberblicken konnte. Zugegen waren Johannes, Joseph von Arimathäa, Josua, Maria von Nazareth, Maria-Magdalena und Bethsabe.

Kapitel 40

DER HEILIGE GRAL UND DIE DRUIDEN

„Liebe Freunde", begann der Ratsherr die Unterhaltung, „heute ist es an der Zeit, dass euer Wissen von den Himmlischen Gesetzen durch Johannes und mich um einiges vertieft wird. Ich selbst habe schon vor vielen Jahren damit angefangen, nach verborgenem religiösem Wissen zu forschen. Ich betrieb eine Menge Studien auf diesem Gebiet, besuchte mehrmals die Römische Bibliothek, und war auch an den religionsphilosophischen Gesprächen in der alexandrinischen Schule beteiligt, um auf die Schlüssel zu den Geheimnissen alter Religionen zu stoßen.

Ich kenne das religionsphilosophische Wesen der Römer, Juden, Griechen, Asiaten, Gallier und Germanen. Stets achtete ich darauf, dass bei meinen Studien das Geistige in mir die Führung behielt, denn hätte ich bei solch gewaltigen Dingen, die sich ja mehr auf die geistigen Regionen beziehen als auf die irdischen, nur den intellektuellen Teil in mir angestrengt, dann hätte ich nichts, aber auch gar nichts, von all dem höheren geistigen Wirken begriffen, das sich hinter diesen geheimen Religionswissenschaften, Formeln, Ritualen und Beschwörungen, befindet!"

„Es geht uns darum", sagte Johannes, „euch von einer Himmelsbotschaft zu berichten, die bereits vor Jahrtausenden von eigens dafür vorbereiteten Menschen empfangen wurde. Es handelt sich um das Wissen vom Heiligen Gral, von einer göttlich - geistigen Schöpfung, die sich seit Ewigkeiten im Zentrum der sogenannten „Göttlichen Sphäre" befindet, und von der aus seit Ewigkeiten der Göttliche Urvater und die Göttliche Urmutter alles Leben in der Unendlichkeit des Seins überwachen, steuern, und mit ihren Kräften versorgen!"

„Jesus hat nie mit euch darüber geredet", fuhr der Fürst von Arimathäa fort, „und schon gar nicht die Öffentlichkeit damit belastet. Die Allgemeinheit ist nicht einmal in der Lage, das Wirken des Himmels im Ansatz zu verstehen. Wie will sie da das Wissen verarbeiten können, welches zum Lehrstoff der „Hohen Schule des Geistes" gehört!

Aber ihr, die ihr jetzt hier im Hause von Johannes versammelt seid, habt nun den Reifegrad erreicht, um euer geistiges Wissen vertiefen zu können, denn durch euch soll dieses Wissen noch zusätzlich verbreitet werden! Es soll nicht in die Öffentlichkeit hinein verkündigt, sondern nur an solche vermittelt werden, deren Geist über die dazu notwendigen Voraussetzungen verfügt! Ihr werdet zum rechten Zeitpunkt mit den geeigneten Personen zusammenkommen!"

„Nun wisst ihr", fügte Johannes hinzu, „woran Jesus in Wahrheit dachte, als er den Jüngern auf dem Ölberg sagte: Ich habe euch noch Vieles zu sagen, aber ihr vermögt es jetzt noch nicht zu fassen! Er dachte an die Göttlichen Funktionen des Heiligen Grals, mit denen nur solche Menschen auf tiefere Weise vertraut gemacht werden können, die sich so weit entwickelt haben, dass sie in die „Hohe Schule des Geistes" aufgenommen werden können!"

„Hat man im Jerusalemer Tempel eine Ahnung vom Heiligen Gral und seinen geistigen Gesetzen?", fragte Maria-Magdalena. „Aber natürlich!", gab Josua zurück, „man hütet sich lediglich, darüber etwas verlauten zu lassen, denn erstens würden sich die Tempelpriester dadurch gezwungen sehen, ihre falschen und verlogenen religiösen Anschauungen, zusammen mit ihrem Dogmatismus und ihrem Buchstabenglauben über den Haufen zu werfen, zweitens würde ihnen nichts anderes übrig bleiben, als allen Menschen in Bezug auf Nächstenliebe, Moral und Verantwortungsbewusstsein, mit gutem Beispiel voranzugehen, was bedeuten würde, dass sie alle ihre politischen Konzepte des Machtstrebens einem nationalen Verwaltungssystem opfern müssten das den Göttlichen Gesetzen entspricht, bei dem sie selbst nur die Rollen von treuen Verwaltern hätten, wie auch die Pflicht, ihre Mitmenschen zu achten und zu ehren.

Aber darauf werden wir wohl noch lange warten müssen, denn sie sind mit ihrem kühlen und schwachen Erdenintellekt ohnehin nicht in der Lage, die göttlich - feuergeistigen Kräfte, von denen der Heilige Gral der höchsten Himmlischen Sphäre seit Ewigkeiten durchströmt wird, auch nur ahnungsweise zu begreifen!"

„Genau!", sagte der Ratsherr, und fuhr fort: „Auch weiß ich, dass der Religionsphilosoph und oberste Lehrer der Rechte, Rabban Gamaliel, ein Geheimwissen vom Heiligen Gral hat. Als ich vor längerer Zeit einmal Gast in seinem Hause war, besprachen wir wichtige Punkte der Religionswissenschaft. Dabei kamen wir auch, ich weiß nicht wie, auf das uralte Geheimwissen vom Heiligen Gral zu sprechen. Rabban Gamaliel ist ein sehr weiser Mann, denn ich spürte, dass er die geistige Bedeutung des Heiligen Grals besser verstand, als er selber glaubte - und ich sage euch, wenn die familiären und politischen Umstände um diesen Rechtsgelehrten günstiger gewesen wären, hätte er sich offen zu Jesus bekannt, denn ich weiß, dass er ihn insgeheim verehrt!"

Plötzlich hörte Johannes, der dem Fenster am nächsten saß, Schritte hinter dem Haus, und sagte: „Könnte es sein, dass uns Petrus, Philippus und die Frauen, doch noch gefunden haben?" Kaum hatte er diese Frage beendet, stand Petrus auch schon am Fenster und beugte sich hinein:

„Da sind wir - alle Vier!", sagte er trocken, während er beide Unterarme flach auf das Fensterbrett legte, und dabei den Kopf zum Fenster hineinstreckte. „Ihr habt unser Läuten nicht gehört", fuhr er fort, „da dachten wir, ehe wir bis zum Morgengrauen weiterläuten, begeben wir uns besser gleich hier her!"

„Das Läuten bis zum Morgengrauen dürfte für dich doch kein Problem sein, Petrus, bei deiner Langmut und Geduld!", sagte Johannes lächelnd, und mit einem Anflug wohlmeinender Ironie. „Wir brauchen noch vier Stühle", sagte Bethsabe, „hier sind keine mehr!" „Ach ja, natürlich!", sagte Johannes. „Petrus und Philippus, seid bitte so nett, und bringt euch von den Stühlen mit, die ich in der Gartenlaube stehen habe!"

Wenige Minuten später saßen zehn Personen an dem zum Glück großen Tisch zusammen. Johannes schenkte den vier hinzugekommenen Gästen von seinem guten Wein die Becher voll, wobei er nicht zu versichern vergaß, dass dieser „fantastische Rote" der beste seiner Art von ganz Galiläa sei. Zur Bekräftigung seiner Worte vollführte er die zum Zeichen des edlen Geschmacks allseits bekannte und typische Geste, indem er die Spitzen von Daumen und Zeigefinger der rechten Hand aneinanderlegte, und an die ebenfalls gespitzten Lippen führte. Kurz darauf wiederholte Joseph von Arimathäa der späten Gäste wegen nochmal die wesentlichen Punkte dessen, worüber zuvor gesprochen wurde.....

„Wenn Rabban Gamaliel über den Heiligen Gral einiges wusste", fuhr der Ratsherr danach fort, „dann wusste er auch mit Sicherheit, dass die erste himmlische Kunde davon schon vor Urzeiten besonders geeigneten Menschengeistern gegeben worden ist. Ich schätze, dass die erste leise Kunde vom Gral schon vor etwa 1500 Jahren erfolgte.

Gemäß der Überlieferung zogen die besagten Menschengeister, welche dem Volksstamm der Kelten angehörten, von Germanien aus nach Gallien, dann nach Belgien, Britannien, und schließlich auch noch in andere Regionen Europas. Genaue Angaben gibt es nicht, aber ich schätze, dass die Kelten vor etwa 900 Jahren damit begannen, von Germanien ausgehend, sich in halb Europa sesshaft zu machen.

Die jetzigen, im kleinasiatischen Galatien lebenden Galater, stammen von den gallischen Kelten ab. Die Galater, der sogenannte Bund der keltischen Stämme, kam vor rund 300 Jahren vom westlichen Europa ins kleinasiatische Anatolien. Ständig bedrohten sie die Griechen. Vor etwa 200 Jahren wurden diese galatischen Kelten von den Römern vernichtend geschlagen. Die Geschichtsbücher sprechen von ungefähr 40000 Gefangenen, die hinterher als Sklaven verkauft wurden. Vor wenigen Jahrzehnten wurde Galatien unter Augustus Cäsar zur römischen Provinz. Geführt wurden die Volksstämme der Kelten von der jeweiligen Priesterklasse, deren Mitglieder wegen ihrer außerordentlichen Dominanz in geistiger Hinsicht als Druiden bezeichnet wurden!"

„Was ist aus den Druiden, die in Gallien lebten, geworden?", fragte Philippus. „Nun", antwortete Joseph, „Rom hat schon vor einigen Jahrzehnten damit angefangen, die gallischen Druiden auszurotten. Julius Cäsar ist an diesem Massenmord schuld. In den acht Jahren, in denen er regierte, hatte Gallien nichts zu lachen. Er war gewissermaßen der Rachen des Römischen Imperiums, der ganze Länder verschlingen konnte. Seine politischen Wahnvorstellungen bedeuteten das Ende der letzten Keltenstämme auf dem Festland.

Julius unterwarf sich die Länder Noricum, Vindelikien und Pannonien. Das war ein gewaltiger Schlag für die Druidendynastie. Und wenn auch zur Zeit Ruhe ist, glaube ich dennoch nicht, dass Rom die anderen Keltenstämme ungeschoren lassen wird, was bedeutet, dass irgendwann auf die britischen, und wahrscheinlich auch auf die anderen europäischen Keltenstämme, die noch existieren, der Hammer Roms niedersausen wird!"

„Von welcher Art war die religiöse und soziale Einstellung der Druiden?", warf Johanna ein. Darauf gab Johannes zur Antwort: „Die Druiden glaubten an die Seelenwanderung. Hierin hatten sie allerdings unterschiedliche Ansichten. Der eine Teil glaubte, dass sich die Seelen nach dem irdischen Tod lediglich von einem jenseitigen Ort zum anderen bewegen. An eine eventuelle Wiedereinverleibung glaubten sie nicht. Der andere Teil dagegen traute dem Göttlichen Geist schon etwas mehr zu, denn dieser glaubte an Beides, an die Wanderung der Seele von einem jenseitigen Ort zum anderen - und an die Reinkarnation.

Beide Teile verglichen das gesamte kosmologische Weltgeschehen mit einem sogenannten „Weltenbaum". Da für die Druiden die Eiche die Königin unter den Bäumen war und noch ist, bezeichnen sie ihr Bild vom „Weltenbaum" auch als „Welteiche!" Diese Welteiche ist so etwas wie eine Weltsäule oder Weltachse, mit der die Erde und alle anderen Sterne des Kosmos auf Gedeih oder Verderb verbunden sind. Nach der Überzeugung der Druiden würde es den Tod allen Lebens auf und außerhalb der Erde bedeuten, wenn diese Welteiche plötzlich sterben würde, denn gemäß dieser Priesterklasse ist sie so groß, dass sie von der Erde bis in den Himmel reicht!"

Nach diesen Worten nahm der Ratsherr einen Schluck Wein zu sich. Die anderen taten es ihm nach. Dann fuhr Joseph fort: „Die Druiden bauten ihren Göttern viele Tempel. Sie schufen kleine, offene Tempel, die auf Pfosten ruhten, und solche, die kreisrund waren oder vieleckig. Und nun will ich dir deine Frage bezüglich ihres Sozialwesens beantworten, Johanna!

Die Kelten waren diejenigen, welche zur Verbreitung des Eisens am meisten beitrugen. Sie erkannten als erste die vielfältige Verwendbarkeit dieses Metalls in den Bereichen der Landwirtschaft, des Haushalts - und - der Kriegführung.

Und nun zur keltischen Frau: Diese hatte eine hohe soziale Stellung. Sie wurde besser behandelt und mehr respektiert, als es bei anderen Völkern der Fall war. Und wie ist es heutzutage? Wo man hinkommt spielt die Frau eine untergeordnete Rolle. Das

Gleichgewicht zwischen Mann und Frau ist dort am meisten gestört, wo das Mannsein nur noch Fassade ist - beim Patriarchat! Der keltische Geist wusste den Wert der Frau sogar so hoch zu schätzen, dass er sich mit männlichen Göttern allein nicht zufrieden geben konnte, d.h. die Kelten beteten zu Götterpaaren von denen die eine Hälfte männlich und die andere weiblich war!"

Da meldete sich Philippus zu Wort: „Ich habe mich mal eine Zeit lang mit der Philosophie des Griechen Poseidonios beschäftigt. Er lebte zur Zeit des römischen Staatsmanns, Marcus Tullius Cicero, und war damit auch ein Zeitgenosse des Julius Cäsar und der Kleopatra. Im Zuge meines kurzen Studiums erfuhr ich auch, was die Bezeichnung Druide bedeutet, nämlich: Eichenkundiger, oder auch, auf das Geistige übertragen, stark Erkennender. Das erklärt, wieso sich die Druiden das Symbol der Welteiche als kosmische Achse ausgesucht haben.

Poseidonios war von der druidischen Geisteshaltung sehr angetan. Was er über sie schrieb verwendete er zur Untermauerung seiner stoischen Philosophie. Die Stoa ist eine Philosophenschule, die vor mehr als 300 Jahren gegründet wurde. Der Begründer war Zenon von Kition. Poseidonios ging aus dieser Schule hervor.

Was ihn bei den Druiden am meisten beeindruckte, das war ihre Vielseitigkeit - und, wie du bereits sagtest, Joseph, die Verehrung von Götterpaaren.In den Aufgaben, welche die Druiden zu bewältigen hatten, wie die Pflege der Religion, das Richteramt, Medizin, Geographie, Astronomie, Astrologie, Traumdeutung und Politik, erkannte Poseidonios eine geistige Qualität, die ihm für die Erneuerung und Fortsetzung seiner sokratischen Philosophie sehr gelegen kam. Denn schließlich bestehen ja die Grundpfeiler der stoischen Philosophie aus Gelassenheit, Freiheit von Neigungen und Affekten, ethischem Rigorismus, Determinismus, konsequentem Rationalismus und monistischer Kosmologie.

Das Miteinbeziehen von weiblichen Gottheiten, die einen ebenso hohen Wert haben wie ihre männlichen Duale, war etwas, das dem Poseidonios zu denken gab: Weg von dem alleinigen männlichen Gott - und hin zum Götterdual! Nur dadurch können letztlich Gerechtigkeit und Gleichgewicht in allen Dingen entstehen. Dieser wichtige Teil hatte der stoischen Philosophie immer gefehlt, da diese das Weibliche nur als eine im männlichen Gott liegende Teileigenschaft ansah, und nicht als männliches Gegenstück, das sehr wohl über ein eigenes Persönlichkeitsgepräge verfügt. Die Religionsphilosophie der Druiden, die von Gott und von der Göttin beseelt wurde, hatte diese Lücke in der stoischen Philosophie – wenigstens bei Poseidonios - geschlossen!"

„Besten Dank für deine hervorragenden Ausführungen, Philippus!", sagten Petrus, Johannes und der Ratsherr wie aus einem Munde. Bevor Joseph und Johannes dazu übergingen, von den geheimen Treffen zu erzählen, welche beide mit Jesus im Hause des Ratsherrn hatten, als die Gelegenheit dazu günstig war, tranken sie erst einen Schluck von dem guten Rotwein. Erst danach wollten sie erzählen, was Jesus, der Christus, ihnen über die wahre Bedeutung des Heiligen Grals erzählt hatte, und weshalb jene Menschengeister, welche vor Urzeiten die erste Himmlische Kunde davon erhielten, aus der Priesterschaft der Druiden kamen.

Als die Becher wieder auf dem Tisch standen, begann der Ratsherr von dem Inhalt der geheimen Sitzungen zu erzählen, welche er mit dem Messias und Johannes während verschiedener Abendstunden in seinem Haus abgehalten hatte:

Kapitel 41

SALOMONS GEHEIMES WISSEN VOM GRAL

„Könnt ihr euch vorstellen, Freunde, warum König Salomon seid Jahrhunderten immer wieder als der weiseste Mann unter der Sonne bezeichnet wurde? Alle Welt redet immer vom „Weisen König Salomon", aber niemand, außer die wenigen Eingeweihten, die es während aller Jahrhunderte gab, hat eine Ahnung davon, was der wirkliche Grund war, weshalb dem König Salomon das Prädikat, „Der Weise", zuerkannt wurde!"

„Willst du damit sagen", wandte Petrus ein, „dass Salomons geistvollen Sprüche und sein berühmtes, „Salomonisches Urteil" bezüglich der beiden Frauen und dem Kinde, nicht der eigentliche Grund waren, weshalb man stets von seiner sagenhaften Weisheit spricht?"

„Genau dies will ich damit sagen, Petrus!", gab Joseph zur Antwort. Dann wieder zu allen sprechend begründete Joseph seine Antwort auch, indem er sagte: „Salomon nur wegen seiner Sprüche und wegen seines berühmten Urteilsspruchs als den weisesten Menschen unter der Sonne zu bezeichnen, das wäre sicherlich verfehlt, denn in den Zeiten vor Salomon gab es genügend Menschen, die ebenfalls sehr weise waren, die von Göttlicher Kraft beseelt, sehr gut geurteilt, und wunderbare Gedanken niedergeschrieben haben. In der Zeit nach Salomon geschah das selbe.

Der römische Gesetzesgelehrte, Cato der Ältere, hat wunderbare Weisheiten niedergeschrieben. Ich habe sie gelesen, daher kann ich es beurteilen. Dann wären da noch die verschiedenen Plädoyere zu nennen, die der berühmte Staatsanwalt Cicero gehalten hatte, die so geistvoll sind und so voll Herz, dass ich nicht anders kann als davon überzeugt zu sein, dass dieser Römer ein Mann war, auf dem der Segen des Himmels ruhte.

Wieso ich das weiß?", sprach Joseph die Frage aus, die er im Raum stehen sehen konnte: „Es gibt Abschriften davon, Gerichtsprotokolle. Der Senat hatte den römischen Anwaltskanzleien gestattet, sich Abschriften davon zu machen – gegen Bargeld natürlich! Ich will euch damit nur sagen, liebe Freunde, dass die Sprüche Salomons und sein Hohes Lied der Liebe zwar genial sind, zweifellos, aber doch wieder nicht so übergenial, dass man es für unmöglich halten müsste, dass je ein Mensch geboren werden könnte, der an diese Qualität heran kommt. Ich behaupte sogar, dass eine Zeit kommen wird, in welcher Gedanken und Empfindungen zur Niederschrift gebracht werden, womit man den Autoren Salomon übertreffen wird!

Und was das salomonische Urteil anbelangt, muss ich, bei allem Respekt, den ich vor Salomon habe, sagen, dass es in den Zeiten vor und nach ihm Richter gab, die genau so weise geurteilt haben, bzw. hätten, wenn sie einen Rechtsstreit hätten beilegen müssen, der inhaltlich ähnlich strukturiert gewesen wäre.

Salomons Urteil in Bezug auf die beiden Frauen und das Kind erforderten zwei Eigenschaften: Gerechtigkeitssinn und Menschenkenntnis. Im Falle des Rechtsstreites der beiden Frauen wäre eine so gewaltige Menschenkenntnis und Weisheit, wie sie z.B. der Messias unter Beweis stellte, niemals erforderlich gewesen. Dies bedeutet, dass ein gesunder und normaler Gerechtigkeitssinn und eine gesunde und normale Menschenkenntnis durchaus genügen, um zu einem Urteilsspruch fähig zu sein, der in seiner Charakteristik dem Urteilsspruch Salomons entspricht. Es bedarf dazu keiner Richterqualitäten mit Genialitätsausmaßen!"

„Was du gesagt hast ist einleuchtend, Joseph", ließ sich Bethsabe vernehmen, „doch erkläre uns, worauf sich nun die Weisheit Salomons wirklich bezieht, wenn nicht darauf, was die Menschen im Allgemeinen annehmen!"

„Lass mich antworten, Joseph", sagte Johannes, „du musst ja nicht unbedingt die ganze Nacht alleine Rede und Antwort stehen, so etwas kann mit der Zeit ermüden. Entspanne dich also ein wenig, denn du wirst ja im Verlauf der Nacht noch Einiges erzählen müssen!" Und während sich Johannes seinen Weinbecher neu füllte, begann er mit der Beantwortung von Bethsabes Frage:

„Was kaum jemand weiß, Bethsabe, außer Rabban Gamaliel und vielleicht noch einige Priester aus dem Tempel, und darüber aber schweigen wie ein Grab, das ist die Tatsache, dass Salomon ein geheimes Wissen um den Heiligen Gral hatte. Salomon entdeckte in seinen reifen Jahren, dass er visionär begabt war. Er sah darin eine Göttliche Berufung seiner Person zu etwas, das mehr ist als nur ein irdischer König zu sein.

Diese innere Erfahrung war für Salomon der Anfang eines neuen Lebens, der Beginn einer Bewusstseinserweiterung die ihn dazu befähigte, in anderen Dimensionen zu denken und zu empfinden.

Mit der Zeit fiel es ihm immer leichter, seinen Geist mittels kontemplativer Versenkung himmlischen Quellen des Göttlichen Geistes zu öffnen, um so zu den für die geistige Entwicklung einer späteren Menschheit notwendigen Inspirationen zu kommen. Auf diese Weise erhielt Salomon im Laufe der Zeit alles für ihn und für die besagte zukünftige Menschheit notwendige Wissen von den Geheimnissen des Heiligen Grals. Dabei kann es sich natürlich nur um einen kleinen Bruchteil von dem Wissen gehandelt haben, über welches der Gral insgesamt verfügt. Die geistigen Vermittler, bzw. Engel, wussten genau, von welcher Art die Informationen sein mussten, die sie ihrem Medium Salomon inspirativ vermittelten, und wieviele davon.

Salomon besprach sich diesbezüglich auch mit einigen Priestern des Tempels, natürlich nur mit dafür besonders Auserwählten. Diese schrieben nach dem irdischen Tod Salomons alles nieder, so dass dessen Wissen vom Heiligen Gral erhalten blieb. Doch, wie gesagt, die Gesetze des Himmels haben dafür gesorgt, dass dieses Wissen solange verborgen bleibt, bis die Zeit zur Lüftung des Geheimnisses gekommen ist.

Einer der Priester Salomons hieß Zadok. Auf irgendeine Weise muss ihm etwas von diesem Wissen zu Ohren gekommen sein, weshalb er sich von dem Sohne Davids löste und seine eigenen Wege ging. Er konnte mit diesem Wissen absolut nichts anfangen. Es war ihm buchstäblich zu hoch. Dieser Zadok war es auch, welcher als Urvater der heutigen Sadduzäer anzusehen ist. Und ist es nicht bezeichnend, dass es gerade die Sadduzäer sind, die weder an eine Auferstehung, noch überhaupt an irgendeine Form des Weiterlebens nach dem Tode glauben?

Dann noch etwas, meine Freunde", sagte Johannes, „was glaubt ihr denn woran die Königin von Saba wohl dachte, als sie nach ihrem Besuch bei Salomon wieder zuhause in ihrem Königreich Saba war, und von der sagenhaften Weisheit dieses Königs erzählte? Meint ihr etwa an das salomonische Urteil, zu dem jeder fähig ist, der über Gerechtigkeitssinn und gute Menschenkenntnis verfügt? Oder an seine schön formulierten Sprüche und an den schönen Inhalt seines Hohen Liedes, deren inhaltlichen Qualitäten jeder feinfühlige und begabte Dichter mit metaphysischer Tuchfühlung ebenfalls zu erreichen vermag? Nein, Freunde! Die Königin von Saba erzählte zuhause das, was ihr Salomon über die geistigen Gesetze und über den Heiligen Gral berichtet hatte, aber selbstverständlich nur besonders geeigneten Personen!"

„Ja, aber es heißt doch, dass die Königin von Saba dem Salomon Rätsel aufgab, die er alle fehlerfrei beantwortete", sagte Petrus, „und dass sie über seine weisen Antworten sehr erfreut war. Irgend wie hört sich dies an, als wäre die Königin die Lehrerin gewesen und Salomon ihr Schüler!"

„Gewiss", sagte Joseph, „aber die Sache mit den Fragen, welche die Königin stellte, hatte einen ganz anderen Grund. Sie hatte sie in der Rolle der Schülerin gestellt. Nachdem ihr Salomon einiges aus den Geheimnissen des Heiligen Grals offenbarte, kamen in der Königin zwangsläufig Fragen auf, welche sich auf das bezogen, was ihr Salomon enthüllte. Alle ihre diesbezüglichen Fragen bekam sie von Salomon beantwortet, und bei jedem Wort, das der König zu ihr sprach, verspürte sie das Feuer des Himmlischen Geistes - und - dass die Weisheit des Himmels aus dem Munde Salomons sprach!"

„Salomon und die Königin von Saba", fuhr Johannes fort, „erkannten damals, dass sie beide in Bezug auf die Entfaltung des Göttlichen Geistes auf Erden zu Großem berufen wurden, und dass sie, in Bezug auf die Hohe und Reine Liebe, Dualseelen sind. Die Aufgabe der begnadeten Königin bestand darin, das Wissen vom Heiligen Gral nach Arabien zu bringen. Dort sollte sie befähigten Priestern, zu denen sie der Göttliche Geist führen würde, ihr hohes geistiges Wissen mitteilen. Diese wiederum hatten dafür Sorge zu tragen, dass es für lange Zeit unter Verschluss blieb. Sie wussten, dass die hohen Himmlischen Informationen erst dann ans Licht des Tages kommen würden, wenn die Göttlichen Gesetze ihre Erlaubnis dazu erteilen würden, und dass dies nur dann geschehen könne, wenn der Menschheitsgeist die dazu notwendige geistige Mindestreife aufweisen würde!"

Dann machte Johannes eine kurze Pause, und trank dabei etwas von dem Wein. Inzwischen nahm Joseph von Arimathäa den Faden wieder auf: „Über all das, was euch Johannes und ich bis jetzt erzählt haben, sprachen wir damals mit dem Messias, und ich sage euch, er selbst wusste über Salomon und über die Königin von Saba besser bescheid als wir alle zusammen. Und nicht nur das, er kennt diese beiden Persönlichkeiten vom Geiste her noch besser als sie sich selbst!"

Dann fuhr Johannes abermals fort: „Die Druiden-Priester und Salomon verfügten über einen gemeinsamen Grundgeist. Und diese gemeinsame Basis war für den Geist des Himmels ausreichend, um das, was er mitzuteilen hatte, auf Erden verankern zu können. Er bewies dadurch seine totale Unabhängigkeit von allem dogmatischen und konfessionellen Denken. Die keltischen Druiden haben durch viel Arbeit an sich selbst die Voraussetzung dafür geschaffen, dass sich ihnen der Göttliche Geist auch entsprechend mitteilen konnte. Und dieser wäre der letzte gewesen, den Druiden das inspirative Wissen aus dem Heiligen Gral zu verweigern, nur weil sie Kelten waren und keine Juden!"

Anmerkung: Was als Salomons Testament angesehen wurde, war in Wirklichkeit keines. Es handelte sich dabei nur um eine, von der Kirche überarbeiteten, jüdischen Legendensammlung, gemäß dieser der König Salomon kraft eines ihm vom Erzengel Michael übergebenen Zauberringes Macht über die Dämonen gewinnt.

Deutung: Die Schreiber dieser Legenden waren keine Märchenerzähler. Was sie durch Inspiration über Salomon niederschrieben, stimmte vom Prinzip her. Nur die Deutung dieser Legenden in späteren Zeiten war meistens falsch. Ihre Inhalte, vor allem in Bezug auf den Zauberring, müssen in Wirklichkeit so verstanden werden:

Der Erzengel Michael war der Engel, der dem Salomon einige der Geheimnisse aus dem Heiligen Gral vermittelte. Dadurch gewann dieser israelitische König an geistiger Kraft. Sein Geist wurde dadurch lichter, stärker und widerstandsfähiger gegen üble Einflüsse aller Art, und damit auch gewappnet gegen Dämonen. Der

Zauberring hat noch eine weitere und bedeutend umfassendere Funktion: Zum gegebenen Zeitpunkt werden der Geist Salomons und der seines weiblichen Duals diesen sogenannten Zauberring brechen. Dies werden sie einst deshalb tun, um ihren Teil dazu beizutragen, damit alle Menschengeister zu einer tieferen Erkenntnis der Göttlichen Gesetze gelangen können. Dies heißt, dass das, was der Zauberring beinhaltet, geistiges Wissen ist, welches über lange Zeiten sein Geheimnis bleiben muss, da der Menschheitsgeist auch in den kommenden Jahrhunderten die zur geistigen Verarbeitung nötige Qualität nicht aufbringen wird, um mit dem Wissen etwas anfangen zu können, welches der Zauberring in sich birgt.

Damit handelt es sich bei dem Zauberring, den der Erzengel Michael dem Geiste Salomons, (und dessen geistigem Dual), vermachte, um nichts anderes, als um zusätzliches Wissen um die Geheimnisse des Himmels.

Kapitel 42

DER MESSIAS UND DER GRAL

Nachdem man abermals einen Schluck Wein zu sich genommen hatte, begann Joseph zu erzählen, was Jesus ihm und Johannes sonst noch über den Heiligen Gral und über die Gesetze des Himmels erklärte:

„Was uns Jesus über den Heiligen Gral mitteilte, tat er mit einem unvergleichlichen Eifer und mit einer Kraft in der Stimme, in welcher das Feuer des Göttlichen Geistes loderte. Wisst ihr, was er über die Beschaffenheit und den Inhalt des Grales sagte? Zunächst teilte er uns mit, dass wir erst gar nicht versuchen sollten, uns die Größe des Grales im Sinne einer irdischen Größe vorzustellen, die nur über drei zu messende Richtungen verfügt, nämlich Länge, Breite und Höhe!

Die Größe des Grals, sagte er, sei für Menschendenken überhaupt nicht vorstellbar. Nur der Mensch, der es geschafft hat, seinen Geist über alle irdischen Beschränkungen hinauszuheben, damit er in Tuchfühlung mit seiner urgeistigen Heimat kommen kann, welche sich im 7. Himmel, also im Paradiese, befindet, vermag eine leise Ahnung von der unvorstellbaren Größe des Grals zu erhalten, ohne jedoch dabei auch nur die geringste Vorstellung von einem Anfang und einem Ende zu bekommen!

Dies sei aus dem Grund nicht möglich, sagte der Messias, da der Gral genau so ewig und unendlich in seiner Tiefe ist, wie die Göttlichen Herzen von Urvater und Urmutter. Es wallt und siedet seit undenklichen Zeiten in diesem Gral. Dieses Wallen und Sieden sei stets die unmittelbare Reaktion auf die ewigen Herzschläge von Urvater und Urmutter, erklärte der Christus weiter, und ohne dieses gewaltige Geschehen könne sich kein Leben entwickeln, denn was in diesem Gral seit ewigen Zeiten immer wieder aufs Neue geschieht, das ist die jeweils erste Entwicklungsphase von Lebensformen aller Art. Diese Lebensformen bekämen, solange sie sich noch im Gral befinden, alles nötige Rüstzeug, das sie zu ihrer Weiterentwicklung außerhalb desselben unbedingt benötigen.

Damit sei der Gral in Wirklichkeit nichts anderes, als das vorübergehende Zuhause der urersten und zugleich urhöchsten Form von Lebensembryonalität. Daraus lässt sich schließen, dass der Gral vom Prinzip her mit einer Gebärmutter vergleichbar ist. Das Entstehen des embryonalen Lebens in dieser „Gralsgebärmutter" ist ohne die absolut Höchste und Reinste Geistige Liebe zwischen Urvater und Urmutter vollkommen unmöglich!

Dann kam der Messias mit weiteren Erklärungen bezüglich des Grals. Er sagte, der Gral sei außerdem ein Gefäß, das sich in einem gesonderten Raum der sogenannten Gralsburg oder Heiligen Lichtburg befindet, und zwar in deren Zentrum! Bei dem Wort „Raum" blickte er uns bedeutungsvoll an, und fragte uns schließlich, ob wir uns eine Vorstellung davon machen könnten, wenn er sagen würde, dass allein das Gralsgefäß größer ist als der gesamte materielle Kosmos? Als er dabei in unsere Augen blickte, sagte er: „Ich wusste, dass ihr dies niemals würdet fassen können. Darum möchte ich in Bezug auf die Größe des Grals, auf die Größe des Raumes, in welchem er sich befindet und auf die Größe der Gralsburg, in welcher sich außerdem noch unzählige andere Räume befinden, nur noch soviel sagen:

Das Gralsgefäß, oder auch „urgöttliche Gebärmutter", ist als eine gewaltige geistige Teildimension zu verstehen, die von dem im Zentrum der Gralsburg gelegenen Gralsraum umschlossen ist, der eine noch größere Teildimension darstellt. Auch die unzähligen anderen Räume sind Dimensionen für sich. Diese alle bilden zusammen die oberste und erste der insgesamt drei Gralsburgen der höchsten Göttlichen Sphäre. Sie besteht, wie die beiden anderen auch, von Ewigkeit zu Ewigkeit, und hat damit weder einen Anfang noch ein Ende!"

Dann fuhr Johannes fort: „Daraus schlussfolgernd erklärte der Messias, dass sich in jeder dieser Raum-Dimensionen vollendete Geistwesen befinden, engelhafte Gestalten, von denen jede über eine Schönheit, Kraft und Größe verfügt, wie sie niemals ein Menschengeist wird erfassen können, auch nicht im Zustand der für ihn höchst möglichen Vollendung.

Was in jedem dieser Raum-Dimensionen seit undenklichen Zeiten von deren jeweiligen Bewohnern getan wurde und weiterhin getan wird, geschieht bis in alle Ewigkeit für alles Leben im gesamten Sein: Für die Bewohner aller diesseitigen und jenseitigen Ebenen, für alle männlichen und weiblichen Geistwesen, für alle männlichen und weiblichen Naturwesen, für alle männlichen und weiblichen Tierseelen, für alle männlichen und weiblichen Pflanzenseelen, und für die wesenhaften Charakterstrukturen aller Mineralien, die es in der Gesamtheit des materiellen und des geistigen Kosmos gibt!

Die Kleidung aller in der Gralsburg lebenden, vollendeten Geistwesen, sind gewandartig und erstrahlen in den unterschiedlichsten Farbkombinationen. Da von diesen Geistwesen, die stets als männliche und weibliche Geistduale zusammen wirken, Kraftwellen der reinsten Art ausgehen, schwingt in ihnen auch eine Form von Liebe mit, die nicht einmal mit dem Begriff der Nächstenliebe ausreichend beschrieben ist, sondern eher mit dem Begriff der

Ewigen Göttlichen Allliebe von Urvater und Urmutter angedeutet werden kann!

Somit schwingt in den Ausstrahlungen dieser Geistwesen Himmlische Musik mit. Da die Farbkombinationen ihrer Gewänder ebenfalls Himmlische Musik ausstrahlen, verschmelzen sich in diesen Regionen Farben und Töne zu einem harmonischen Ganzen, was sich in Form von vollendeten Klangfarben und Farbklängen zu Gesicht und zu Gehör bringt. Die Gewänder und deren Farbmuster entsprechen haargenau der Charakteristik ihrer Träger.

Die gesamten, für Menschendenken unvorstellbar prachtvollen Klangfarben und Farbklänge, sind von den Bewohnern der einzelnen Raumdimensionen innerhalb der Heiligen Lichtburg so vollendet und harmonisch aufeinander abgestimmt, dass hier von einer Musik gesprochen werden muss, die alle Sphären der Ewigkeit erfüllt, und die als Geistige Superlative aller Klangfarbenkompositionen die Unendlichkeit des gesamten Kosmos, des Ewigen Seins, durchdringt!"

Als Johannes hier angelangt war, machte er eine Pause. Niemand am Tisch wagte es, auch nur ein einziges Wort zu sagen, denn was sie da von Johannes gehört hatten, war zu atemberaubend. Es hatte die Gemüter der Gäste voll erfasst. Sie benötigten eine Weile, bis sie das Gehörte einigermaßen verarbeitet hatten.

Nach einigen Minuten ergriff Joseph wieder das Wort: „Ihr wollt doch sicher wissen, auf welche Weise alles Leben seinen Anfang genommen hat?" „Natürlich!", sagte Maria, die Mutter Jesu, für alle, da sie der erste von den Gästen war, der seine Sprache wieder gefunden hatte.

Darauf hin sagte Joseph: „Der Messias erklärte uns, dass man die Geistembryonen, die im Innern des „Gralsgebärmutterraumes" waren, auch als Samenkörner bezeichnen kann, die sich jeweils über neun Zeiten innerhalb des selben ihrer ersten Entwicklungsphase unterziehen mussten. Von neun Zeiten ist hier deshalb die Rede, weil die Zahl 9 die Zahl des Christus und der Christiana ist.

Warum dem so ist, werden wir später einer genauen Analyse unterziehen.

Vom Heiligen Gral aus begaben sich die Samenkörner unter Mithilfe von männlichen und weiblichen Geistwesen, die schon lange vor ihnen lebten, auf die Wanderschaft durch alle Dimensionen des Seins, bis hinunter in den Bereich des materiellen Kosmos. Mit ihrem Hinausbegeben aus dem Heiligen Gral taten sie den zweiten von sehr vielen Schritten, die zur Förderung eines vollendeten Selbstbewusstseins führen sollten, und damit zum Wiedereintritt in das Paradies ihrer urgeistigen Heimat.

Das Paradies aber, liebe Freunde, liegt nicht in der hohen Dimension, in der sich der Gral befindet, aus dem die besagten Samenkörner herausgetreten sind, um ihren langen Reifeprozess anzutreten, sondern am unteren Ende der Göttlichen Sphäre. Dieses untere Ende ist, von uns aus gesehen, die höchste Stufe der aus vielen Zwischendimensionen bestehenden «Insel der Seligen», welche ebenfalls an Schönheit und Größe für irdisches Menschendenken unfassbar bleiben wird!

In noch höhere Regionen wird nie ein Menschengeist gelangen, denn, wie stark sein Selbstbewusstsein auch immer werden wird, die absolute Vollkommenheit, wie es im Göttlichen selbst der Fall ist, wird er niemals erreichen. Er wird sich immer, und dies bis in alle Ewigkeit, in einem Annäherungsverhältnis zu dieser Göttlichen Vollkommenheit befinden, denn sein individuelles Selbstbewusstsein, sein subjektives Wesen, würde unweigerlich verbrennen, wenn es in solch hohe Dimensionen hineingehoben würde.

Als die Menschengeister, bzw. Geistsamenkörner, vor Urzeiten noch im Göttlichen ruhten, als sie sich noch im Heiligen Gral befanden, im Zentrum oder im Herzen der Göttlichen Sphäre, da erlebten sie zwei Zustände: Der erste war der Zustand des Unbewusstseins. In den äußeren Bereichen der selben Dimension entwickelte sich schließlich ein Bewusstsein. Da es sich dabei noch nicht um ein Selbstbewusstsein handelte, waren die Menschengeister in dieser Hohen Dimension lebensfähig. Der erste Hauch eines persönlichen Bewusstseins entstand erst außerhalb der Göttlichen Sphäre, also nachdem alle drei Gralsburgen passiert waren, die sich innerhalb dieser höchsten Göttlichen Dimension befinden. Innerhalb dieser gewaltigen Region hätte das persönliche Bewusstsein niemals entstehen können.

Nun verhält sich die Sache mit der Gralsburg und dem Gral so: Die drei Gralsburgen in der obersten Göttlichen Sphäre sind nicht die einzigen im ganzen Sein. Es gibt in allen anderen Dimensionen, die sich unterhalb der Göttlichen Sphäre befinden, mit Ausnahme des Bereichs der Materie, den jeweiligen geistigen Regionen angepasste Abbilder davon.

Die besagten Samenkörner wurden durch die aktiven Hilfen entsprechender Fürstengel beiderlei Geschlechts und deren geistigen Helfern in den Gral der untersten Gralsburg der Göttlichen Sphäre geleitet. Diese Gralsburg ist die letzte von den drei bereits erwähnten Lichtburgen in der obersten Göttlichen Sphäre. Nach Verlassen der dritten Gralsburg hatten die Samenkörner die drei wichtigsten Impulse erhalten, die zur Entwicklung eines vollendeten Selbstbewusstseins innerhalb der darunter liegenden Dimensionen führen sollten:

Innerhalb des obersten Grals bekamen sie den Impuls, der sie zur Reinen Liebe fähig machen sollte. Daher wird die Gralsburg, welche diesen Gral beinhaltet, auch die Heilige Lichtburg des Christus und der Christiana genannt.

In der Gralsburg, die sich unmittelbar darunter befindet, erhielten die Samenkörner den Impuls des Feuergeistes. Daher wird diese Burg die Heilige Lichtburg des Prometheus und der Promethea genannt.

In der untersten Gralsburg der Göttlichen Sphäre erhielten sie schließlich den Impuls des Gerechtigkeitssinns. Daher wird diese Burg auch als die Heilige Lichtburg des Parzival und der Parziella bezeichnet!

Bei der Willenskraft handelt es sich um eine Eigenschaft, deren Stärke sich aus dem gerade gegebenen Zustand des Selbstbewusstseins ergibt, welches wiederum von der Intensität und dem Kombinationsverhältnis der Eigenschaften der Liebe, des Feuergeistes und des Gerechtigkeitssinnes abhängt.

Die Geistsamenkörner verfügen zwar schon lange vorher über Bewusstseinszustände, doch waren diese von unpersönlicher Art. Beim Austritt aus der Gralsburg des Parzival und der Parziella jedoch beginnt sich in diesen Geistsamenkörnern erstmals ein eigenes leises Selbstbewusstsein zu regen.

Die erhaltenen Impulse der Reinen Liebe, des Feuergeistes und des Gerechtigkeitssinns, wirken im entsprechenden Verhältnis mit. Während dieses Zeitpunkts merken die Samenkörner, dass sie einen eigenen Willen haben. Diesen dürfen sie im Verlauf ihrer weiteren Entwicklung einsetzen wie sie wollen. Gleichzeitig damit wird für sie das Gesetz von Saat und Ernte aktiv, und die Samenkörner nehmen eine feingeistig-ätherisierte Gestalt an. Damit haben sie die Voraussetzung dafür, die paradiesische Dimension unterhalb der Parzival-Parziella-Region zugunsten der Entwicklungsfortsetzung zu durchwandern, um schließlich auf die feinstofflichen Ebenen zu gelangen, welche sich zwischen dem Paradies und dem materiellen Kosmos befinden, in den sie dann auch noch hinein müssen, weil hier die eigentlichen Bewährungsprozesse erst richtig beginnen.

Was ich bis hierher beschrieben habe ist vergleichbar mit der Zeitspanne der embryonalen Phase eines Kindes vom Augenblick seiner Zeugung bis zu seiner Geburt. Die neunmonatige Entwicklung des Embryos, ist eine, auf einen kleinen irdischen Zeitraum fixierte, Wiederspiegelung des Reifeprozesses, den ein Menschengeist von seinem Austritt aus dem Göttlichen Gral bis zum Zeitpunkt seiner irdischen Einverleibung zu bewältigen hat.

Erst wenn das entsprechende Samenkorn soweit gediehen ist, dass es sich ein Gewand aus Fleisch und Blut anlegen kann, dann beginnt das mehrstufige Finale seiner Entwicklung. Dieses wird allerdings erst dann abgeschlossen sein, wenn der betreffende Menschengeist den Grad an Relativ-Vollkommenheit hat, den er benötigt, um für alle Ewigkeit in die Göttliche Wunderwelt des

Paradieses wieder einziehen zu dürfen, von dem er einst ausgegangen war!"

Wiederum benötigten die Gäste des Johannes einige Minuten, um das Gehörte zu verdauen. Dann tranken sie etwas von dem Wein, wobei festzustellen war, dass sie den Becher langsamer zum Mund hoben als sonst. Die geistige Erregung in ihnen bewirkte dies.

Dann fügte Johannes hinzu: „Ich erinnere mich, wie Jesus die menschlichen Samenkörner im Heiligen Gral mit lauter ungeschliffenen Edelsteinen verglich. Er sagte auch noch, dass diese Edelsteine die einzigen sind, die für die Art, wie sie im Verlauf ihrer Entwicklung geschliffen werden, ob grob oder sanft, die alleinige Verantwortung tragen!"

„In solchen Gleichnissen zu reden passte zu dem, den ich in meinem Leibe tragen durfte!", sagte Maria. „In diesem Gleichnis, in diesem einen Satz, liegt einfach alles, was das Säen und das Ernten betrifft!"

Inzwischen war Mitternacht schon längst vorbei. Man genoss eine wunderschöne Vollmondnacht. Während das Licht des Mondes zum Fenster hineindrang und auf angenehme Weise das Wohnzimmer erhellte, tranken alle wieder etwas von dem Wein. Johannes und Johanna gingen in den Keller, um neuen Wein zu holen. Als sie dann später wieder alle zusammensaßen, fuhr der Ratsherr fort:

Kapitel 43

DIE 9 GEISTIGEN ELEMENTE

„Nun möchte ich zur Deutung der Zahl 9 übergehen, welche die Zahl des Christus und der Christiana ist. Hinter dieser Zahl verbirgt sich eine ganze Menge, denn in ihr liegen die 9 Grund-Eigenschaften, welche für die Entwicklung allen Lebens wichtig sind. Jede von den neun Eigenschaften ist auch in jeder anderen enthalten, denn hier gilt das ewig gültige Gesetz: Entweder sie bewirken zusammen alles, oder getrennt voneinander nichts. Keine von diesen 9 Eigenschaften kann in einem Menschen reifen, ohne dass die 8 anderen nicht im entsprechenden Verhältnis mit wachsen.

„Die 1 also", sagte Joseph, „bezieht sich auf die <u>Kraft</u>. Kraft ist etwas, das nicht begreifbar ist, aber ohne diese kann nichts existieren. Urvater und Urmutter alleine haben Kraft aus sich selbst heraus. Alles andere Leben bezieht „seine" Kraft aus diesem Quell.

Die 2 bedeutet <u>Schöpfung</u>. Alles, was je geschaffen und zur Entwicklung gebracht wurde, beruht nämlich auf 2 Prinzipien: Auf Plus und Minus, auf Anziehung und Abstoßung, auf Werden und Vergehen. Von daher kommt auch der Spruch, dass jedes Ding seine zwei Seiten hat.

Durch die Kräfte der Allmacht ist zum Beispiel in den Göttlichen Sphären das lebende, unvorstellbar große und prachtvolle, Kreuz der Schöpfung entstanden. Von ihm gehen seit Ewigkeiten Blitze des Geistes aus. Dadurch wird alles, was im ganzen Sein ununterbrochen geschieht, und das sich von diesem Kreuz aus nach allen Richtungen hin ständig ausbreitet, in Verbindung mit den Kräften des Göttlichen Grals zur ewigen Entwicklung vorangetrieben.

Über dieses Strahlenkreuz kommen die Kräfte, die aus dem Göttlichen Gral strömen, erst richtig zur Wirkung. Diese Energien sind positiv und negativ, also männlich und weiblich charakterisiert.

Sie benötigen einander, da ohne ihr Zusammenwirken Entwicklung zur Vollkommenheit hin nicht möglich wäre. Damit das Gleichgewicht der männlichen und weiblichen Kräfte gewahrt bleibt, oder im Fall einer Verschiebung wieder hergestellt werden kann, besteht das Strahlungskreuz der Göttlichen Sphäre aus 2 Strahlungswegen des ewig pulsierenden Göttlichen Geistes.

Die Strahlungswege selbst sind unendlich lang und multidimensional zugleich. Dies bedeutet, dass es keinen Ort im ganzen Sein gibt, der nicht von ihren Ausstrahlungen erfüllt wird. Die vertikale Linie steht für alles Männliche, die horizontal verlaufende für alles Weibliche. Doch wirkt auch das Männliche im Weiblichen und das Weibliche im Männlichen. Urvater und Urmutter sind der beste Beweis hierfür.

„Die 3", fuhr Joseph fort, nachdem er an seinem Weinbecher genippt hatte, „bedeutet Licht. Licht ist nicht Kraft und Kraft ist nicht Licht. Aber beide sind sie Aspekte von Urvater und Urmutter, womit sie sich einander ergänzen. Was nützt z.B. die Kraft, wenn das Licht des Geistes nicht vorhanden ist, mit dem sichtbar und damit auch begreifbar gemacht werden kann, was durch entsprechenden Kraftaufwand geschaffen werden soll?

Und damit kommen wir zur 4! Diese Zahl steht für alles, was mit Natur zu tun hat. Dabei handelt es sich primär um das geistige Wesen der Natur, und nicht in erster Linie um das, was wir hier unten auf Erden Natur nennen. So haben wir z.B. das Quadrat mit seinen 4 gleich langen Seiten. Das Urbild aller Quadrate befindet sich in der Göttlichen Sphäre und hat seine 4 „Abgrenzungen" von Urvater und Urmutter bekommen. Die 4 Seiten beziehen sich auf den Abschluss eines Entwicklungsabschnittes, von denen es allerdings unendlich viele gibt.

Die 4 Ecken des Quadrates der Göttlichen Sphäre werden von 4 wissenden Tieren beherrscht. Es handelt sich um einen Löwen, einen Stier, einen Widder mit menschlichem Gesicht und um einen Adler. Bei den 4 Ecken handelt es sich natürlich um 4 Zwischenreiche.

Die geistige Grundprägung einer jeden dieser 4 Zwischendimensionen entspricht der Wesensart des Tieres, welches ihnen zugeordnet ist. Die Substanz der Bausteine dieser 4 Zwischenreiche besteht aus dem geistigen Wissen und den Kräften der 4 besagten Tiere. Aus diesen 4 Zwischenreichen heraus entstanden, wiederum nur denkbar in Verbindung mit den Kräften des Heiligen Grals, alle Dimensionen, die sich aus der Göttlichen Sphäre entwickelt haben, bis hinunter in den materiellen Kosmos.

Die 7 Weltenteile zwischen dem Paradies und dem materiellen Kosmos haben die Form eines gigantischen, von Göttlichem Licht durchfluteten Würfels, der auch über 4 Abmessungen verfügt: Länge, Breite, Höhe und Raumdiagonale.

Dann, Freunde, gibt es noch andere Dinge, worauf die 4 bezogen werden muss: Die 4 Jahreszeiten, Frühling, Sommer, Herbst und Winter. Dann haben wir noch die Elemente Feuer, Wasser, Luft und Erde, denen wiederum in der gegebenen Reihenfolge diese 4 Elementarwesen zugeordnet sind: Salamander, Nixen, Sylphen und Gnomen.

Dann die 4 Temperamente: Den geistigen Menschen, den Theoretiker, den Machtmenschen und den Athleten. Schließlich gibt es noch die 4 Grundrechnungsarten: Die Addition, die Subtraktion, die Division und die Multiplikation. Aus diesen 4 Grundrechnungsarten erklärt sich ebenfalls die Gesamtheit der Schöpfung!"

„Du kannst jetzt mal eine Verschnaufpause einlegen, Joseph, sagte Johannes!" „Ich werde die Erklärung der Zahlensymbolik fortsetzen!

Die 5, Freunde, bezieht sich auf die Liebe. Die Liebe ist die oberste und gewaltigste Kraft im ganzen Sein. Sie ist die Kraft, welche den Feuergeist und den Willen aktiviert. Ohne die Liebe werden das Feuer des Geistes und der Wille nicht lebendig! Wenn aber durch die Liebe die Eigenschaften des Feuergeistes und des Willens erst einmal in Aktion geraten sind, dann hat dies ein zusätzliches Aufflammen der Liebe zur Folge, so dass dadurch erst so richtig vom Feuer der Liebe gesprochen werden kann. Erst wenn dieser Zustand in der Seele eines Geschöpfs gegeben ist, hat es damit begonnen, den Wünschen von Urvater und Urmutter zu entsprechen.

Auch das regelmäßige Fünfeck, das Pentagramm also, hat die 5 als Symbol. Die Besonderheit des Pentagramms besteht darin, dass in allen seinen Strecken das Verhältnis des goldenen Schnittes zu finden ist. Und so wie die Liebe im Prinzip der 5 schwingend die Mitte der 9 Grundzahlen bildet, so bildet sie auch in allen anderen Bereichen des Seins stets den Mittelpunkt. Diese Liebe durchdringt alles, besiegt alles, und gewinnt letztlich auch alles: Alle Geist- und Naturwesen, sowie alle Menschen, Tiere, Pflanzen, und die Mineralien!

Und nun kommen wir zur 6: Sie bedeutet <u>Macht</u>! Die bereits erwähnten 4 Tiere der genannten Himmlischen Dimensionen besitzen jeweils 6 Flügel. Mit den Kräften die von ihnen ausgehen, geht Macht aus.durch deren Einwirken lernt alles Leben, dem die Möglichkeit verliehen wurde Verantwortungsbewusstsein zu entwickeln, was es bedeutet, Macht zu haben. Gleichzeitig damit muss es aber auch lernen, die Macht sinnvoll und gerecht zu verwenden. Die Eigenschaft der Macht zu besitzen heißt nicht, dass man machen kann was man will, denn derjenige, der Machtmissbrauch betreibt, hat selbst keine Macht mehr, auch wenn er vom Gegenteil überzeugt ist, denn er herrscht nicht mehr im Sinne der Göttlichen Gesetze. Stattdessen wird er beherrscht, und zwar von niedrigen satanischen Begierden. Er glaubt Herr zu sein, ist aber in Wirklichkeit ein niedriger Sklave des Teufels!

Das Symbol der 6 ist der Sechsstern. Das Sechseck war das Siegel Salomons. Bei diesem jüdischen König war es außerdem noch das Symbol eines gottgefälligen Machtbewusstseins, wogegen die Juden, die es traditionsgemäß heute auch noch haben, häufig Machtmissbrauch damit betreiben. Von einigen Ausnahmen abgesehen, ist ihnen ihr Buchstabenglaube wichtiger als praktizierte Nächstenliebe.

Nun gibt es auch die dreifache 6, womit wir auf die Zahl 666 kommen. Da nun jede Zahl, ebenso wie jedes andere Ding auch, seine 2 Seiten hat, also eine gute und eine schlechte, steht die 666 auf der einen Seite nicht nur für die Weltsünde und für das Wesen des Satan, sondern auch für den mit Göttlichem Geist erfüllt gewesenen Johannes den Täufer. In der 666 stehend hatte er damit begonnen, erste Erschütterungen in den Grundfesten dieses satanischen Prinzips zu verursachen, indem er auf den Messias hinwies. Dies geht aus der 9 hervor, welche die letzte Quersumme der 666 ist.

In ferner Zukunft, liebe Freunde, wird es ein Land geben, das nach vielen moralischen Tiefgängen das Land sein wird, von dem aus die Gesetze des Göttlichen Heilsplans in aller Welt verankert werden. Es wird im Zeichen der 666 stehen. Wenn aber die Zeit gekommen sein wird, in welcher die Bewohner dieses Landes geistig gereinigt sein werden, dann wird das positive Wesen der 666, (die 9 als deren letzte Quersumme also), den Geist dieses Landes beeinflussen, d.h. das Prinzip des Christus und der Christiana wird diesen Landesgeist durchfluten.

Doch noch befindet sich dieses Land entwicklungsmäßig in seinen Anfängen - und es werden noch viele Jahrhunderte, vielleicht sogar einige Jahrtausende, vergehen, bis es die Höhe hat, um als Land des «Christus und der Christiana» bezeichnet werden zu können. Während dieser fernen Zeit wird auf dem Boden dieses Landes ein irdisches Abbild der Gralsburg entstehen, wie sie im obersten Teil der Göttlichen Sphäre seit Ewigkeiten steht. Dies wäre also ein Abbild der Heiligen Lichtburg des «Christus und der Christiana». Es werden wohl auch noch Abbilder der Heiligen Lichtburgen des «Prometheus und der Promethea», wie auch des «Parzival und der Parziella» folgen. Das besagte Land wird auf dem sogenannten «Mitternachtsberg» heranreifen, womit möglicherweise Mitteleuropa gemeint sein könnte.....

Der Messias hatte uns den Namen dieses Landes nicht genannt, obwohl er wusste, um welches es sich handeln wird. Er sagte nur, dass der Geist dieses Volkes dadurch am besten gedeihen wird, dass es sich aus Menschen vieler Nationen zusammen setzen und auf diese Weise im Verlauf von vielen Jahrhunderten seine eigene Mentalität und Individualität entwickeln wird. In späteren Zeiten, sagte Jesus, würden die Nationen der Welt diesem Land mit gemischten Gefühlen gegenüber stehen:

Die einen würden ihren Respekt vor ihm dadurch zeigen, dass sie dessen geistige Höhe, die es durch vielerlei Läuterung bis dahin haben wird, neidlos anerkennen werden, wogegen, andererseits, die wirtschafts-, kriegs-, und religionspolitischen Führer vieler anderer Länder auf ihre jeweilige Art gegen dieses Land vorgehen würden. Man wird versuchen, es in aller Welt der Lächerlichkeit preiszugeben, man wird es in Kriege hineinziehen, man wird gegen es intrigieren, den Rufmord an ihm auf die Spitze zu treiben suchen, und dies alles mit dem einen teuflischen Ziel, es erbarmungslos zu vernichten – zumindest aber es sich untertänig zu machen!.....

Allerdings wird dieses Land an den Intrigen und Verleumdungen ihm gegenüber nicht schuldlos sein, denn gemäß der geistigen Gesetze von „Ursache und Wirkung", also, „Saat und Ernte", wird es nur zurückerhalten, was die betroffenen Menschengeister in den Zeiten davor an schlechten Gedanken in die Tat umgesetzt haben. Und das war, um einmal von dieser zukünftigen Zeit als Fixpunkt auszugehen, während der vielen Vorinkarnationen der besagten Menschen geschehen. Allerdings werden die Inhalte der Vorwürfe, welche man diesem Lande anklagend vorhalten wird, in vielen gravierenden Fällen der Wahrheit die Ehre zu nehmen suchen.....

In Bezug auf den Rufmord, den dieses Land zu ertragen haben wird, muss also nochmal festgehalten werden: Es gibt keine Sühne ohne vorhergegangene Schuld und im Falle des auserwählten Volkes wird es sich um eine Massenschuld handeln, die sich im Verlauf von vielen Jahrhunderten angesammelt haben wird, die dann in jener fernen Zeit, sozusagen als Nationalschuld, über das Ertragenmüssen von Rufmord, Verleumdungen, Hasstiraden und die Versuche, es wirtschaftlich, kulturell, und moralisch zu zerstören, abgetragen werden muss....."

Nachdem alle Gäste wieder etwas von den Früchten gegessen und an dem Weinbecher genippt hatten, setzte Joseph die Erklärungen fort: „Die 7 in diesem Quadrat bedeutet <u>Wille</u>!

Wenn die Pharisäer und Schriftgelehrten z.B. von Anfang an ihren Willen ohne Rücksicht auf materielle und machtmäßige Verluste zugunsten der Göttlichen Gesetze aktiviert hätten, dann würden sie heute ein gottgefälliges, ein leuchtendes, und vor allem, nachahmenswertes Beispiel für alle übrigen Völker sein. Dann wüsste jeder hier im Lande, dass man Himmlisches Wissen nicht über eine Fülle von konfessionellen Vorschriften und Dogmen erhält, sondern über das Gleichschalten des Geistes mit dem Himmel über die innere Ruhe.

Auch ich habe früher oft meinen Willen in die falsche Richtung gelenkt, indem ich darnach trachtete, Fragen, die sich auf das Himmlische bezogen,mit dem irdischen Intellekt zu erfassen, um sie dann mit sophistischer Würze zu beantworten. In Wirklichkeit versuchte ich aber nur mein tatsächlich gegebenes Nichtbegreifen dieser hohen Dinge dadurch zu verbergen. Dies geschah aber zu einer Zeit, in welcher mein Selbstwertgefühl noch nicht ausgereift war, und ich über das innere Wissen noch nicht verfügte, wie es heute der Fall ist.

Der gottgefällige Wille besagt nicht, dass man alles haben darf, was man will. Wo sich diese Art von Wille betätigt, da dominiert das rücksichtslose Wesen der Egozentrik. Wer dagegen über einen gottgefälligen Willen verfügt, der wird stets das wollen, was nicht nur ihm nützt, sondern allem anderen Leben auch.

Und nun kommen wir zur 8! Sie bezieht sich auf den <u>Geist</u>. Der Geist ist der Träger des Göttlichen Lebens. Ohne ihn läuft nichts. Er enthält alles das, wovon der griechische Philosoph, Hermes Trismegistos, in den 15 Thesen seiner «Tabula Smaragdina» nur träumte. In ihm liegen die Geheimnisse des ganzen Kosmos verborgen. Der Geist ist die Substanz allen Lebens. In diese kann nur hineintauchen, wer seinen eigenen Geist entsprechend aktiviert. Wenn dies geschehen ist, geht er ganz von selbst den Weg der Transzendenz, denn das ist die Richtung, die dem Geist von Natur aus gegeben ist.

Der Geist bewirkt ausgleichende Gerechtigkeit. In ihm liegt der Göttliche Plan von Werden und Reifen, von Vollendung und Harmonie. In allen seinen unzähligen Partikeln manifestiert sich das Ewige Sein. Er ist gleichsam der Hauch von Urvater und Urmutter, oder auch die Nabelschnur, die uns mit unseren Himmlischen Ureltern verbindet.

Das Achteck gilt als Symbol für den Geist. Es besteht aus 2 Quadraten, die sich an den Spitzen berühren. Das obere Quadrat steht für das Geistige Reich, das untere für die Dimensionen der Stofflichkeit. Das Geistige Reich, also das obere Quadrat, ist voll vom «Wasser des Ewigen Lebens», also voll von Göttlicher Kraft, die alles Leben in den geistigen und stofflichen Dimensionen durchdringt. Das Leben in den Regionen der Stofflichkeit hängt auf Gedeih und Verderb von dem Leben in den geistigen Dimensionen ab, denn alles Kleine kommt aus dem Großen und alles, was unten ist, kommt aus dem, was oben ist, und alles zeitlich Begrenzte aus dem zeitlich Unbegrenzten!"

„Ich habe im Laufe meines Wirkens für den Christus schon die unterschiedlichsten Menschen kennen gelernt!", ließ sich Petrus vernehmen. „Dabei konnte ich an der Art wie sie sich artikulierten, feststellen, wie weit sie geistig entwickelt waren. Bei den meisten allerdings konnte ich das Geistige noch nicht einmal im Ansatz erkennen. Sie folgen noch zu sehr niedrigen Instinkten wie Machtgier, Neid und Intolleranz. Die beiden römischen Offiziere, Markus und Kornelius, waren dagegen regelrecht auffallende Ausnahmeerscheinungen. In ihnen war der Göttliche Geist in besonders starkem Maße vorhanden!"

„Ich finde es gut, dass du nochmal an diese beiden Männer erinnert hast, Petrus!", sagte Maria-Magdalena, und dann zu allen redend, sagte sie: „...Denn ich habe diese beiden Männer auch kennen gelernt, wie ihr wisst: Markus bei einer der öffentlichen Reden des Messias, und Kornelius am Kreuz des selben!"

„Lasst mich noch die symbolische Bedeutung der 9 erklären!", sagte Joseph, „Bald wird nämlich der Hahn krähen, und schlafen wollen wir ja auch noch ein wenig!

Die 9 steht für den <u>Glauben</u>, bzw. für die <u>Überzeugung</u>, dass alles Werden und Reifen seinen Ursprung in der Doppel-Allmacht von Urvater und Urmutter hat, und dass das höchste Ziel eines jeden Lebens das Paradies der Reinen Himmel ist.

Die 9 liegt im ganzen Schöpfungsgesetz, und steht daher auch für <u>Vollkommenheit, Reinheit und Gerechtigkeit</u>. Ferner ist die 9 das

Symbol für den Kreis, und daher Sinnbild des vollendeten Kreislaufs.

Da es nun gemäß dem Göttlichen Heilsplan vorgesehen ist, dass die Menschen Ebenbilder der Christus-Christiana-Urliebe werden sollen, hat jeder Mensch von Anfang an die Möglichkeit mitbekommen, alle 9 Grundeigenschaften zu entwickeln. Die Anlage dazu hat jeder. Und jeder hat die Möglichkeit, sich diese Eigenschaften in vielen Erdenleben zu erarbeiten, und in den feinstofflichen Ebenen weiter zu entwickeln.

Niemand ist bei der Entwicklung dieser Eigenschaften völlig auf sich allein angewiesen. Jeder hat einen Helfergeist an seiner Seite. Stets ist es ein solcher, der über die vom Erdenmenschen zu erlernende Eigenschaft in besonders starkem und ausgereiftem Maße verfügt. Außerdem können zu diesem Zweck Urvater und Urmutter zu jedem Zeitpunkt um Hilfe angerufen werden!"

Da meldete sich Josua, der Verwalter des Ratsherrn, kurz zu Wort: „In diesem Zusammenhang fällt mir ein, was Jesus diesbezüglich wenige Tage vor seiner Gefangennahme zu den Volksmengen sagte: „Wer da anklopft, dem wird aufgetan, und wer da bittet, dem wird gegeben werden!" Die meisten seiner Zuhörer begriffen nicht, was sich in einer solchen Situation in den feinstofflichen und geistigen Regionen alles abspielt, auf welche Weise hier die geistigen Gesetze in Aktion geraten!"

„Das wird leider auch vorläufig nicht zu ändern sein, Josua!", entgegnete Joseph, und fuhr dann fort: „Bald wird der Zeitpunkt kommen, wo wir uns, möglicherweise für sehr lange Zeit, voneinander trennen müssen. Es mag sein, dass dies ganz schnell geht, vielleicht aber auch nicht. Dies hängt allein von der politischen Lage in Israel ab, denn hinter der jüdischen Religionspolitik befindet sich eine sehr windige, berechnende und auf die materiellen Vorteile bedachte Strategie, deren Verfechter zwar bei verbalen Kämpfen gegen Andersgläubige oft Urvater Abraham als Waffe und Schutzschild benutzen, indessen aber weit davon entfernt sind, auch so ehrenhaft und gottgefällig zu leben, wie dieser es stets tat.

Jedenfalls sind das Natterngezücht im Jerusalemer Tempel, sowie die politischen Maskenbildner- und Verkleidungskünstler im Herodespalast daran schuld, dass wir unser so wichtiges Zusammenkommen bereits in dieser Nacht hatten. Denn wer weiß, ob wir zu einem späteren Zeitpunkt nochmal die Gelegenheit dazu hätten. Was wir von gestern mittag ab bis jetzt in die frühen Morgenstunden besprochen haben, ist von höchster Wichtigkeit für die Menschheit der Zukunft. Der Himmel hat jedes Wort registriert. Dieser ist es, der auch Sorge dafür tragen wird, dass dieses Wissen zu den jeweils richtigen Zeitpunkten und in entsprechenden Dosierungen unter die Menschen gebracht wird. Es wird zum Teil durch euch geschehen, zum Teil aber auch durch Menschen späterer Generationen und Jahrhunderten, die zu diesem Zweck in den feinstofflichen und geistigen Regionen erst noch entsprechend vorbereitet werden müssen!

Euch Frauen aber lege ich ans Herz, euren sehr gewichtigen Teil zur Verbreitung des Evangeliums beizutragen. Ihr seid besonders begnadet hierfür, denn für die Wahrheit und das Leben im Himmel, für die von dort aus gesteuerten geistigen Gesetze, habt ihr ein ganz besonderes Gespür. Ihr seid in der Lage, besser als es Männer können, die Ganzheit des inneren Evangeliums intuitiv in seinen wesentlichsten Punkten zu erfassen. Daher werdet ihr auch bei der Verkündigung des Evangeliums ganz besonders stark eure Herzen sprechen lassen können, denn niemand kennt die Bedeutung des uralten und weisen Spruchs besser als ihr, der da lautet: „Was auf Herzen wirken soll - das muss von Herzen kommen!"

Kapitel 44

DER RATSHERR ÜBER SAUL VON TARSUS

„Übrigens", sagte Joseph, nachdem er den letzten Schluck aus seinem Becher getrunken hatte, „müsst ihr euch vor einem Mann in Acht nehmen, der den Dogmatismus der jüdisch-patriarchalischen Religion fanatisch vertritt. Ich kenne ihn, denn ich habe in den vergangenen Jahren öfter mit ihm gesprochen. Wir unterhielten uns über Politik und Religionsphilosophie. Er ist der Sohn des

Schriftgelehrten, Hillel ben Borusch und der Deborah bas Schebua. Sein Name lautet Saul ben Hillel. Er ist ein hochgebildeter Pharisäer und Schriftgelehrter, ein Erzjude vom Scheitel bis zur Sohle, und römischer Staatsbürger.

Sein Verhältnis zu den Frauen ist schlichtweg miserabel. Aus der Unterhaltung mit ihm erkannte ich, dass er sich dem weiblichen Geist unterlegen fühlt, dies aber keinesfalls zugeben möchte. Obwohl er selbst weiß, dass sich wahre Männlichkeit nicht dadurch entwickelt, indem sie sich das Weibliche unterwirft, lässt er sich nicht von der Einstellung abbringen, dass die Frauen zu gehorchen haben. Er sieht in der Frau so etwas wie ein lebendiges Werkzeug.

Dieser Mann ist innerlich zerrissen, mal hasst er sich selbst über die Maßen, dann wieder die ganze Welt. Seine Seele ist voll von Kritik und Verneinung. Wenn er irgend eine Sache oder Situation verneint, die es, nebenbei bemerkt, auch wirklich verdient hat verneint zu werden, dann tut er dies, wenn auch nicht immer, nicht deshalb, um der positiven Gegenseite zum Sieg zu verhelfen, sondern aus dem Grund, endlich mal wieder etwas zerfleischen zu können. Das heißt: In solchen Situationen verneint er um der Verneinung willen! Aber ich weiß, dass er darunter leidet, und dies im Grunde seines Herzens gar nicht wirklich will. So will er auch in Wirklichkeit im innersten Kern seiner Seele in der Frau mehr sehen, als nur einen lebendigen Gebrauchsgegenstand. Doch noch ist er nicht so weit, sich dazu zu bekennen!.....

Saul ist ein hoch intellektueller Mensch, und bei allem was er beurteilt, misst er meistens nur mit 2 Dingen: Mit dem Maßstab seines Intellekts und mit dem seiner zerrissenen Seele. Aber andererseits habe ich durch meine Unterhaltungen mit ihm auch bemerkt, dass ein ungeheuer gewaltiges Potential an geistigen Kräften in den Tiefen seiner Seele schlummert, ein Kraftpotential, das einen gewaltigen Erkenntnisreichtum in Bezug auf die höchsten Dinge verspricht, wenn es erst einmal aktiviert worden ist. Sollte dies jemals stattfinden, was ich für ihn sehr wünsche, dann wird er erst so richtig begreifen, um wieviele Dimensionen die geistige Sichtweite der intellektuellen überlegen ist.

Wann in Saul je das Geistige über das Intellektuelle siegen wird, das weiß allein der Himmel. Sicher ist auf jeden Fall, liebe Freunde, dass er zur Zeit ein fanatischer Gegner all derer ist, die sich auf die Seite des Messias begeben haben. Ferner ist sicher, dass wir Christen sehr bald einer Verfolgung ausgesetzt sein werden, die es in sich haben wird, denn sie wird sich mit ziemlicher Sicherheit über das gesamte Römische Imperium erstrecken, und einige Jahre dauern. Seid also auf der Hut, liebe Freunde!"

Kapitel 45

DIE KONFRONTATION ZWISCHEN JESUS UND SAUL

Da meldete sich Maria von Nazareth zu Wort: „Auch mein Sohn und ich haben vor vielen Jahren den jungen Saul kennen gelernt. Ich saß in Jerusalem auf einer Bank, und mein Sohn Jesus brachte mir von einem nahen Brunnen einen Becher Wasser zu trinken. Da kam Saul vorbei. Die beiden jungen Männer sahen sich lange in die Augen. Ich erkannte, dass sie die Stärke ihrer Charaktere und Seelen aneinander maßen. Mein Sohn blickte tief in Sauls Augen und war im Begriff, auf diesem Weg seine Seele zu bezwingen.

Saul begriff wohl, dass er hier jemandem gegenüber stand, dem er sich voll ausliefern würde, mit Haut und Haaren, wenn er nicht alle Kraft zusammennehmen würde, um sich dem göttlichen Bann zu entziehen, der vom Augenausdruck des jungen Messias auf seine Seele überzugehen im Begriff war.

Während vom Gesicht meines Sohnes Licht ausging, verkrampfte sich Sauls Herz immer mehr. In seinen Augen stand höllischer Zorn, und er begann den jungen Messias zu hassen. Da stieß Saul einen fürchterlichen Schrei der Verzweiflung aus und lief davon. Später sagte mir Jesus, dass der Zeitpunkt kommen werde - und dass dieser nicht mehr fern sei - an dem sich die Welt über diesen Saul von Tarsus aufs Höchste wundern wird. Denn dieser Feuergeist würde einst, nachdem er viel Leid über uns gebracht haben wird, zum gewaltigsten Sprachrohr des Evangeliums für viele Jahrhunderte werden!"

Der Hahn hatte durch sein Krähen schon längst die frühen Morgenstunden eingeleitet, als sich die Männer und Frauen im Hause des Johannes von ihren Plätzen erhoben. Gemeinsam machte man alle Gefäße sauber, und gemeinsam räumte man auf. Dann begaben sich alle zur Nachtruhe.

Während sich Maria-Magdalena und Bethsabe in das für sie beide bestimmte Schlafzimmer begaben, ging der blonden Frau aus Magdala der Name Saul nicht mehr aus dem Kopf. In ihrem Gehirn kamen Bilder eines Mannes auf, die sie sich nicht zu erklären wusste. Sie zermarterte sich den Kopf darüber, ob Saul möglicherweise so aussehen könnte. Sie konnte sich darüber keine Antwort geben, denn sie kannte ihn ja nicht.

Schließlich war Maria-Magdalena irgendwann eingeschlafen. Sie schlief tief und fest. Die junge Frau konnte zu diesem Zeitpunkt noch nicht ahnen, auf welch abenteuerliche Weise ihr Leben mit dem des Saul von Tarsus zugunsten des Evangeliums verknüpft werden würde. Denn hätte sie es geahnt, dann hätte sie sicherlich lange Zeit keinen Schlaf gefunden!

Kapitel 46

MARIA-MAGDALENA GRÜNDET HEIME

Im Verlauf der folgenden Zeit nahmen die meisten Jünger und Jüngerinnen voneinander Abschied, denn ein jeder spürte den Ruf des Göttlichen Lichtes in sich, hinauszugehen in die Welt, um das Evangelium des Christus den Nationen zu verkünden. In dieser Zeit reifte Maria-Magdalena im Geiste immer mehr. In manchen stillen Stunden war ihr Geist in der Lage, mehr Abstand vom alltäglichen Geschehen zu nehmen als sonst. Dadurch war es ihr möglich, sich dem Himmlischen Licht noch mehr zu öffnen. In solchen Augenblicken erhob sich ihr Geist weit über alle materiellen Beschränkungen hinaus, um für eine bestimmte Zeit teilzuhaben an den geistigen Geschehnissen in den lichten Himmeln. Bei einer solchen Gelegenheit wurde ihr eines Tages von Christiana, dem weiblichen Dual des Christus, über ein weibliches Geistwesen, welches als Botin fungierte, eine Inspiration zuteil. Es waren Worte des Geistes, gegeben aus den Dimensionen der Reingeistigkeit. Der Geist der in kontemplativer Versenkung sich befindenden Maria-Magdalena verstand diese Worte sehr gut, denn die Engelsbotin forderte die Jüngerin auf, das Vorhaben nun in die Tat umzusetzen, wonach sie sich insgeheim schon lange sehnte: Mit den ihr zur Verfügung stehenden Mitteln Heime für elternlose Kinder, wie auch für arme und gefallene Mädchen zu gründen. Außerdem wurde ihr die Versicherung zuteil, dass es keinen Menschen geben würde, der den Bau dieser Heime, wie auch die Betreuung der späteren Insassen, verhindern könnte, denn die Errichtung dieser Heime sei der Wille des Himmels, und was immer dieser beschließt, dies würde auf jeden Fall geschehen! Daraufhin verschwand das engelsgleiche Bild des weiblichen Geistes, worauf die Jüngerin wieder erwachte.....

Maria-Magdalena handelte entsprechend. Ohne zu zögern begann sie damit, solche Heime bauen zu lassen. Unermüdlich war sie für diese Sache tätig - vom frühen Morgen bis zum späten Abend. Eines Nachts erschien ihr wiederum das Antlitz des weiblichen Engels. Und dies waren die Worte, welche sie erfuhr:

Kapitel 47

MARIA-MAGDALENA AUF DER SUCHE NACH SAUL

„Geliebte Schwester und Freundin: Du bist vom Himmel dazu ausersehen, durch das Licht, das in dir ist, einem Manne aus der Dunkelheit zu leuchten, der mit allen ihm zur Verfügung stehenden Mitteln das Missionswerk des Christus zu zerstören sucht. Er hat schon viele christlichen Männer und Frauen gefangen genommen und der jüdischen Justiz zwecks Verurteilung ausgeliefert. Unter seiner Befehlsgewalt wurde sogar der junge Stephanus gesteinigt, der mit großem Feuereifer den Christus der Liebe verkündigte.

Wenn du erwacht bist, Maria-Magdalena, dann mache dich auf und suche den Mann, der für alle diese Greueltaten an unseren Brüdern und Schwestern mit verantwortlich ist. Gleich werde ich wieder weg sein, und du wirst erwachen. Dann wirst du schnell wissen, welchen Mann ich meine. Und noch etwas, du geliebte treue Seele: Habe keine Furcht, denn du wirst vom Göttlichen Geist geführt werden - viel Glück!"

Nachdem die Engelin wieder entschwunden war, wurde Maria-Magdalena wach. Kurz darauf kam in ihr die Erinnerung an eine Situation hoch, die schon einige Zeit zurück lag: Damals war sie einer der Gäste im Hause des Johannes in Tiberias. Joseph von Arimathäa war auch dabei. Man sprach bis zum nächsten Tag über die Gesetze des Himmels, und irgendwann, es war schon hell, da sprachen der Ratsherr und danach Maria von Nazareth, von einem gewissen Saul von Tarsus.

Daraufhin, so ihre Erinnerung, versuchte sie sich vorzustellen, wie Saul von Tarsus aussehen könnte, worauf sie verschwommene Konturen von der Erscheinung dieses Mannes erhielt. Und nun erschienen ihr die gleichen Bilder wieder, nur noch bedeutend klarer als damals, und plötzlich wusste sie, dass diese Bilder keine Fantasien waren, sondern eine Vision vom tatsächlichen Aussehen des Furcht erregenden Pharisäers, Saul von Tarsus.....

Schon seit längerer Zeit gingen einige christlichen Männer und Frauen Maria-Magdalena bei der Verwaltung der Kinder- und Mädchenheime, wie auch bei der Betreuung der Insassen, täglich von morgens bis abends tatkräftig zur Hand. Diesen Menschen teilte sie am nächsten Morgen den Inhalt ihrer Vision mit, wie auch ihren Entschluss, hinauszugehen in die Welt, um den Mann zu finden, der sich so vieler Verbrechen an den Christen schuldig gemacht hat.

Maria-Magdalena ordnete alle ihre persönlichen Angelegenheiten. Den Christen, die sie zurück ließ, übergab sie vertrauensvoll die Leitung der Heime und sprach mit den Betreffenden nochmal über die große Verantwortung, die sie in Bezug darauf zu tragen hätten. „Was immer ihr zugunsten dieser Heime tut, vollbringt es in stetigem Gedenken an Christus und Christiana!", mahnte sie ihre Brüder und Schwestern liebevoll zum Abschied, und fügte hinzu: „Denn wenn ihr also handelt, dann dient ihr den Göttlichen Gesetzen und damit auch den Bewohnern unserer Heime, und natürlich auch euch selbst - der Himmel sei mit euch allen – lebt wohl!"

Dann machte sich die treue und leistungsstarke Christin auf den Weg. Maria-Magdalena wurde vom Geiste geführt. In ihr brannte ein Licht welches sie ständig den Weg gehen ließ, auf dem sie, gemäß dem Willen des Himmels, zum rechten Zeitpunkt auf Saul von Tarsus stoßen würde.

Die ehemalige Kosmetikhändlerin aus den Adelskreisen der Burg Magdalum, wanderte, voll des Vertrauens auf die Göttliche Führung, in Richtung Nord-Osten. Auf ihrer Wanderung von Galiläa nach Syrien, sollte sie dem berühmt-berüchtigten Christenschinder, Saul von Tarsus, begegnen.

Auf ihrem langen Reiseweg, bei dem sie schlichte und einfache Kleidung trug, erinnerte sie sich daran, dass sie schon einmal eine lange Wanderung unternahm. Damals wanderte sie von Jerusalem bis Galiläa um den Messias zu finden, nicht wissend, wo und unter welchen Umständen sie ihn treffen würde. Schließlich fand sie ihn in Kapernaum, im Hause des Anwalts Simon..... „Welche Ironie des Schicksals!", dachte sie: „Damals suchte ich unter vielen Strapazen den Messias, und nun nehme ich wieder Strapazen auf mich, um seinen Widersacher zu finden, um ihn mit Hilfe des Himmels dem Lichte zuführen zu können!"

Einige Tage lang war die Respekt einflößende blonde Frau aus Magdala unterwegs. Teils schlief sie unter freiem Himmel, teils in irgendwelchen Wirtshäusern.Stets freute sie sich ganz besonders, wenn sich die Gelegenheit ergab, mit Menschen über die Botschaft des Christus zu sprechen. Die Möglichkeiten dazu boten sich ihr in Wirtshäusern, und während der Wanderung.....

Eines Morgens verließ Maria-Magdalena wieder mal ein Gasthaus, um ihre Suche nach Saul von Tarsus auf der Straße nach Damaskus fortzusetzen. Plötzlich hörte sie das typische Geräusch von Pferdehufen. Aus ihm konnte sie entnehmen, dass es sich um mehrere Pferde handelte. Eine Schar berittener Soldaten kam ihr entgegen. Als diese der schönen blonden Frau ansichtig wurden, die so mutterseelenallein die staubige Straße hinunterlief, ritten sie auf sie zu und hielten an.

Kapitel 48

DIE KONFRONTATION MIT SAUL

Als Maria-Magdalena des Mannes ansichtig wurde, der auf dem vordersten Pferd saß und den ganzen Trupp anführte, durchfuhr es sie wie ein Blitz: „Das ist der Mann, der mir im Traum gezeigt wurde!", dachte sie: „Untersetzt, aber breit wie Herkules, und sicherlich auch fast so stark, rotblondes Haar, verwegen, voller Energie, auf einem Auge krank, es lässt sich nicht ganz öffnen, wahrscheinlich eine Lähmung. Trotzdem erkenne ich klar genug, dass dieser Mann ein Feuergeist ist und über eine hohe Intelligenz verfügt.

Was die seelische Verdunkelung dieses Mannes anbelangt, hatten Joseph von Arimathäa und Maria von Nazareth leider recht, denn auch diese erkenne ich in seinem Blick. Wie sagte doch Jesus damals: „Sie haben Ohren, um zu hören, aber sie hören nicht, und sie haben Augen, um zu sehen, aber sie sehen nicht!" Dieser Saul ist mir geradezu ein Musterbeispiel dafür!"

Mit stolz aufgerichtetem Haupt und mit einem Blick der in die tiefsten Seelengründe hineinzuschauen vermag, sah die schöne Christin dem personifizierten Ingrimm in die Augen. Saul schnappte nach Luft, denn ihn so unverfroren anzuschauen, wie es diese „Dahergelaufene" tat, so hat es noch kein Weib gewagt, ihn anzuschauen! Trotzdem konnte Saul nicht umhin, als bei sich selbst zuzugeben, dass diese Frau etwas an sich hat, das der Bewunderung, ja, sogar der Verehrung, wert sei!

„Irgendwie", dachte Saul, „sieht sie dem stolzen Sklavenmädchen Tabitha ähnlich, das ich damals, vor vielen Jahren, vor einer tollwütigen Hyäne rettete. Tabitha war damals 17 Jahre alt, und ich tötete die fürchterlich wütende Hyäne mit bloßen Händen, um das Leben dieses Mädchens zu retten!"

Bei der Erinnerung daran wurde ihm wieder bewusst, dass er Angst um dieses Mädchen hatte, und dass er diese Angst zuließ. An die Sache mit der Angst um einen Menschen, und noch dazu um eine Frau, erinnerte er sich nicht gern. Jedesmal wenn dies geschah, wie z.B. jetzt, war er höchst erboßt, denn er interpretierte solche Anwandlungen als Charakterschwäche und daher eines echten Mannes nicht würdig. Um eine Spur grimmiger geworden als er ohnehin schon war, und mit einer Menge Sarkasmus im Ton, richtete er daher an Maria-Magdalena die Frage: „Na, wohin des Wegs, du stolze Frau? Hast du keine Angst, so ganz alleine und ohne Schutz durch fremde Gegenden zu laufen?" „Ich habe mehr Schutz, als du zu ahnen vermagst, Saul! Mir wird vom Himmel aus Schutz gewährt. Gegen diesen Schutz kommen sämtliche Armeen der Welt nicht auf. Der Geleitschutz des Kaisers ist harmlos gegen den Schutz der Engel im Himmel, den ich genieße! So, nun weißt du es, Saul von Tarsus!"

Dieses selbstsichere Auftreten Maria-Magdalenas verschlug Saul doch glatt die Sprache. Er musste erneut nach Luft schnappen. „Das ist doch die Höhe, Weib!", konterte Saul: „Ich habe das komische Gefühl, du nimmst mich nicht ernst – und überhaupt: Woher kennst du meinen Namen?"

„Ich weiß ihn einfach, begnüge dich damit!", gab Maria-Magdalena zurück. „Aber über eine visionäre Eingebung erfuhr ich wie du aussiehst! Im Übrigen bin ich Christin, und mir wurde von oben der Auftrag erteilt, dich, Saul, vom Evangelium dessen zu überzeugen, den du verfolgst!"

Saul schnappte zum dritten Mal nach Luft. Dann presste er hervor: „Dass du Christin bist, das wusste ich schon bevor ich mein Pferd vor dir zum Stehen brachte, Weib!", und fügte ironisch hinzu: „Du darfst nicht denken, ich hätte kein Gefühl für euch Christen, es ist nur - wie will ich es sagen – mehr von wölfischer Art, wenn du verstehst, was ich meine! Ich rieche die Christen regelrecht! Ich rieche sie schon bevor ich sie sehe! Euch alle zu verhaften, das ist mein Lebenswerk! War das deutlich genug?"

Darauf antwortete Maria-Magdalena ruhig und gelassen: „Deutlich genug, Saul, ist die Tatsache, dass du dringend Hilfe benötigst, und zwar mehr, als ich ursprünglich glaubte. Das Geistige in dir, der Göttliche Funken, ist verdunkelt. Ich möchte dir helfen ihn zum Leuchten zu bringen, damit du von deinem falschen Tun umkehrst, damit du begreifen lernst, dass du nichts weißt! Doch du sollst und musst weise werden. Du musst lernen, gegenüber Andersgläubigen Toleranz zu entwickeln, und in Bezug auf alle Menschen die Nächstenliebe!"

Sauls Gesicht wechselte die Farbe. Dann sagte er drohend: „Willst du damit sagen, dass ich geisteskrank bin, und nicht mehr Herr meiner Sinne?" „In gewisser Hinsicht – ja, Saul!", gab Maria-Magdalena unerschrocken zurück.

„Verhaften!!", brüllte Saul seine Soldaten an, während er seinen Kopf zu ihnen herumschnellen ließ, und gleichzeitig mit seiner ausgestreckten Rechten auf Maria-Magdalena wies. „Nehmt sie in Gewahrsam, reitet zurück zu dem Turm neben der Zitadelle, und sperrt sie zu den anderen Christen!"

Maria-Magdalena ließ sich ohne Gegenwehr festnehmen. Sie dachte nicht an Flucht. Stattdessen blickte sie, während sie von zwei römischen Soldaten an den Armen gepackt wurde, nochmal in das Gesicht von Saul. Zuerst wollte Saul dem Blick ausweichen, denn er sagte sich: „Den Blick einer Person die man verachtet, ignoriert man einfach! Ihn zu erwidern, wäre zu viel der Ehre für sie!" Allein Saul vermochte dies nicht – nicht bei Maria-Magdalena! Der weiche Ausdruck ihrer blauen Augen fesselte ihn sekundenlang. Saul konnte nicht umhin bei sich selbst zuzugeben, dass Liebe, Weisheit und Herzensgüte aus diesen Augen sprachen. Entsetzt stellte Saul in diesen Sekunden fest, dass er im Begriff war, im Herzen etwas weicher zu werden, und dachte bei sich: „Das hätte mir gerade noch gefehlt!" Dann wandte er sich von der blonden Christin ab.

Saul lief zu dem Soldaten, der das Kommando über die Nachhut hatte, welche Maria-Magdalena zu dem Turm an der Zitadelle bringen sollte, und sagte ihm: „Ich möchte nicht, dass ihr Fesseln angelegt werden – und wenn ihr sie zu den anderen Christen gebracht habt, dann sorgt dafür, dass sie gut behandelt wird..... und noch etwas: Lasst es auch den anderen Christen besser gehen, die wir dort untergebracht haben – es sind schließlich ihre Glaubensgenossen! Dem Wächter und den Soldaten aber sage, dass dies nicht aus Sympathie für die Christen geschieht, sondern deshalb, um sie bis zu ihrem Prozess in Jerusalem gesund zu halten. Ich möchte nicht, dass man denkt, ich sei nicht mehr Herr meiner Sinne!

„Das darf doch nicht wahr sein!", gab der Soldat, der Lucius hieß, fröhlich lächelnd zurück, denn er hatte es bislang für unmöglich gehalten, dass Saul ein Herz haben könnte. Dann setzte er zu der typischen Frage an, die man in solchen Fällen öfter stellt: „Du bist doch nicht etwa....?"

„Nein! Das bin ich nicht!", beantwortete Saul grob die unausgesprochene Frage, ob er sich in diese Engelin auf Erden verliebt habe. „Und nun verschwinde endlich und bringe die Christin fort!"

Maria-Magdalena durfte sich in ihrer Zelle frei bewegen. Die römischen Soldaten, von denen sie bewacht wurde, behandelten sie nicht wie eine Gefangene, sondern wie einen Gast. Den anderen Christen wurde ihr Los erleichtert, und sie bekamen mehr zu essen.

Die blonde Christin verbreitete auch dort das Evangelium. Mit Hilfe des Göttlichen Geistes gelang es ihr, einige von den Soldaten für ihre Himmelsbotschaft zu gewinnen. Natürlich gab es auch Spötter unter ihnen. Doch solange es diese bei ihren spöttischen Bemerkungen beließen, die Christin ansonsten aber nicht weiter belästigten, bedeutete dies für Maria-Magdalena keine Belastung.

Zu einem durch sie gläubig gewordenen Soldaten sagte sie einmal: „Wie soll es angehen, die Schönheiten und Qualitäten des Himmels zu erfassen und als existierend zu begreifen, wenn man die eigenen Qualitäten, die eigenen hohen moralischen Werte, die in den Tiefen der Seele vergraben liegen, noch nicht ausgegraben hat? Wie soll jemand an das Licht glauben können, wenn er die Dunkelheit in seiner Seele noch nicht bis zum Ende durchlaufen hat, wo ihn dann der erste Lichtschimmer erwartet? Oder bringen etwa Gold und Edelsteine Gewinn, solange sie noch irgendwo im Innern der Erde vergraben liegen?"

Saul war mit den römischen Soldaten in Richtung Damaskus weitergeritten. Die Soldaten bezeichneten ihn unter sich oft als grausame Bestie, als den „Reißenden Löwen von Israel", hüteten sich aber, ihm dies zu sagen. Warum er ausgerechnet mit der blonden Christin so menschlich umging, und dann auch noch Hafterleichterung für sie und ihre Glaubensbrüder anordnen ließ, bezüglich dieser Frage wagten sie es nicht, in ihn zu dringen.....

Kapitel 49

DAS LICHTEREIGNIS VOR DAMASKUS

Zwei Tage war Saul mit seiner Soldatenabordnung bereits unterwegs. Sie kamen Damaskus immer näher, der Stadt, in welcher weitere Christenverhaftungen vorgenommen werden sollten. Allein Saul ahnte nicht, welch gewaltige Schicksalswende ihm dieser zweite Tag bringen würde, denn noch sprach er von den „Rattenlöchern" der Christen, die er in Damaskus auszuheben gedenke.....

Es war inzwischen Nachmittag geworden. Saul und seine Begleiter ritten ein Stück durch die syrische Wüste. Kurz vor Damaskus geschah es dann: Die Athmosphäre veränderte sich plötzlich. Den Männern war, als hätten die Kräfte des Kosmos die Wüstenluft in ein singendes Fibrieren gebracht. In Verbindung damit vernahmen sie ein leises Rauschen, das sich wellenförmig verbreitete. Den Männern war unheimlich zumute. Trotz der Hitze fröstelte es ihnen, und eine Gänsehaut zog sich über ihre Rücken. Dann sahen sie eine unglaubliche Lichtfülle am Himmel. Die Männer spürten, dass diese Art von Licht nichts mit der Sonne da oben zu tun hatte.

Saul hingegen sah und hörte noch mehr. Er erblickte nicht nur diese unglaubliche, gleisende Lichtfülle, und er hörte nicht nur dieses unirdische Singen: Er sah am Himmel, im Zentrum der Lichtfülle, ein faszinierendes Strahlungsgebilde. Es handelte sich um ein Abbild des ewig strahlenden, multidimensionalen Sternenkreuzes der Göttlichen Sphäre.

Dies war zuviel für Saul. Der Mann, den, wie er selbst glaubte, nichts auf der Welt erschüttern konnte, stürzte vom Pferd und blieb benommen liegen. Wie ein Wurm lag er da im staubigen Sand, einer Ohnmacht nahe. Dann hörte Saul eine Stimme wie er noch nie eine vernahm. Ihm war, als käme sie aus den unendlichen Tiefen des Kosmos. Saul spürte, dass sich über diese Stimme eine Macht zum Ausdruck brachte, die über ein, alle Grenzen des menschlichen Fassungsvermögens übersteigendes, grenzenloses All-Bewusstsein, verfügte.

Die Stimme sagte: „Saul! - Saul von Tarsus! - Warum verfolgst du mich?" Saul aber stammelte: „Wer bist du, Herr?" „Ich bin Jesus, der Christus, den du in zerstörerischer Absicht verfolgst! Stehe auf und gehe nach Damaskus. Dort wird dir gesagt werden, was mit dir geschehen wird, und wofür ich dich auserwählt habe!"

Kurz darauf verschwanden die Stimme und die Lichtfülle am Himmel. Saul erhob sich mühsam. Erschrocken stellte er fest, dass er blind geworden war. Von den Soldaten musste er sich in die Stadt hineinführen lassen. Saul wurde in das Haus eines Christen geführt. Dieser Christ hieß Judas. Bei diesem Manne sollte er sich erholen. Doch zunächst verweigerte Saul die Nahrungsaufnahme. Er wollte nichts trinken, und noch viel weniger etwas essen.

Ananias, ein Jünger Jesu und wohnhaft in Damaskus, empfing eine Vision: „Stehe auf und gehe zur sogenannten „Geraden Straße". Dort frage im Hause des Judas nach einem Mann namens Saul von Tarsus. Er betet gerade. Dabei wurde ihm in einer Vision dein Bild gezeigt, Ananias. In der Vision wurde ihm auch mitgeteilt, dass er wieder zu sehen vermögen wird, nachdem du ihm deine Hände segnend aufgelegt haben wirst!"

„Aber dieser Mann ist ein Mörder, ein Verbrecher, dem nichts heilig ist!", gab Ananias zur Antwort. „Er und seine Kumpanen, die verbrecherischen Hohenpriester, stecken unter einer Decke. Wenn es darum geht uns Christen auszurotten, schrecken sie vor keiner Gemeinheit zurück!" Daraufhin sagte der Geist des Himmels zu Ananias: „Suche Saul nur auf, und habe keine Furcht, denn dieser Mann ist mein auserwähltes Werkzeug. Er wird meinen Namen unter Könige bringen, unter viele Völker und in alle Regionen Israels. Ich werde ihm auch zeigen, wie viel er um meines Namens willen leiden muss, ebenso wie meine Brüder und Schwestern durch ihn für ihren Glauben haben leiden müssen!"

Als Ananias im Hause des Judas war und Saul zu Gesicht bekam, empfand er regelrecht Mitleid mit ihm, denn Saul machte in seiner Blindheit einen recht erbarmungswürdigen Eindruck. Ananias aber legte ihm die Hände auf und sagte: „Mir wurde von oben aufgetragen dich wieder sehend zu machen, denn du bist dazu ausersehen, vom Heiligen Geiste erfüllt zu werden!"

In diesem Augenblick wandelte sich Sauls Geist, und er begann plötzlich den Christus zu preisen. An seinem Gesicht und am Ausdruck seiner Augen erkannten die anwesenden Christen, dass Sauls plötzliche Wandlung wirklich echt war. Sie schenkten ihm sofort ihr Vertrauen. „Nach 3 Tagen Blindheit sehe ich nun endlich wieder!", sagte Saul erleichtert zu Ananias. „Du siehst nicht wieder, Saul, sondern zum ersten Mal!", entgegnete der Jünger.

Gegen dieses Argument hatte Saul absolut nichts einzuwenden. Wie recht hatte doch Ananias damit. Dann ließ sich Saul von Ananias im Namen Christi taufen. Danach umarmten sich die beiden Männer und waren glücklich. Auch alle anderen Christen im Hause ließen es sich nicht nehmen, Saul zu umarmen.

Saul von Tarsus nannte sich von nun an Paulus. Und obwohl er seine Arbeit für das Evangelium noch nicht aufgenommen hatte, wusste seine Seele schon längst, dass er zum Apostel der Völker werden würde.....

(Anmerkung: Paulus wurde in der hellenistischen Stadt Tarsus in Zilizien als Sohn strenger jüdischer Eltern geboren. Man gab ihm den Namen Schaul, bzw. Saul. Zum Zeichen des seiner Familie zu eigen seienden römischen Bürgerrechts, erhielt Saul auch noch als Cognomen, (Beinamen), den lateinischen Namen Paulus. Um nicht mehr allzu sehr an die sogenannte „Blinde Phase" der ersten Hälfte seines Lebens erinnert zu werden, weil er dies als zu große seelische Belastung empfunden hätte, ließ er sich vom Zeitpunkt seiner christlichen Taufe ab nur noch mit seinem lateinischen Beinamen Paulus anreden).

Kapitel 50

PAULUS RETTET MARIA-MAGDALENA

Die erste Amtshandlung des nunmehrigen Apostels bestand darin, sofort dafür zu sorgen, dass Maria-Magdalena so schnell wie möglich aus der Haft entlassen wird - und natürlich mit ihr alle anderen Christen, die dort gefangen gehalten wurden. Diese Menschen mussten, so schnell es irgend ging, befreit werden.

Paulus wusste auch schon wie. Er musste für diese Befreiungsaktion nochmal in die Rolle des Christenverfolgers Saul schlüpfen. Die Soldaten, die alles mit erlebt hatten was mit Paulus geschah, von dem Lichtereignis in der Wüste bis zu seiner Bekehrung, konnte er für seinen Plan gewinnen, denn auch sie waren inzwischen davon überzeugt, dass hier auf unerklärliche Weise der Himmel seine Hände im Spiel hatte. Gewiss hatten die Soldaten hier und da noch gewisse Zweifel. Diese wurden aber durch die Beredtsamkeit und Überzeugungskraft von Paulus und Ananias gänzlich beseitigt.

Am gleichen Tag noch machten sich der „Christenverfolger Saul" und die Soldaten auf den Weg, um Maria-Magdalena und die anderen Christen durch ein entsprechendes Täuschungsmanöver bezüglich der dortigen Wachen, aus ihrer Gefangenschaft zu befreien. Als sie zwei Tage später ankamen, wunderten sich die dortigen Wachen, dass Saul diesmal ohne Christen kam. Einer der Soldaten, offensichtlich der Gröbste von allen, ging auf das

Pferd zu, auf dem „Saul" saß, und fragte ihn schmutzig grinsend: „Na, wo hast du das Pack gelassen, Saul? Sicherlich hast du dieses Gewürm gleich an Ort und Stelle niedergemacht, weil dich sein Anblick angewidert hat, nicht wahr?"

Am liebsten wäre Paulus mit einem Satz vom Pferd herunter gehechtet, um diesem menschlichen Abschaum sämtliche Knochen zu brechen und um ihn dann den Geiern zum Fraß vorzuwerfen. Aber er musste sich beherrschen. Diese charakterlose Kreatur durfte keinen Verdacht schöpfen, denn es könnte ihr immerhin gelingen, noch im letzten Augenblick die Befreiung der Christen zu vereiteln. Zumindest aber könnte sie eine Menge Probleme heraufbeschwören, die besser erst gar nicht aufkommen.

„Ich habe dieses Pack nicht nieder gemacht, Krusus, denn das wäre gegen die Abmachung zwischen den Hohenpriestern und mir!", gab Paulus äußerst beherrscht zur Antwort. „Ich habe auch keinen Christen gefangen genommen, denn ich hätte ohnehin nur wenige zusammenbekommen. Einige wären entkommen und hätten den Großteil der Christen gewarnt. Für die wenigen Christen, die ich am Ende wirklich gehabt hätte, wäre mein Aufwand an Zeit und Mühe zu groß gewesen. Aber ich habe in Erfahrung gebracht, dass die Christen in Damaskus ab und zu eine größere Versammlung abhalten, und zwar in geheimen Verstecken. Warum also hätte ich mir die Mühe machen sollen, sämtliche Häuser, Keller und Katakomben von Damaskus nach Christen zu durchsuchen, wenn ich sie alle, zumindest aber den größten Teil, während ihrer Versammlung überraschen und verhaften kann? Dadurch sparen wir eine Menge Arbeit und Ärger. Die Christen, die wir hier haben, werde ich schon so weit bringen, dass sie uns die Verstecke ihrer Glaubensgenossen verraten. Ich muss sie also alle mitnehmen. Außerdem benötige ich sie auch deshalb, um mit ihnen, falls es notwendig werden sollte, die anderen unter Druck zu setzen!"

„Ich wusste, dass du genial bist, Saul!", sagte Krusus, und rieb sich dabei in sadistischer Vorfreude die Hände. Paulus musste erneut den Ekel niederkämpfen, der ihn beim Anblick dieses Widerlings beschlich. Bei sich dachte er: „Gewiss, ich habe als

Saul viele Christen einkerkern lassen, aber so ein abscheulicher Widerling wie dieser Krusus war ich nie. Ich habe die Christen nicht aus Lust an Gemeinheit und Brutalität verfolgt, sondern weil ich irrtümlicherweise glaubte, für eine moralisch gerechtfertigte Sache zu kämpfen - und weil ich mit mir selbst große Probleme hatte!

Wenn ich auch zu Maria-Magdalena, kurz bevor ich sie verhaften ließ, sagte, dass meine Gefühle für die Christen von wölfischer Art seien, so habe ich das im Grunde doch nicht so gemeint. Aus einem Gefühl der Hilflosigkeit dieser bewundernswerten Frau gegenüber bin ich so ironisch zu ihr gewesen, und als ich die Soldaten anbrüllte, dass sie sie verhaften sollen, dann nur deshalb, weil ich mich ihr gegenüber so entsetzlich armselig vorkam.....

Von da ab, wo ich Maria-Magdalena abführen ließ, plagte mich ständig mein Gewissen, und immer wieder befahl ich mir: Gib es endlich zu, du armseliger Haufen Mensch, dass diese Frau einen besseren Charakter hat als du, dass sie eine reine Seele hat, während deine in den Niederungen des Dunkels dahinsiecht! Aber trotzdem: So voll von Gemeinheit ist meine Seele nicht, wie es bei diesem Krusus der Fall ist, der anscheinend nur aus Gemeinheit und Brutalität besteht – der Himmel ist mein Zeuge!"

Krusus hatte nicht bemerkt, dass Paulus minutenlang über sich selbst nachdachte, denn er begab sich in die Schreibstube, um die üblichen Tagesberichte zu holen, die er dann „Saul" unterbreiten wollte. Dieser las sie durch, und sagte dann zu Krusus: „Gehe hin zum Wächter und sage ihm, dass er mir alle Christen übergeben soll!"

„Selbstverständlich!", sagte Krusus, während seine Augen das wieder ausdrückten, wozu seine Seele fähig war: Zu Gemeinheit und Niedertracht! „Du meinst also, die Christen in Damaskus könnte man mit nichts besser erpressen und unter Druck setzen, als mit den Christen, die wir hier haben?"

„Genau!", sagte Paulus. „Und nun beeile dich!" Als Krusus gegangen war dachte Paulus bei sich: „Gemeinheit und Niedertracht können manchmal auch nützlich sein, denn sie blenden die Sinne. Dadurch verhindern sie oft, dass die wahre Absicht dessen, mit dem sich der Niederträchtige bespricht, nicht durchschaut wird.

Die Situation zwischen Krusus und mir ist ein Beispiel dafür. Er hat mich nicht durchschaut. Er glaubt, ich stünde auf seiner Seite. Seine Gedanken sind so sehr von niedrigsten Motiven beseelt, dass er gar nicht in die Lage kommt, Verdacht zu schöpfen. Er ist in Bezug auf feingeistige Empfindungsfähigkeit so sehr abgestumpft, dass er auch dann, wenn er einen Menschen schon länger kennt, gar nicht merkt, wenn sich in diesem ein positiver Wandel vollzieht. Wenn Krusus ein ehrenhafter Mensch mit Charakter wäre, könnte ich offen mit ihm reden. So aber steckt er voller Niedertracht - womit ich nun leider gezwungen bin, mir diesen niedrigen Charakter zur Befreiung der Christen nutzbar zu machen, indem ich so tun muss, als hätte ich meine helle Freude an der Vernichtung der Christen!

Ungefähr eine Stunde später standen die wenigen Christen, die man dort gefangen gehalten hatte, abfahrbereit vor Paulus. Mit Maria-Magdalena waren es neun an der Zahl. Paulus gab Krusus einen versiegelten Brief, den er dem nächsten Kurier für den Tempel in Jerusalem mitgeben sollte.

Um den Schein zu wahren wurden die Christen gefesselt auf einen Wagen gesetzt, der nur bei Gefangenentransporten Verwendung fand. Dann begab sich der Zug auf den Weg nach Damaskus. Erst als man weit genug von der Gefahrenstelle entfernt war, ließ Paulus anhalten. Die Christen bekamen die Fesseln abgenommen. Diese waren darüber nicht überrascht, denn Maria-Magdalena hatte sie in alles eingeweiht. Sie hatte ihnen während der vier Tage Gefängnis erzählt, was demnächst alles geschehen würde, wie z.B. auch, dass der gefürchtete Saul sehr bald als Apostel Christi zurückkehren würde.

Als Maria-Magdalena der Fesseln ledig war, ging sie glücklich strahlend auf Paulus zu. Sie umarmten sich und sahen sich lange in die Augen. Dann sagte die feuergeistige Christin: „Ich wusste von Anfang an, dass all dieses geschehen würde. Du gehörst zu den Menschen, die ich sehr liebe, denn dein Wandel vom Furcht erregenden Saul, zu Paulus, dem Apostel Christi, ist vollzogen. Ich bin glücklich, dass es dich gibt, Paulus, Apostel Christi und baldiger Apostel der Völker. Ich danke dem Himmel dafür, dass er mich als Werkzeug zu deiner Bekehrung auserwählt hat!"

In Damaskus angekommen, freuten sich Ananias und die anderen Jünger riesig, dass die Befreiung der Christen durch Paulus und die Soldaten so wunderbar geklappt hat. Nach der freudigen Begrüßung machten sich die Ankömmlinge frisch, aßen und tranken etwas, und begaben sich dann zur Ruhe.

Kapitel 51

PAULUS ERTEILT MARDOK EINE LEKTION

In den kommenden Tagen predigte Paulus, getrieben vom Heiligen Geiste, überall wo hin er kam, und in den Synagogen von Damaskus. Er wurde es nie müde von dem Wunder seiner Bekehrung zu erzählen, und nie vergaß er Maria-Magdalena vor den Menschen für ihren bewunderungswürdigen Einsatz, und für ihre Selbstaufopferung zugunsten der Verbreitung des Evangeliums, gebührend zu würdigen.

Natürlich traten einige Juden auf den Plan, die jede Gelegenheit wahrnahmen, um Paulus eins auszuwischen. „Es ist sicher nicht angebracht", sagte einer von ihnen, „dass du diese Maria-Magdalena in der Öffentlichkeit so über die Maßen würdigst, Paulus, sie ist immerhin nur ein Weib!"

„Die Ameise auf dem Feld, Mardok, hat mehr Verstand als du!", gab Paulus angewidert zurück, und fuhr fort: „In dem Stroh, das man zum Brennen von Ziegeln verwendet, liegt mehr Weisheit verborgen, als aus deinem Kleingeist je hervor kommen kann, du morscher Zweig einer zum Untergang verurteilten und vom Himmel sehr weit entfernten Moralvorstellung. Du und Deinesgleichen, ihr bewegt euch ständig auf dem Weg, den euch der Teufel vorgezeichnet hat, denn würdet ihr z.B. Salomon wirklich nacheifern, mit dem ihr euch ständig brüstet, dann würdet ihr auch so reden und so handeln wie dieser, oder hast du vergessen, welch Loblied der große Salomon über die wackere Frau geschrieben hatte? Hast du vergessen, dass er dieses Loblied deshalb schrieb, damit die ganze Welt, Generation für Generation, lernt, wie man mit der edlen Frau umzugehen hat? Ich will deinem Gedächtnis ein wenig auf die Sprünge helfen, du menschliche Ruine mit dem Verstand eines Wurms, höre also gut zu, denn ich erachte es als dringend notwendig, wenigstens die wichtigsten Stellen aus Salomons Loblied auf die Frau hier nochmal zu wiederholen!" Dann hob Paulus den Kopf und sprach, etwas lauter geworden, zu Mardok, wie auch zu der Menschenmenge, die anwesend war:

„Eine wackere Frau, wer wird sie finden? Ihr Wert steht weit über Korallen. Das Herz ihres Mannes vertraut auf sie...Sie erweist ihm Gutes, und nichts Böses, alle Tage ihres Lebens...Sie gürtet ihre Lenden mit Kraft und stärkt ihre Arme...Sie breitet ihre Hand aus zu dem Elenden und hilft dem Bedürftigen. Macht und Hoheit sind ihr Gewand. Sie tut ihren Mund auf mit Weisheit und liebreiche Lehre ist auf ihrer Zunge. Sie isst nicht das Brot der Faulheit. Ihre Kinder stehen auf und preisen sie glücklich; ihr Mann steht auf und rühmt sie: Viele Töchter haben wacker gehandelt, Du aber hast sie alle übertroffen! Die Anmut ist Trug, und die Schönheit ist Eitelkeit. Eine Frau, die den Himmel im Herzen hat, diese wird gepriesen werden. Gebt ihr von den Früchten ihres Geistes und ihrer Hände, und überall werden ihre Werke sie preisen!"

Etliche aus der Volksmenge, die aus Syrern, Juden, Römern und Griechen bestand, pflichteten dem Apostel völlig bei. Paulus vernahm es, freute sich darüber, und verwahrte es in seinem Herzen. Dann wandte er sich an Mardok:

„Was sagst du nun, Mardok? Widerspricht dieses salomonische Loblied nicht ganz gewaltig dem lächerlichen und armseligen Kommentar, mit dem du gegen Maria-Magdalena vorgehen wolltest? Ich will dir noch etwas sagen: Maria-Magdalena war es, die mich, erfüllt vom Geiste des Himmels, aus meiner seelischen Hölle, aus meiner Verzweiflung und aus meiner fürchterlichen Qual herausholte. Sie war es, die mir in Liebe den Weg ebnete, damit meine gequälte Seele den Himmel schauen durfte - aber du, Mardok, bist viel zu dumm, um auch nur ein einziges Wort davon richtig zu verstehen!"

Kreidebleich, und im Herzen voller Zorn, schlich Mardok gedemütigt davon. Paulus aber wandte sich wieder der Menge zu, und sprach mit Feuereifer von den großen Taten des Messias, und verkündigte das Evangelium vom Reich der Himmel.

Kapitel 52

DAS SEXUALPROBLEM WIRD DISKUTIERT

Im Verlauf der Zeit tauften Paulus und Ananias viele Menschen. Maria-Magdalena und die anderen Frauen waren indessen ständig damit beschäftigt stets für das Nötige zu sorgen, damit es Paulus, Ananias und die anderen Jünger, so bequem wie möglich hatten, denn diese alle waren von morgens bis abends, also unermüdlich, im Dienste des Evangeliums tätig, auch während der Arbeit, welche ja wegen des Lebensunterhaltes nötig war.

Eines Abends saßen Paulus, Ananias, Maria-Magdalena und Bethsabe, im Hause des Ananias zusammen. Man besprach sich über den Status der Frau im Zeitalter des Patriarchats, wie krankhaft dieser Zustand sei, und über das Wesen der Sexualität aus der Perspektive des Evangeliums:

„Ich muss zugeben", sagte Paulus, „dass ich lange Zeit ein höchst ungesundes und gestörtes Verhältnis zu den Frauen hatte. Die pharisäische Schule, durch die ich ging, hat ihren Teil dazu beigetragen - und dieser Teil, Freunde, war beachtlich. Natürlich trage ich die Hauptschuld daran, denn ich hätte ja rechtzeitig durch richtiges Beten dafür sorgen können, dass allen negativen Einflüssen, denen ich durch die Pharisäer und Schriftgelehrten, wie auch zum Teil durch meine Familie, ausgesetzt war, der Nährboden entzogen wird. Natürlich hätte ich von allen Seiten her Schwierigkeiten bekommen. Aber was ist wichtiger: Leben im Sinne der Göttlichen Gesetze, und zwar so, wie sie wirklich sind, oder mit einer Lüge leben, nur um der Welt und meiner eigenen, völlig falsch verstandenen Männlichkeit, zu schmeicheln, und dies noch um den Preis der Unterwerfung der Frauen?"

„Recht hast du, Paulus!", gab Ananias zur Antwort. „Sicher bist du auch schon dahintergekommen, weshalb du ausgerechnet durch Maria-Magdalena zur Bekehrung geführt worden bist, und nicht durch einen männlichen Christen!" „Natürlich habe ich den Grund dafür erkannt!", gab Paulus zur Antwort, und begann zu erklären: „Die Gesetze des Himmels sorgen dafür, dass man zum jeweils rechten Zeitpunkt stets mit dem intensiv konfrontiert wird, womit man die meisten Probleme hat. Ich hielt in meiner geistigen Verirrung Frauen für minderbegabt, oder, grob ausgedrückt, für geistig unterentwickelt.Und was war die Folge? Ich wurde mit diesem für mich sehr großen Frauenproblem zum richtigen Zeitpunkt auf ganz gewaltige Weise konfrontiert, und zwar durch Maria-Magdalena!"

Zu der besagten Christin gewandt, schloss Paulus: „Du hattest mich damals eines Besseren belehrt. Deine Worte waren so geistvoll und so voll Kraft, dass ich mich nach deiner Verhaftung ernsthaft fragen musste, wer denn da wem in Wahrheit überlegen war! Ich dir, oder du mir? Am gleichen Tag noch begriff ich, dass du mir überlegen warst, denn während ich dich verhaften ließ, hattest du bereits mit der Hilfe der Göttlichen Allmacht damit begonnen, meinen Geist zu entrümpeln - und von da ab, geliebte Schwester, begann meine Heilung!"

„Ich möchte noch auf einen ganz wichtigen Aspekt hinweisen, Paulus!", sagte Ananias: „Und zwar auf das Problem der Sexualität! Da sich, vor allem in der jüdischen Religion, dieses so heikle Thema als religions-pädagogischer Bestandteil nie behaupten konnte, kam es zu Absonderlichkeiten in allen Bereichen des menschlichen Verhaltens, zu Perversitäten in der geschlechtlichen Beziehung zwischen Mann und Frau, zu Kindesmissbrauch, Sodomie, Homosexualität und sogar zu Negrophilie. Es kam zu Abnormalitäten in den Bereichen der Wirtschaft, der Politik, im gesamten Sozialwesen, zu einer unüberschaubaren Fülle an Verbrechen, zu Intoleranz gegenüber anderen Kulturen und Religionen und zu Rassenhass!"

„Ich finde es gut, dass du diesen Punkt ansprichst, Ananias!", sagte Paulus, und erklärte gleich darauf: „Ihr könnt euch keine Vorstellung machen, welch gewaltiges Problem die Sexualität für mich bedeutete. Über dieses Problem sprach ich nie mit jemandem. Ich hätte wohl auch kaum jemanden gefunden, der dafür geeignet gewesen wäre. Also verschaffte sich dieses, selbstverständlich in erster Linie geistige Problem, in mir auf andere Weise Luft. Ich begann alles und jeden zu hassen, aber am allermeisten wohl mich selbst!

Als ich damals, vor vielen Jahren, in Tarsus einem 17-jährigen Sklavenmädchen das Leben vor einer tollwütigen Hyäne rettete, entwickelte sich danach zwischen ihm und mir eine intime Beziehung. Allerdings war diese nur von kurzer Dauer. Das Schlimmste aber war, dass mich diese Beziehung danach viele Jahre lang sehr stark belastete. Ich verfluchte mich als sei ich ein Sohn des Teufels. Ich verfluchte aber auch dieses 17-jährige Mädchen, das Tabitha hieß, als wäre sie ein vom Teufel gesandter Dämon gewesen. Und heute weiß ich ganz genau, dass mein damaliges grauenhaftes Verhältnis zur Sexualität wesentlich dazu beitrug, dass ich die Jünger Jesu später dann so grausam verfolgte.

Heute aber kann ich sagen, dass ich endlich ein einigermaßen gesundes Verhältnis zur Sexualität habe, denn ich weiß nun, dass es sich bei ihr um eine vom Himmel verliehene Kraft handelt, die umfassend wirkt und alles durchdringt, was der Mensch denkt und tut. Ich bin inzwischen weit davon entfernt, irgend jemandem, ob Mann oder Frau, wegen seiner körperlichen Liebesbeziehungen, die er zu irgend einem Menschen unterhält, auch nur die leisesten Vorwürfe zu machen. Der Teufel ist es, der die körperliche Liebe verteufelt, ebenso alle jene, die er ganz schön im Griff hat, wie es bei mir viele Jahre lang der Fall war!"

„Vor allem aber ist es wichtig, dass die Menschen begreifen lernen worauf es hier überhaupt ankommt!", ergänzte Ananias: „Bei allem was man macht, muss darauf geachtet werden, dass das Gleichgewicht der geistigen Kräfte gewahrt bleibt, oder bei vorhergegangener Verletzung wieder hergestellt wird. Die Normalität muss also angestrebt werden - und was normal ist, das bestimmen nicht die Menschen, sondern die Gesetze des Himmels. Die Gesetze des Himmels aber halten die geschlechtliche Enthalthaltsamkeit, sofern sie unter selbst auferlegtem Zwang, im Klartext: Selbstvergewaltigung, stattfindet, keineswegs für normal, ebensowenig die Enthaltsamkeit, die einem Menschen von falsch denkenden, religiösen Dogmatikern, aufgezwungen wird.

Das Evangelium Christi ist grundsätzlich gegen erzwungene Enthaltsamkeit, denn das ist es absolut nicht, worauf es ankommt. Es ist aber auf jeden Fall dafür, dass die Gesamtheit der Sexualproblematik, in welcher der Geschlechtstrieb einen enorm schwergewichtigen Anteil hat, bei sozialen, psychologischen oder religionsphilosophischen Besprechungen gebührend behandelt wird. Dies kann, je nach Inhalt, stattfinden wenn Männer und Frauen zusammensitzen, oder wenn nur Männer zusammenkommen, oder nur Frauen. Wichtig ist hier nur, dass den zu behandelnden Problemen ein würdiger Rahmen zugrundegelegt wird, und dass Ethik und Schamgefühl dabei nicht verletzt werden!"

Da meldete sich Bethsabe zu Wort: „Was ihr beiden bis jetzt über das Thema der Sexualität gesprochen habt, kann ich an jedem Punkt nur bestätigen. Ich hatte, bevor mich Maria-Magdalena in Jerusalem in ihre Dienste stellte, einen Freund. Wir waren nicht verheiratet gewesen. Die Liebe, die wir füreinander hatten, war eine Reine Liebe. Wir hielten unsere Liebe aus Sicherheitsgründen geheim. Doch es sollte nicht sein, dass wir zusammenbleiben. Es kam zwar zur Trennung, aber wir behielten uns auch danach gegenseitig in guter Erinnerung.

Auch mein Freund ist schon vor längerer Zeit zu einem Jünger Jesu geworden. Er blieb eine gewisse Zeit in Judäa, dann begab er sich mit einigen anderen Jüngern nach Idumäa. Ich weiß, dass es so sein muss, dass wir uns in diesem Erdenleben nicht mehr begegnen. Aber irgendwann, wenn der Prozess unseres Wirkens und Reifens hier auf Erden abgeschlossen ist, werden wir wieder zusammenkommen. Ich weiß, dass wir uns da oben im Paradies wieder glücklich in die Arme nehmen dürfen. Aber bis dahin muss jeder von uns beiden seinen eigenen Weg der Reife gehen!" „Ich gebe euch Beiden dazu von Herzen meinen Segen!", gab Maria-

Magdalena daraufhin mitfühlend zur Antwort. Paulus und Ananias pflichteten ihr bei.

Dann begann Maria-Magdalena, bezugnehmend auf das bereits Besprochene, nochmal darauf hinzuweisen, dass sie selbst einmal in früherer Zeit ein Leben der Prostitution geführt habe: „Ich spürte damals eine große geistige Leere in mir", sagte sie, „trotz der vielen niveauvollen Unterhaltungen mit meinen Freiern aus der gehobenen Gesellschaft. Diese Leere wurde für mich am Ende zur regelrechten Qual.

Johannes der Täufer wusste von meiner Lebensart, und er hatte mich nicht verdammt. Später war es der Messias, der darüber bescheid wusste, und er hatte mich nicht verdammt, im Gegenteil: Er nahm mich in die Arme, gab mir einen Kuss auf die Stirn, und versicherte mir, dass ich noch Großes für das Evangelium leisten würde.

Im Hause des Anwalts Simon in Kapernaum nahm mich Jesus gegenüber diesem Mann in Schutz. Der Anwalt hatte mich gedemütigt, und er wäre wohl mit seinen Beleidigungen fortgefahren, wenn Jesus ihn nicht zurechtgewiesen hätte. Dabei, liebe Freunde, ruhte die rechte Hand des Messias sanft auf meinen Haaren. Er hatte mich, die ehemalige Prostituierte, vor den widerlichen Angriffen dieses Simon beschützt. Er tat es auf eine Weise, dass ich zutiefst erschüttert war. Ich konnte es einfach nicht fassen, dass ich von einer solch gewaltigen Größe aus dem Himmel überhaupt bemerkt wurde, und dann hat mich diese Größe auch noch vor einem Mann in Schutz genommen, der ein berühmter Jurist ist - da musste ich weinen!"

Daraufhin fuhr Ananias fort: „Wenn sich Nächstenliebe und Toleranz von Anfang an hätten behaupten können, dann könnte jeder Mensch mit seinem Partner vom anderen Geschlecht den intimen körperlichen Verkehr betreiben, ohne dabei ständig Angst haben zu müssen, etwas furchtbar Verwerfliches zu tun. Ob die beiden nun gemäß den menschlichen Gesetzen verheiratet wären oder nicht, würde dabei keine Rolle spielen, denn in diesem Fall würde der Göttliche Geist seine Hand schützend über das sich liebende Paar halten.

Die einzige Bedingung die der Himmel in einem solchen Fall stellt, ist diese, dass sich das Paar von Herzen liebt, und dass es der Heilige Wunsch von einem jeden der beiden Liebenden ist, alles zu tun, um etwas vom Sternenglanz des Himmlischen Paradieses in die Seele des geliebten Partners hineinstrahlen zu lassen.

Ein Geschlechtsverkehr, der unter solchen Bedingungen stattfindet, ist im Himmel bereits geheiligt, noch bevor damit begonnen wurde. Eine solch edle Form von Intimverkehr gäbe es überall auf der Welt - und wäre demnach, wie es gegenwärtig ja leider der Fall ist, absolut keine Seltenheit. Vor allem aber gäbe es keine Perversitäten auf der Welt, denn alle Menschen würden auf wunderbare Weise miteinander harmonisieren. Christus ist nicht deshalb gekommen, um den Geschlechtsverkehr zu verteufeln und abzuschaffen, sondern deswegen, um die Reine Liebe unter die Menschen zu bringen, denn wenn diese erst so richtig triumphiert, dann triumphiert sie immer! Dann verabschiedet sie sich nicht während des Intimverkehrs, um sich danach dann wieder zurückzumelden. Nein! Sie dominiert auch während dieser Zeit, indem sie sich selbst als Hauptmotivation den geschlechtlichen Intimitäten zugrunde legt!" „Ausgezeichnet Ananias!", lobte Paulus. „Das hast du wunderbar erklärt, genauso sehe ich es auch!"

„Damit, glaube ich, haben wir dieses Thema fürs Erste zur Genüge behandelt!", sagte Maria-Magdalena. „Bethsabe und ich werden sehen, dass wir diesen Stoff bei unseren Frauenveranstaltungen in der richtigen Dosis mit in die Gespräche einfließen lassen! Ich würde vorschlagen, dass wir jetzt schlafen gehen, denn es ist schon sehr spät!"

Kapitel 53

DIE LIST DES PAULUS UND DIE WUT DES KAIPHAS

So verging wieder einige Zeit. Die Zahl derer, die sich zum Christentum bekehren ließen, wuchs ständig. Der Respekt abverlangende Fleiß der Jünger und Jüngerinnen zeitigte seine Früchte. Das Wort Christi war auf fruchtbaren Boden gefallen. Viele von den neu Bekehrten wurden selbst zu aktiven Predigern des Evangeliums.

Aber es gab auch eine Menge tempeltreuer Juden, denen diese Entwicklung ganz und gar missfiel. Nicht wenige unter ihnen betätigten sich als Spitzel bei den Veranstaltungen der Christen und bei den Vorträgen in den Synagogen, welche hauptsächlich von Paulus und Ananias, aber auch von anderen geeigneten Jüngern abgehalten wurden. Stets wenn die Tempelspitzel glaubten, über genügend „heiße" Informationen zu verfügen, setzten sie die verantwortliche Pharisäerschaft davon in Kenntnis. Die Gegnerschaft des Christus hatte ein gut funktionierendes Informationsnetz aufgebaut. Was die Spitzel über das Organisationssystem der Christen und deren Pläne erfuhren, landete im Netz der Pharisäer-Opposition, damit es als belastendes Material gegen die Christen Verwendung finden konnte.

Hauptsächlich aber wollten die Pharisäer des Apostels Paulus habhaft werden, denn dieser Mann war in ihren Augen brandgefährlich. Diesbezüglich wussten sie was sie sagten, denn sie kannten ja ihren einstigen Kollegen schließlich zur Genüge. Nach ihrer Überzeugung war Saul der Stimme nach ein Nachkomme des Stentor, seinen sehr gut durchdachten Argumentationen nach ein Nachkomme des Sokrates, und dem Feuer seines Geistes nach, eine Inkarnation des Prometheus.

Außerdem vergaßen die Pharisäer nicht, dass er sie vor wenigen Monaten zu den größten Trotteln von ganz Israel gemacht hatte. Diese Schmach saß ihnen immer noch in den Gliedern. Als nämlich Paulus damals in Damaskus, kurze Zeit nach dem Lichterlebnis, von Ananias wieder sehend gemacht wurde, ritt er ja, wie ich es bereits ausführlich beschrieben habe, mit einigen Soldaten schleunigst wieder zurück, um Maria-Magdalena und die anderen acht Christen aus ihrem Gefängnis zu befreien.

Nachdem man ihm die Christen übergeben hatte, von denen der Befehlshaber Krusus fest glaubte, dass sie nun durch „Saul" ihrer gerechten Strafe zugeführt werden würden, und „Saul" seinerseits nun sicher war, dass die Christen, die er inzwischen schätzen gelernt hatte, durch ihn nun endlich gerettet waren, übergab er dem Krusus einen versiegelten Brief, der durch einen Kurier zum Jerusalemer Tempel gebracht werden sollte.....

Krusus schöpfte bezüglich des Inhaltes keinen Verdacht, denn er hatte ja „Sauls" List nicht durchschaut. Als die Pharisäer einige Tage später diesen Brief erhielten und gelesen hatten, schöpften sie zunächst auch keinen Verdacht, denn wer konnte ahnen, dass der Inhalt des Briefes von dem Verfasser anders gemeint sein könnte, als es sich die Pharisäer vorgestellt hatten?

Erst einige Zeit später, als ihnen von Spitzeln hinterbracht wurde, dass „Saul" in Damaskus den Christus am lautesten verkündigt, holte man den Brief nochmal hervor, um ihn zum zweiten Mal zu lesen. Diesmal lasen ihn die Pharisäer nicht so oberflächlich wie beim ersten Mal, sondern mit mehr Skepsis, und vor allem waren sie begriffsstärker geworden für das, was zwischen den Zeilen stand. Dies war der Inhalt des für Hannas und Kaiphas schicksalhaften Briefes:

Ehrwürdige Vertreter des Gesetzes, das Moses unseren Vätern gab, liebe Brüder und Freunde:

Ich freue mich über die Maßen nun endlich der Christen habhaft geworden zu sein, die ich lange genug fieberhaft suchte. Nun habe ich sie endlich, und ihr könnt euch darauf verlassen, dass ich sie dahin bringen werde, wohin sie gehören. Sie werden erhalten, was sie verdient haben, das schwöre ich euch. Vor allem aber werde ich euch einen Hinweis darüber zukommen lassen, was ich selbst gerade mit Feuereifer in Bezug auf die Christen und ihre Lehre tue! - Und diese Männer und Frauen werden die Letzten sein, die mich daran hindern werden - das schwöre ich auch!

Ihr habt damals gesagt:„Wehe den Christen, wenn sie den Furcht erregenden Saulus erst einmal kennen lernen!" Ich kann euch versichern: Sie haben mich bereits kennen gelernt!

Es grüßt euch im Namen Jahwes -
Saul ben Hillel, Beauftragter des Tempels!

„Es ist nicht zu fassen, wie blind wir waren, als wir den Brief zum ersten Mal lasen!", tobte Kaiphas. „Aber jetzt sehe ich klar: Mit den Worten „Ich freue mich über die Maßen, nun endlich der Christen habhaft geworden zu sein", dachte Saul nicht an die Gefangennahme der Christen, sondern daran, sie zu befreien. Und mit dem Hinweis, „dass er sie dahin bringen werde, wohin sie gehören", dachte er nicht an deren Einkerkerung, wie ich gehofft hatte, sondern daran, wie er sie am besten vor uns schützen kann. Mit den Worten, „dass sie erhalten werden, was sie verdient haben", dachte ich, Saul hätte dabei an den Tod der Christen gedacht,aber er dachte an so etwas wie höhere Erkenntnis. Als er dann schrieb, „dass er uns einen Hinweis zukommen lassen würde, was er selbst gerade mit Feuereifer tut", meinte ich natürlich, er würde zu einem besonders großen Schlag gegen die Christen ausholen, und würde uns dies durch einen Sonderbeauftragten zur Kenntnis kommen lassen. Aber in Wirklichkeit tut er etwas ganz anderes mit Feuereifer:Die Verkündigung und Verherrlichung des Gottes der Christen! Schließlich schrieb er – und das ist der Gipfel der Gemeinheit - „dass die Männer und Frauen unter den Christen die letzten sein würden, die ihn an seinem Vorhaben hindern würden!" Ich ging natürlich davon aus, dass Saul dabei an einen Überraschungsangriff dachte, bei dem die Christen vor Entsetzen wie gelähmt sein würden, und deshalb die Letzten sein würden, ihn an seinem Vorhaben zu hindern.In Wirklichkeit aber dachte dieser Erzverbrecher dabei an nichts anderes, als daran, dass die Christen die Letzten sein würden, die ihn an seinen christlichen Predigten hindern würden! Welch ungeheure Schmach für uns!", brüllte Kaiphas.

Mit einem Wutgeheul ohnegleichen zerriss der Hohepriester den Brief in 1000 Fetzen. Er brüllte vor Zorn und Wut, dass die Wände wackelten. Und während er wie Rumpelstilzchen auf den 1000 Fetzen herumhüpfte, schrie er: „So etwas von Gemeinheit und Niedertracht - und das von nur einem einzigen Mann - ist mir in meinem ganzen Leben noch nicht untergekommen. Immer wieder gelingt dieser verdammten Christenbrut ein Sieg. Immer wieder mache ich mich deretwegen vor allen Leuten lächerlich, zum größten Trottel. Zuerst war es dieser Jesus von Nazareth, dann waren es welche von seinen redegewandten Jüngern, und nun ist es dieser drei mal verfluchte Saul! Aber ich kriege dich, und dann Saul, dann wirst du dir wünschen, lieber von einem Rudel tollwütiger Hyänen aufgefressen zu werden, als in die Hände des Kaiphas zu fallen!"

Nun, die Pharisäer waren darauf bedacht, des Apostels so schnell wie möglich habhaft zu werden. Aber das war nicht so einfach, denn außer, dass Paulus Jude war, war er auch noch römischer Staatsbürger, und daher der Befehlsgewalt des Kaisers unterstellt. Die Juden konnten zwar jeden Juden nach ihren Gesetzen verurteilen, wenn sie glaubten, einen wichtigen Grund dafür zu haben. Nicht aber einen Römer, denn dazu benötigten sie die Zustimmung des Prokurators, der wiederum dem Kaiser unterstand.

Mit dem römischen Prokurator, Pontius Pilatus, konnten sie nicht rechnen, denn der hätte ihnen gesagt: „Was? Wen wollt ihr unschädlich machen? Diesen hochgebildeten Pharisäer und Schriftgelehrten, Saul ben Hillel, der auch römischer Staatsbürger ist? Dessen Familie und Vorfahren in den höheren römischen Kreisen nicht gerade unbekannt sind? Der sich in dem jüdischen und römischen Paragraphengestrüpp besser auskennt als ihr? Wisst ihr wie ich dastünde, wenn ihr ihn heute vor mich schleppen würdet, und er sich auf den Kaiser berufen würde? Wie ein Ochse! Lasst diesen Mann doch Christ sein so lange er will, denn solange er der Politik Roms nicht ans Leder will, solange hat er auch von dort her nichts zu befürchten!"

Kapitel 54

PAULUS KENNT DIE GEHEIMLEHRE DES GEISTES

Eines Abends saßen Ananias, Paulus, Bethsabe und Maria-Magdalena wieder einmal zusammen. Den Tag über hatten sie viel zugunsten der Verbreitung des Evangeliums getan - und wieder ließen sich einige Menschen zum Christentum bekehren.

Während Bethsabe vier Becher mit Granatapfelwein füllte, sagte sie: „Jeden Morgen freue ich mich aufs Neue, dass ich für das Evangelium tätig sein darf. Ohne diese Tätigkeit wäre mein Leben öde und leer. Es ist etwas Wunderbares, sich Tag und Nacht unter dem Schutz des Himmels zu wissen! Wisst ihr, was ich am liebsten täte?" „Ich glaube schon", sagte Paulus, „bei deiner Begeisterungsfähigkeit dürfte es nicht schwer sein, dies zu erraten, aber sage es trotzdem!"

„Ich würde am liebsten von morgens bis abends singen!", gab Bethsabe fröhlich zu. „Ich denke dabei an die Prophetin Deborah, die zur Zeit der Richter lebte. In ihrem Lied heißt es, dass jene, welche die Herrlichkeit der Himmel lieben, sein müssen, wie die Sonne aufgeht in ihrer Macht!"

„Ausgezeichnet!", lobte Ananias. „Und ihr Frauen seid dazu genau so berufen wie wir Männer. Und was die Schönheiten der Himmel betrifft - wer könnte sie besser beschreiben als die weiblichen Engel auf Erden? Immer wieder muss ich mir sagen, wie recht doch der Prophet Joel hatte, als er vor rund 400 Jahren dies vorher sagte:„Euere Töchter werden Kunde geben von den Wundern der Himmel!"

Dann kam Maria-Magdalena auf die lange Nacht zu sprechen, welche sie zusammen mit Johannes, Joseph von Arimathea, dessen Verwalter Josua, Petrus, Philippus, Johanna, Martha, Maria von Nazareth und Bethsabe, im Hause des Johannes in Tiberias verbrachte.

„Wir kamen damals zusammen, um genauere Informationen über die Gesetze des Himmels zu erfahren!", sagte Maria-Magdalena. „Johannes und Joseph von Arimathäa hatten uns damals erläutert, was der Messias ihnen selbst irgend wann davor bei mehreren geheimen Treffen im Hause des Ratsherrn, genauestens auseinanderlegte. Der Ratsherr und Johannes erklärten uns, dass alles in der Schöpfung nach Maß und Zahl geordnet sei. Sie sagten, dass sich daraus die Prinzipien der Ordnung und der Logik erklären würden. Auch was der Messias über das Säen und Ernten sprach, würde erst über die Kenntnis der nach genauen und mathematisch exakten Göttlichen Vorgaben funktionierenden Schöpfungsgesetzen richtig verstanden werden. Dies allerdings könne nur dann geschehen, wenn statt des Erdenverstandes das Geistige im Menschen die Führung übernähme.

Dann wiesen uns die Beiden noch daraufhin, dass nicht nur Salomon Kenntnis von diesem geheimen Wissen hatte, sondern auch besonders begnadete, keltische Druiden. Einige Schriftgelehrten wüssten ebenfalls etwas davon, würden darüber aber schweigen wie ein Grab, da dieses Wissen, wenn es erst einmal bekannt geworden ist, und lange genug das Denken der Menschen beeinflusst habe, das Todesurteil für ihre Form der Religionspolitik bedeuten würde!"

„Damit hast du etwas zur Sprache gebracht, worüber ich ebenfalls schon lange bescheid weiß, Maria-Magdalena!",sagte Paulus. „Ich habe mir dieses Wissen auch angeeignet, und zwar während meiner Studienzeit. Mein Lehrer Gamaliel gab mir entsprechende Hinweise, vergaß dabei aber nicht, mich nochmal daran zu erinnern, dass dieses Wissen nicht für die Öffentlichkeit bestimmt sei. Außerdem legte man mir eine Liste über alle die Punkte vor, über die ich in der Öffentlichkeit zu schweigen hätte. In Gegenwart des „Weisen Rates von Zion" musste ich die Punkte genauestens lesen, und dann unterschreiben.

Hat der Messias nicht selbst gesagt, dass er gedenke, die Menschen auf das hinzuweisen, was die Hohenpriester und Schriftgelehrten vor ihnen verbergen? Hat er nicht gesagt, dass es zwar noch viel zu erklären gäbe, aber dass das Verständnis vieler

Jünger, ganz zu schweigen von dem der restlichen Welt, dazu leider noch nicht ausreichen würde?

Ich versichere euch, dass ich dieses so wichtige Wissen von den Gesetzmäßigkeiten der Schöpfung Stück für Stück in meine Botschaften einfließen lassen werde. Auf welche Weise dies geschehen wird, wann und wem gegenüber, das wird sich finden. Ich vertraue hier völlig auf den Göttlichen Geist. Dieser wird mich ganz sicher zum gegebenen Zeitpunkt entsprechend inspirieren!"

„Weißt du auch, dass jeder männliche Geist im Himmel auch sein weibliches Dual hat?", fragte Bethsabe. „Denn auch dies wurde uns damals von Johannes und dem Ratsherrn genau erklärt!"
„Auch dies weiß ich, Bethsabe", gab Paulus zur Antwort, oder glaubst du, ich bin deshalb zum Christ geworden, um den Patriarchengott der Pharisäer hinter der Maske der christlichen Lehre weiterhin zu verbreiten? Du darfst nicht vergessen, liebe Bethsabe, dass mir damals vor Damaskus ein Einblick in die Welt des Himmels geschenkt wurde. Damals empfing ich nicht nur den geistigen Hauch des männlichen Christus, sondern auch den wundersamen Hauch von Christiana, seinem weiblichen Dual. Erst seit diesem Erlebnis begriff ich so richtig, dass Vollkommenheit, Schönheit und höchste Erfüllung, nur dann möglich sind, wenn das Gleichgewicht der männlichen und weiblichen Kräfte überall gegeben ist. Und wie sollte dies möglich sein, wenn uns die höchsten und lichtesten Geistwesen der Himmel hier nicht mit gutem Beispiel vorangehen könnten? In mir hat sich seit dem Lichtereignis vor Damaskus in immer stärker werdendem Maße ein Bewusstsein für unseren Urvater und unsere Urmutter entwickelt. Das Bewusstsein für den alleinigen männlichen Gott hat sich im gleichen Verhältnis zurückgebildet, und nun ist es so gut wie ganz beseitigt.

Da ich als Saul eine grauenhafte Einstellung gegenüber Frauen hatte, konnte ich nur dadurch davon geheilt werden, indem eine Frau die Wandlung in mir einleitete, und das warst du, Maria-Magdalena. Als mir dann der Einblick in den Himmel geschenkt wurde, erhielt ich diesbezüglich die zweite Lektion: Ich durfte, neben dem Geist des Christus, auch den seines Duals Christiana spüren. Damit, Freunde, verfüge ich über die geistigen Voraussetzungen, die für den Verlauf meiner Missionstätigkeit für das Evangelium unbedingt erforderlich sind!"

Kapitel 55

DIE FLUCHT AUS DAMASKUS

Es war im Jahre 36. Pilatus sollte nur noch kurze Zeit Stadthalter von Judäa sein. Danach sollte er nach Gallien versetzt werden. Ungefähr während dieser Zeit überstürzten sich auch die Ereignisse um Paulus, Ananias, Maria-Magdalena, Bethsabe, und die anderen Christen.

Durch starke Einflussnahme der Hohenpriester sah sich Paulus gezwungen, so schnell wie möglich aus Damaskus zu verschwinden. Seine treue Mitstreiterin, Maria-Magdalena, war es, die von dem Anschlag auf Paulus an dem Tag erfuhr, an dessen späten Abendstunden er stattfinden sollte. Die treue Jüngerin wurde durch eine visionäre Eingebung rechtzeitig davon in Kenntnis gesetzt.

Ein Stadthalter des Nabatäer-Königs, Aretas IV., wollte ihn durchführen. Allein, er hatte mit seinen Soldaten kein Glück, denn die blonde Frau aus Magdala eilte, unmittelbar nachdem sie in ihrer Vision auf die akute Gefahr hingewiesen wurde, in welcher Paulus und die anderen Jünger schwebten, zu deren Versammlungsort. Es war das Haus eines Jüngers namens Marius. Dort riss sie regelrecht die Tür auf und stürzte hinein in das Zimmer, in dem die Jünger versammelt saßen.

Was sonst nicht ihre Art war, tat Maria-Magdalena. Sie unterbrach Paulus mitten im Satz: „Beeilt euch! Schnell! Ihr müsst sofort alle weg von hier! Die Soldaten haben erfahren, wo ihr euch versammelt habt. Verschwindet durch die Hintertür und begebt euch in südöstlicher Richtung zur Stadtmauer. Dort befindet sich ein alter unbenutzter Wachtturm.

Bethsabe und ich gehen mit, weil wir euch helfen wollen. Aber zurück können wir dann auch nicht mehr. Wir müssen gemeinsam versuchen, nach Jerusalem zu kommen. Der Turm steht dort, wo der Hang hinter der Stadtmauer am weitesten und steilsten hinunterführt. Sicherlich werden wir in diesem alten Gemäuer etwas finden, womit wir den Hang hinunterkommen, denn sonst wäre ja die Vision mit den warnenden Bildern und helfenden Hinweisen nutzlos gewesen, die ich zum Zwecke unserer Flucht vor Aretas erhalten habe!"

Sofort begaben sich Maria-Magdalena, Bethsabe, Paulus, Ananias, Marius und zwei weitere Jünger, eilends zu diesem alten Wachtturm. Die Dunkelheit sorgte dafür, dass sie nicht sofort entdeckt wurden.

Die mutige Jüngerin hatte recht behalten: In einer offenen Materialkammer fanden die Männer einen Korb und zwei Seile. Man hoffte, dass der Korb stabil genug sei, um notfalls zwei Erwachsene auf einmal tragen zu können.

„Falls uns die Verfolger schneller einholen sollten als ich einkalkuliert habe", sagte Maria-Magdalena, „dann könnte die Zeit zu knapp werden, um jeden der Jünger einzeln hinunterzulassen. Aber noch haben uns die Soldaten nicht entdeckt!"

„Du musst zuerst einsteigen", sagte Maria-Magdalena zu Paulus, „denn hauptsächlich wegen dir erhielt ich die Vision. Du darfst nicht in Gefangenschaft geraten, denn das Evangelium soll noch viele Jahre von vielen Völkergruppen aus deinem Munde vernommen werden!"

Paulus aber erwiderte: „Du lässt dich zuerst abseilen, Maria-Magdalena, denn was ist, wenn sie dich erwischen, und ich aber davonkomme? Ich würde fürchterliche Gewissensqualen erleiden. Mein Gewissen würde mir ständig unbarmherzig zurufen: Du jämmerlicher Feigling! Die Frau, die dir zu Christus verholfen hat, die wunderbarste Frau der Welt, hast du feige geopfert, damit du frei kommst. Du bist nicht den Schmutz unter ihren Füßen wert, du Jammerlappen!

Die Stimme meines Gewissens würde immer wieder unbarmherzig auf mich einreden, sie würde meine Seele foltern und mein Gehirn zum Bersten bringen! Nein! Maria-Magdalena, und abermals Nein! Du lässt dich zuerst abseilen - und wenn du das nicht willst, dann lassen wir uns zusammen abseilen, aber keinesfalls gehe ich vor dir! Das tue ich niemals, denn ich erachte mich als gering, du aber, geliebte Maria-Magdalena, bist eine Engelin auf Erden!"

Dieses Bekenntnis hatte Maria-Magdalena tief erschüttert. Daher ging sie auch auf den Vorschlag des Paulus ein. Dann ging es los. Beide stiegen in den Korb. Die Jünger oben betätigten mit kräftigen Händen die Kurbel. Langsam sank der Korb abwärts. Man hörte die typischen Geräusche, welche die Kurbel, die Winde und die Haspel, während ihrer Betätigung verursachten.

Nachdem die Beiden ausgestiegen waren, wurde der Korb wieder nach oben geholt. Dann stiegen Ananias und Bethsabe ein. Als sie sich nur noch wenige Fuß über dem Boden befanden, hörten sie oben im Turm Waffengeklirr. Die Soldaten des Nabatäerkönigs Aretas hatten sie aufgespürt. Einem von den Jünger die oben waren, ist es noch im letzten Augenblick gelungen das Seil durchzuschneiden, an dem der Korb hing. So knallte dieser zwar mit Wucht unten auf, aber wenigstens konnten diejenigen, denen die Flucht gelungen war, von den Soldaten nicht mehr hochgezogen werden.

Paulus, Maria-Magdalena, Ananias und Bethsabe, begaben sich sofort weiter auf die Flucht. Die nahen Berge waren ihr Ziel. Die Jünger, die sie zurücklassen mussten, bezogen sie ganz besonders in ihre Gebete mit ein, denn sie wussten nicht, ob es ihnen noch gelungen war zu flüchten, oder ob sie in die Hände der Soldaten gefallen waren. Doch was immer auch mit ihnen geschehen war, gemäß den Göttlichen Gesetzen wird immer geschehen, was geschehen muss.

Dass diese treuen Jünger aber auf ihrem weiteren Lebensweg von den lichten Geistkräften des Christus und seines weiblichen Duals nie verlassen werden würden, dies war den vier Menschen, denen die Flucht gelungen war, ebenso gewiss! Die vier Geflüchteten vertrauten völlig auf die Führung des Himmels. Kurze Zeit nach ihrer Flucht teilte ihnen der Göttliche Geist mit, dass man die Suche nach ihnen eingestellt hatte.Dann begab sich die kleine Gruppe auf den Weg nach Jerusalem.

Kapitel 56

DER ABSCHIED DES PAULUS

In Jerusalem sah Paulus den Apostel Petrus zum ersten Mal. Nach einer gewissen Zeit des gegenseitigen Kennenlernens und gemeinsamen Wirkens für das Evangelium, verabschiedete sich Paulus, um in seine Heimat Tarsus zurückzukehren. Dort sollte er längere Zeit bleiben, um dann von Barnabas zur Metropole Antiochia gebracht zu werden, welche am Orontes liegt. Dort gab es inzwischen eine neu gegründete Gemeinde. Diese setzte sich aus hellenistischen Judenchristen zusammen. Von dort aus sollte auch die Missionierung der Heiden ihren Anfang nehmen. Doch bevor Paulus Jerusalem verließ, kam es noch zu einem sehr bewegenden und würdevollen Abschied zwischen ihm und den beiden Engelinnen auf Erden, Maria-Magdalena und Bethsabe:

„Geliebte Maria-Magdalena, und du, geliebte Bethsabe", sagte Paulus sichtlich bewegt, „wir müssen Abschied voneinander nehmen, denn der Geist in mir drängt zum Aufbruch. Das Evangelium muss in die Welt gebracht werden. Aller Reichtum dieser Erde würde nicht ausreichen, um euch das vergelten zu können, was ihr für Christus und Christiana, für die Brüder und Schwestern und für mich, getan habt. Möge der Himmel mit euch sein!"
Die treue Bethsabe konnte ihre Tränen nicht mehr zurückhalten, sie liefen ihr über ihr liebes Gesicht mit den weichen Augen, worauf sie nicht zu sprechen in der Lage war.

Maria-Magdalena war ebenfalls zum Weinen zu Mute, aber sie konnte ihre Tränen wenigstens einigermaßen zurückhalten, damit sie ihr nicht über die Wangen flossen. Aber dass ihre Augen feucht wurden, das konnte sie nicht verhindern. Für sich, wie auch im Namen Bethsabes, sagte sie daher:

„Geliebter Paulus und Diener des Lichtes: Wohin du auch gehst, unsere Herzen und unsere Reine Liebe zu dir, werden dich ständig begleiten. Wir werden täglich für dich beten. Wir werden dem Himmel dafür danken, was wir für dich und die Gemeinde Christi tun durften. Und was meine Person anbelangt, so bin ich sehr glücklich darüber, dass der Himmel mich dazu auserwählte, dir mit meiner Kraft zu helfen, den Weg in das Herz Christi und seines Duals zu finden. Lebe wohl, geliebter Paulus!"

„Lebt wohl, wunderbare Maria-Magdalena, und du, geliebte Bethsabe, denn ihr seid zwei wunderbare Frauen, zwei Himmelslichter auf Erden, und Charaktergrößen, wie sie die Welt nur selten erlebt hat!", sagte Paulus, während der Trennungsschmerz aus seinen Worten herauszuhören war. Dann wandte er sich um und begab sich auf den Weg nach seiner Heimatstadt Tarsus, von wo aus er seine Arbeit als Apostel der Völker antreten würde.....

Kapitel 57

PETRUS EHRT MARIA-MAGDALENA UND BETHSABE

In den folgenden Jahren arbeiteten Maria-Magdalena und Bethsabe wieder viel in Jerusalem und Umgebung für das Evangelium. Auch dort kümmerten sich die beiden Frauen um Suchende ihres eigenen Geschlechts - und um Kinder, die in den erbärmlichsten Verhältnissen lebten.

Petrus sagte den beiden Frauen einmal: „Ich bewundere immer wieder eueren unermüdlichen Einsatz für die Ärmsten der Armen. Was ihr für diese armen Kinder und für die Frauen tut, darüber, meine geliebten Schwestern, führt der Himmel genau Buch. Es kommt der Zeitpunkt, da wird euch dieses alles reichlich vergolten werden!"

„Dieser Zeitpunkt ist schon da, Petrus!", gab Bethsabe zur Antwort. „Denn jedesmal, wenn wir solchen Kleinen helfen konnten, dann durften wir in dankbare und glückliche Kinderaugen blicken. Hast du schon mal Kinder gesehen, Petrus, deren Augen alles ausdrückten, zu was ein Mensch an Dankbarkeit überhaupt fähig sein kann? Ich sage dir: Die ganze Seligkeit der Himmel spiegelt sich in solchen Augen, und dies, Petrus, ist uns Lohn genug!"

Petrus hatte großen Respekt vor diesen beiden Frauen, und er dachte bei sich: „Sie dienen pausenlos, ohne sich zu beklagen, sie sind nicht wie die Klatschweiber, die stundenlang vor ihren Häusern stehen, und mit ihren Freundinnen über die Nachbarn schimpfen. Welch gewaltige geistige und moralische Kluft besteht doch zwischen diesen Pöbelweibern und diesen beiden Dienerinnen des Evangeliums!"

Dann, zu Bethsabe und Maria-Magdalena gewandt, sagte er: „Immer wenn ich sehe, auf welch wunderbare Weise ihr mit diesen Kindern umgeht, kommt in mir jedesmal die Erinnerung an ein Erlebnis hoch, das ich vor Jahren in Verbindung mit dem Messias hatte:

Er hatte sich damals die Zeit genommen, mit einigen Kindern zu spielen. Ich aber habe mich darüber aufgeregt, indem ich ganz barsch zu ihm sagte: „Meister, ich verstehe nicht, wieso du dich mit Kindern abgibst! Haben wir nicht weit Wichtigeres zu tun?" Der Messias aber, der gerade zwei Kinder in den Armen hielt, das eine links, das andere rechts, sagte freundlich zu mir: «Petrus, warum bist du so missmutig? Lasse doch die Kinder zu mir kommen! Siehst du nicht, wie sehr sie sich freuen? Wahrlich, ich sage dir: Wenn ihr nicht seid wie die Kinder, so einfach, so liebevoll, so voll seligen Vertrauens, dann werdet ihr nicht in das Himmelreich eingehen!»

„Immer, wenn ich euch bei euerer Arbeit mit den Kindern sehe", fuhr Petrus fort, „wird mir so richtig klar, woran der Messias damals dachte, als ich von ihm diese Zurechtweisung erhielt! In euch beiden, Maria-Magdalena und Bethsabe, hat der Himmel ein Meisterwerk an Charakterbildung geschaffen. Mit dem Licht, das in euch liegt, leuchtet ihr Vielen aus der Dunkelheit!"

„Petrus", sagte Maria-Magdalena, „ein aufmunterndes Wort zum rechten Zeitpunkt, und noch dazu von einem Menschen wie dir, wirkt sich auf die Seele so wohltuend aus wie Balsam. Ich freue mich, dass es dich gibt, denn ich weiß, dass du den Christus noch oft in der Welt verherrlichen wirst, bis zu deinem letzten Atemzug!"

Kapitel 58

DIE MUTTER JESU VERLÄSST IHRE IRDISCHE HÜLLE

Schließlich war die Zeit gekommen, in welcher Maria-Magdalena und Bethsabe vom Geiste des Himmels wieder einmal aus Judäa hinausgeführt wurden. Sie begaben sich nach Galiläa. Dort arbeiteten beide in den Heimen, die Maria-Magdalena einst für Kinder und gefallene Mädchen errichten ließ. Das war auch die Zeit, in der sie wieder häufiger in Tiberias, im Hause des Johannes, zu Gast waren. Dort trafen sie auch nach längerer Zeit Maria von Nazareth wieder. Sie wohnte schon seit geraumer Zeit im Hause des Johannes.

Es war um das Jahr 48 gewesen. Zu dieser Zeit herrschte Caligula schon seit 7 Jahren nicht mehr über das Römische Imperium. Statt seiner hatte Klaudius das kaiserliche Amt inne. Seine Regierungszeit sollte von da ab nur noch 6 Jahre dauern. Danach sollte Nero für weitere 14 Jahre herrschen. Es ist zu vermuten, dass die Mutter Jesu um das Jahr 48 etwa ihre irdische Hülle verließ.

Je näher sie ihrem irdischen Tod kam, um so lichter wurde es um sie. Sie erlangte in dieser Zeit eine Form von Weisheit und geistiger Höhe, dass ihre Christenfreunde, die ständig im Hause des Johannes zu Gast waren, jedesmal über die Maßen erstaunt waren, wenn sie das Antlitz der Maria zu sehen bekamen, und wenn sie aus ihrem Munde Weisheiten des Himmels vernahmen. Während dieser Zeit stiegen vor ihrem geistigen Auge immer öfter Bilder aus längst vergangenen Zeiten empor. Sie sah sich wieder als die Königstochter Elektra während der kriegerischen Auseinandersetzungen zwischen Hellas und Troja – und schließlich erlebte sie sich nochmal in den vielen heimlischen Unterhaltungen mit der damals eingekerkerten Seherin Kassandra, der jetzigen Maria-Magdalena. Darüber sprach sie dann auch mit der Christin aus Magdala. Während solcher Stunden waren die beiden

Frauen stets auf solch innige Weise miteinander verbunden, wie niemand sonst mit irgend jemand auf der Welt.

Schließlich kam der Tag des Abschieds. Maria von Nazareth wusste, dass sie an diesem Tage ihre sterbliche Hülle verlassen würde. Auch Johannes, Johanna, Maria-Magdalena und Bethsabe, spürten, dass dies Marias letzter Tag sein würde. Jeder wusste es, aber man sprach nicht darüber.

Ein wundervoller, himmlischer Friede, bestimmte die Athmosphäre im Sterbezimmer der Maria. Die Anwesenden vernahmen Himmlische Musik. Den Pathos des Sterbens, das Hinübergehen in eine reine, lichte Welt, konnte man sich nicht würdevoller vorstellen. Im Augenblick ihres irdischen Todes legte sich ein vom Geiste der Anwesenden nicht mehr begreifbarer, Göttlicher Glanz, auf das schöne Gesicht der dahinscheidenden Maria. So durften die Anwesenden miterleben wie das Antlitz einer Sterbenden aussieht, deren Seele vom Göttlichen Geist der Reinen Himmel höchst persönlich geadelt wurde. Der Geist der Maria, der Mutter Jesu, hatte seine irdische Hülle verlassen und war aufgestiegen in seine ewige Heimat - in die lichten Gefilde des Paradieses, in die wunderschöne Welt der Insel der Seligen.

Johannes und Maria-Magdalena traten an den Leichnam heran, um zu überprüfen, ob noch Leben in ihm ist. Als sie damit fertig waren, sagten sie zu Johanna und Bethsabe: „Unsere geliebte Schwester und Freundin ist heimgegangen: Kein Puls mehr - kein Herzschlag mehr - keine Atmung mehr!"

Dann traten Johannes, Johanna, Maria-Magdalena und Bethsabe, an das Bett heran, auf dem der Leichnam der Maria lag. Dann beteten sie gemeinsam. Es war kein Gebet der Trauer und des Schmerzes, sondern ein Gebet der Liebe, ein Gebet der Freude darüber, dass Maria nun endlich das erfahren durfte, wonach sich ihre Seele seit dem Kreuzestod ihres Sohnes, dem Messias, besonders sehnte.

Als sie nämlich ihren Sohn auf Golgatha, der Stätte, die durch die Kreuzigung ihres Erstgeborenen zum Ort der geistigen Zeitenwende wurde, so hoheitsvoll und so beseelt vom Göttlichen Adel hat sterben sehen, zeigte sich dem Geiste der Maria für eine kurze Zeit die Herrlichkeit der Reinen Himmel. Dieses starke innere Erleben verließ sie seit diesem größten Tag in der Geschichte der Menschheit nie mehr. Und nun war es so weit. Sie durfte nun endlich nachhause - und Johannes, Johanna, Maria-Magdalena und Bethsabe, waren glücklich darüber, dass Maria von Nazareth nun endlich die unvorstellbare Seligkeit der Reinen Himmel erleben durfte.....

Die vier Hinterbliebenen hatten sich während des Gebetes geistig so stark miteinander verbunden, dass sie die Worte vernehmen konnten, welche Maria in dem Augenblick gegeben wurden, als ihre Seele in der Lichtfülle des geistigen Kosmos gen Himmel aufgestiegen war:

„Gebenedeit bist du, Maria, denn unter allen Frauen der Welt bist du auf besondere Weise gesegnet. Du hast den König aller Könige, den Friedensfürst, in deinem Leibe wachsen lassen. Du hast ihm Geborgenheit gegeben und das größte Maß an Liebe, zu dem ein Mensch je fähig sein kann. Nun hast du vollendet - und nun wird dir höchste Glückseligkeit zuteil werden - freue dich also und sei von Herzen selig, denn es ist der Wille des Himmels, dich von nun an um deiner selbst, und um deretwillen, die den Frieden suchen, für immer glücklich zu sehen!"

Kapitel 59

HEIMGANG DER MARIA-MAGDALENA

Wieder waren einige Jahre vergangen. Maria-Magdalenas Schönheit begann nicht etwa zu verblassen, als sie in der Zeit zwischen 50 und 54, also zu Beginn der 2. Hälfte des 1. Jahrhunderts, zur „älteren Frau" geworden war. Im Gegenteil: Ihre Schönheit nahm zu! Der Grund dafür lag nicht primär in ihrer vegetarischen Ernährung, er lag auch nicht primär in ihren körperlichen Bewegungen und regen Geschäftigkeit. Ihre engelsgleiche Schönheit im Alter erwuchs in erster Linie aus der unendlich tiefen Liebe, die sie für alles Hohe, Reine und Edle hatte. Die Seligkeit, die sie stets überkam, wenn ihr die Kostbarkeiten des Christus-Evangeliums ganz besonders stark bewusst wurden, und die tiefe Liebe für alles Leben, die in Verbindung damit stets komplett von ihr Besitz ergriff, waren die Werkzeuge, mit denen die Göttlichen Lichtkräfte der Reinen Himmel in Maria-Magdalena ein Meisterwerk an Schönheit schufen.

Diese Schönheit hatte sich die treue Jüngerin bis zum letzten Atemzug bewahrt. Dieser letzte Atemzug fand im Jahre 54 statt, dem Jahr, in welchem Nero die Regierungsgeschäfte über das Römische Imperium übernehmen sollte. Noch bevor dies geschah sollte der irdische Tod dieser so wunderbaren und außergewöhnlichen Frau eintreten.

Maria-Magdalena war etwa 57 Jahre alt, als sie, wie auch Maria von Nazareth, im Hause des Johannes ihre irdische Hülle verließ. Johannes und Bethsabe waren am Tage ihres irdischen Todes alleine mit der Sterbenden. Bis zu letzt war sie bei klarem Verstand. Johannes und Bethsabe streichelten ihr die Hände. Das Antlitz der Heimgehenden war sehr schön. Ein wundersamer Himmlischer Glanz lag auf ihren Zügen. Die letzten Worte, die über die Lippen dieser vom Himmel gesegneten Frau kamen, sprach sie zwar unter Anstrengung, aber ohne zu stammeln:

„Ich habe bis zuletzt für das Evangelium gekämpft - und nun darf ich heim - seid standhaft ihr Beiden, du, Johannes und du, Bethsabe - seid standhaft bis zum letzten Augenblick – kämpft für das Evangelium - und der Sieg wird euch sicher sein! Kämpft, wie ich gekämpft habe - kämpft für die Liebe unter den Menschen - und unsere Vater-Mutter-Gottheit wird euch Einlass gewähren in die lichte Seligkeit der Himmel – habt keine Angst, wenn euch die Feinde des Evangeliums in den Staub werfen, wenn sie euch beschmutzen und verhöhnen, denn, lieber Johannes, ein König, der im Herzen geadelt ist, bleibt immer ein König, auch wenn er im Staube liegt - und, liebe Bethsabe, eine Königin, die im Herzen geadelt ist, bleibt immer eine Königin, auch wenn sie mit Schmutz beworfen wird!"

Nach diesen Worten hatte das Herz der Maria-Magdalena aufgehört zu schlagen. Auf ihr Haupt senkte sich plötzlich ein Strahl überirdischen Lichtes. Da sagte Johannes: „Das ist die Straße des Lichtes, auf welcher der Geist unserer geliebten Maria-Magdalena in die Wunderwelt des Himmlischen Paradieses geführt wird....."

Kapitel 60

DAS LAUDATIO DES JOHANNES

Dann beteten Johannes und Bethsabe gemeinsam für die geliebte Frau, die nun endlich nachhause gefunden hatte: Danach fügte der spätere Verfasser des berühmten «Pneumatischen Evangeliums», der «Johannesbriefe» und der «Apokalypse» noch ein Laudatio hinzu. Sein übervolles Herz verlangte darnach, diese edle und wunderbare Frau, dieses Jahrhundertereignis an Herzenqualität, so gut er es vermochte, zu würdigen:

„Gesegnet seist du, Maria-Magdalena. Der Himmel wird dich empfangen wie eine Königin, denn eine Königin warst du – eine Königin der Herzen. Nie werde ich vergessen, mit welch großen Worten dich einst der Christus in Gegenwart Vieler gepriesen hatte: «Wahrlich, ich sage euch: Solange die Welt besteht, wird in allen Völkern von dieser Frau gesprochen werden, was sie für mich getan hat!.....»

Der Messias wird recht behalten, geliebte Seele. Dein Geist gehört zu den Meilensteinen des Evangeliums, zu den Himmlischen Leuchten der Barmherzigkeit, welche über Jahrtausende hin den Gequälten und Verzweifelten aus ihrer Dunkelheit heraus leuchten werden. Vor Deiner Größe verneigen wir uns in tiefer Achtung, denn Du warst eine der größten Engelinnen die je auf Erden lebten, eine Himmlische Offenbarung und die personifizierte Mitleidensfähigkeit gegenüber den Armen und Gedemütigten. Selbst am Ende der Zeiten werden sich die Menschen dieser Welt noch Deiner erinnern!"

In den Minuten des Abschiedes lag ein Hauch Göttlicher Würde. Johannes und Bethsabe beteten vor dem Sterbebett, und ihre

Haltung entsprach der Würde des Augenblicks. Das Himmlische Licht, welches das Sterbezimmer erhellte, kam eigens deshalb vom Himmel herab, um einer der größten Seelen in der Geschichte der Menschheit nachhause zu leuchten: Der unvergesslichen und ewig um ihrer selbst willen geliebten - Maria-Magdalena.....

Dieses Buch ist damit zwar beendet, aber nicht die Natur des christlichen Geistes, die in ihm besprochen wurde, denn diese hat mit dem Heimgang der Maria – Magdalena erst richtig zu kämpfen begonnen. Am Ende wird dieser Geist siegen - denn er ist gekommen um zu siegen – und es kommt der Tag, da wird sein Sieg als der größte Sieg aller Zeiten begriffen, bejubelt, und gefeiert werden.....